BIBLIOTHÈQUE DE LA BONNE MÉNAGÈRE

NOUVELLE MÉTHODE DE COUPE

ET MANIÈRE DE FAIRE SES ROBES SOI-MÊME

PAR

Mme ALICE GUERRE

INSPECTRICE DES TRAVAUX DE COUTURE
A L'ÉCOLE PROFESSIONNELLE DES PUPILLES DE LA SEINE
PROFESSEUR DE COUPE DE LA VILLE DE PARIS

SIXIÈME ÉDITION

PARIS
LIBRAIRIE DE FIRMIN-DIDOT ET CIE
IMPRIMEURS DE L'INSTITUT, RUE JACOB, 56

NOUVELLE

MÉTHODE DE COUPE

TYPOGRAPHIE FIRMIN-DIDOT ET Cie. — MESNIL (EURE).

NOUVELLE
MÉTHODE DE COUPE

ET MANIÈRE

DE FAIRE SES ROBES SOI-MÊME

PAR

Mme ALICE GUERRE

INSPECTRICE DES TRAVAUX DE COUTURE
A L'ÉCOLE PROFESSIONNELLE DES PUPILLES DE LA SEINE
PROFESSEUR DE COUPE DE LA VILLE DE PARIS

SIXIÈME ÉDITION

PARIS

LIBRAIRIE DE FIRMIN-DIDOT ET Cie

IMPRIMEURS DE L'INSTITUT, RUE JACOB, 56

1892

PRÉFACE.

Pendant longtemps l'étude de la coupe est restée à l'état d'art peu connu, apanage de quelques personnes du métier seulement, tailleurs ou couturières, qui se gardaient bien de rien révéler de ce qu'ils en savaient et qu'ils tenaient, pour la plupart, de professeurs modestes, tailleurs ou couturières eux-mêmes.

Sous l'empire de besoins sans cesse grandissants, grâce surtout aux habitudes de bien-être et de luxe qui se sont étendues à toutes les classes de la société, l'art de bien s'habiller s'est peu à peu généralisé et est devenu comme un élément indispensable de la vie moderne.

L'étude de la coupe fait aujourd'hui partie

des programmes de l'enseignement dans nos écoles de filles.

Des maîtresses habiles sont formées chaque année, et le jour n'est pas très éloigné où son enseignement aura lieu jusque dans les hameaux les plus reculés. Les maisons de couture un peu importantes, à Paris et en province, sans en excepter l'étranger, ont à la tête de leurs comptoirs des coupeurs ou des coupeuses aussi habiles qu'intelligents.

Quand on mesure le chemin parcouru depuis cinquante ans, on est émerveillé du résultat. De livres pouvant servir utilement à cette étude, il en était peu ou pas question alors. Quelques traités rudimentaires existaient seuls, et encore ne concernaient-ils que le vêtement d'homme. L'art était, à proprement parler, dans son enfance.

Personne n'ignore comment on coupait autrefois, et comment on coupe encore aujourd'hui dans maints endroits où l'étude de la coupe n'a pas encore pénétré. Quelques patrons, relevés pour la plupart sur d'anciens vêtements, et corrigés de façon à s'approprier à la mode du moment, constituaient tout l'outillage d'une couturière ou d'un tailleur. Encore ce dernier avait-il la besogne singulièrement simplifiée par ce fait que les modes pour hommes changeaient moins souvent.

Pour la couturière, c'était bien autre chose. Quelles difficultés n'éprouvait-elle pas dans ces changements incessants de modes, qui bouleversaient ses conceptions, et réduisaient à néant ses observations personnelles! Bien heureuse quand la longue pratique de son métier la mettait à même de tourner ces difficultés et d'en triompher.

Aussi ne devenait-on une couturière habile qu'au bout d'un apprentissage toujours fort long, et, à coup sûr, toujours pénible. L'apprentissage était de quatre années. Mais on peut dire hardiment qu'il se prolongeait bien au delà de ce temps pour la plus grande partie des ouvrières. Car le goût peut bien faire des prodiges quand il s'agit de chiffonner, mais il ne saurait en aucune façon remplacer une bonne méthode de coupe.

La démonstration n'a pas besoin d'en être faite. Il arrive tous les jours que des couturières fort habiles dans l'arrangement d'un costume, dans le choix et le mélange des nuances, manquent leurs corsages, pour parler le langage du métier.

De là la nécessité d'une bonne méthode, claire et précise, ne laissant rien à l'imprévu, permettant la confection prompte et parfaite d'un vêtement, d'un corsage, d'une jupe et de toutes les parties de l'habillement en général.

Celle que j'offre aujourd'hui au public est celle que j'enseigne depuis plus de quinze années, et qui est le résultat de recherches et d'observations constantes, laborieuses et patientes. Elle embrasse, non seulement l'étude des conformations au point de vue anatomique, chose absolument indispensable, et en quelque sorte la base de tout l'enseignement, la coupe et l'assemblage de toutes les parties du corsage, mais encore la confection pour dames, le costume et la lingerie pour enfants, la lingerie pour dames, etc. De nombreuses gravures intercalées dans le texte et hors texte viennent en faciliter la démonstration, la rendre plus accessible à des intelligences jeunes, et pour la plupart peu familiarisées avec les choses de la couture.

L'emploi du tracé géométrique, d'une application cependant indispensable, a toujours été considéré comme un écueil pour la propagation de l'enseignement de la coupe. Aujourd'hui, le développement de l'instruction aidant, cette difficulté n'existe plus, je me hâte de le dire.

J'en ai, du reste, réduit l'emploi autant qu'il m'a été possible de le faire; mais on conviendra que la démonstration par le livre ne saurait s'en passer.

Bien longtemps avant que l'étude de la

coupe eût été appelée à l'honneur de figurer sur les programmes des écoles de filles de notre pays, des nations, moins bien favorisées cependant que la France, avaient compris tout le parti qu'elles pouvaient tirer d'un tel enseignement.

Je citerai, entre autres, la Belgique, la Roumanie, l'Allemagne, la Russie, qui chaque année envoient à Paris des maîtresses intelligentes et dévouées, choisies au concours. J'en ai compté beaucoup parmi mes élèves, et qui aujourd'hui dirigent avec autorité les cours de coupe et de couture institués dans les écoles par leurs gouvernements.

La correspondance que j'entretiens avec elles me prouve l'importance qu'elles attachent à cette branche de l'enseignement.

Devons-nous nous en réjouir ou nous en plaindre? A mon avis, nous ne devons pas trop le regretter; car les progrès faits par l'étranger ont produit chez nous un redoublement d'efforts, et le goût, qui règne surtout par l'élégance, trouvera toujours dans le milieu de la société parisienne une source inépuisable d'inspirations. Paris conservera, n'en doutons pas, bien longtemps encore, son sceptre de reine de la mode et du goût.

LA COUPE DANS LES ÉCOLES.

Je crois utile de parler de l'excellent rapport publié par le *Bulletin municipal officiel* et présenté par M. Deutsch, adjoint au maire du septième arrondissement, à la commission de surveillance de l'école professionnelle de jeunes filles de la rue Bossuet, traitant des réformes à introduire dans l'enseignement de la coupe et de l'essayage.

M. Deutsch s'intéresse d'une façon toute particulière à l'enseignement manuel à donner aux jeunes filles; il apporte dans toutes ces questions, en même temps qu'un zèle et un dévouement qui ne se démentent pas, un esprit d'observation très sûr. Si les réformes qu'il préconise étaient adoptées, il est certain que cet enseignement professionnel aurait fait un pas immense.

M. Deutsch trouve que, si on a raison dans les petites classes de jeunes filles, de s'en tenir aux choses absolument essentielles, c'est-à-dire à la coupe et à la confection des vêtements élémentaires, on n'enseigne pas assez aux jeunes personnes des classes supérieures à se servir de ce qu'elles apprennent au point de vue professionnel. En un mot elles connaissent suffisamment de coupe et d'essayage pour s'en faire une idée, mais pas assez pour pouvoir les pratiquer et s'en servir comme d'un métier. Cette étude reste pour elles, à la sortie de l'école, comme un art d'agrément qu'elles utiliseront à l'occasion, mais dont elles ne peuvent tirer un profit réel.

Si ce résultat est suffisant pour un certain nombre de jeunes filles, c'est-à-dire pour celles qui font choix d'une profession tout à fait en dehors de la couture, il n'en est pas de même pour celles qui doivent plus tard s'établir ou prendre des emplois dans les maisons de couture ou de confection.

C'est aussi notre avis, et depuis longtemps nous nous étonnions à bon droit que l'on s'en tînt, dans les écoles supérieures ou professionnelles, à ces traités élémentaires, qui peuvent bien enseigner les premiers principes de la coupe, mais qui sont absolument insuffisants à tous les points de vue, pour former, non seulement de bonnes élèves possédant, à leur sortie de l'école professionnelle, une instruction leur permettant de se mettre au travail, mais encore des professeurs formés pour cet enseignement spécial, d'une si haute portée pour le maintien de notre haute suprématie en matière de mode et d'élégance.

Les maîtresses-couturières, en effet, n'ont eu

jusqu'ici d'autres ouvrages à consulter que ces traités trop élémentaires, dont nous parlions tout à l'heure, et qui ne sauraient, dans aucun cas, prétendre à cette perfection de la coupe, qui donne la véritable élégance, et qu'on exige aujourd'hui partout dans le commerce et l'industrie de l'habillement.

C'est dans ce but de perfectionnement que M. Deustch désire que le cours de deuxième et de troisième année de l'école de la rue Bossuet soit professé par un véritable professeur de coupe. C'est dans ce même but que, parmi les méthodes dont il recommande l'enseignement, il cite en première ligne celle qui fait l'objet du présent volume.

Quelques extraits de ce rapport donneront d'ailleurs une idée plus exacte de la grande compétence de M. Deutsch en ces matières.

Passant en revue les conditions essentielles d'un bon enseignement, il dit :

« *Prise des mesures.* — Nous devons d'abord
« recommander à nos maîtresses d'habituer les
« élèves à prendre les mesures d'une façon exacte;
« l'essayage sera plus facile et de trop nombreuses
« retouches seront évitées. »

Puis, plus loin :

« *Tracé des patrons sur le drap*. — Pour le tracé
« des patrons, nous croyons qu'il serait plus éco-
« nomique, comme temps et comme argent, d'em-
« ployer la craie sur le drap au lieu de papier et
« de crayon. J'ai fait expérimenter ce procédé au
« cours normal des Institutrices de la Seine, éta-
« bli rue Chomel, les résultats obtenus ont été ex-
« cellents, et il est à désirer que ces moyens soient
« généralisés dans nos écoles professionnelles.

« Le tracé à la craie se fait plus vivement et
« avec une plus grande sûreté de main que celui
« au crayon ; les corrections sont plus faciles et
« les bons tracés étant seuls exécutés, une émula-
« tion avantageuse assurerait des résultats plus
« sérieux.

« Au point de vue de l'économie, nous ne trou-
« verions plus ces papiers qui, plus ou moins bien
« utilisés, grossissent le tas de paperasses qui
« restent sans emploi.

« Les séries de *patrons souches* seraient créées
« par les maîtresses et serviraient à vérifier le tracé
« fait par l'élève sur le drap. Si ce tracé est exact,
« et s'il doit être exécuté, il suffira de placer sous
« le drap une feuille de papier ; on poinçonnerait
« le modèle de façon à le relever. »

Ce procédé, qui est aussi employé en partie dans mon cours, est en effet un des meilleurs et des plus économiques pour apprendre à tracer rapidement.

Les tailleurs pour hommes n'en emploient généralement pas d'autres, c'est pourquoi ils acquièrent presque tous, en très peu de temps, une grande habitude des tracés, qui leur permet de couper sans l'aide du patron en papier.

Puis, après avoir recommandé aussi tout particulièrement l'essayage non seulement sur des mannequins, mais aussi sur la personne même, M. Deutsch ajoute :

« En même temps que l'essayage, il faudra
« étudier dans tous leurs détails la correction des
« défauts d'un vêtement terminé, le manque d'a-
« plomb, le redressement et le renversement et
« mettre ainsi à profit la série des mannequins dont
« vous venez de voter l'achat sur notre proposi-
« tion. »

Ceci est très important aussi. En effet, beaucoup de personnes achètent dans les maisons de confection ou de nouveautés des vêtements tout faits. Ces vêtements, qui ont été taillés d'après des proportions à peu près régulières et essayés sur des mannequins, ne peuvent aller *bien* à toutes les acheteuses, puisque toutes n'ont pas la même grosseur ni la même conformation. Il faut donc savoir les rectifier de manière à ce qu'ils aillent aussi bien que s'ils avaient été faits sur mesures. C'est pourquoi les bonnes essayeuses sont très appréciées dans les maisons de nouveautés de province, où on vend beaucoup de vêtements achetés tout faits dans les maisons spéciales de Paris.

« *Économie d'étoffe*. — Il faudrait amener nos
« jeunes élèves à économiser l'étoffe en leur ap-
« prenant à enchevêtrer les patrons de façon à évi-
« ter des déchets d'une étoffe d'un prix souvent
« élevé.

« *Rapidité d'exécution*. — Enfin, il ne suffit pas
« de produire un travail soigné au détriment de la
« rapidité d'exécution, car le rapport est surtout
« calculé à raison du temps employé. Il faut donc
« habituer nos élèves à travailler rapidement sans
« que cela puisse nuire à la bonne confection de
« l'ouvrage.

« *Dessin*. — Le dessin, qui se trouve aussi parmi
« les matières du programme de l'École primaire,
« devra être enseigné et utilisé en vue de création
« de costumes. L'apprentissage ne sera complet
« qu'à la condition de savoir dessiner au préalable,
« soit au crayon sur le papier, soit à la craie de tail-
« leur, sur du drap, ce que chaque couturière veut
« exécuter, et d'indiquer rapidement le costume
« proposé à la cliente.

« Les jeunes filles devront être exercées au tracé
« des figurines, elles devront ensuite savoir re-

« produire à plat, dans toutes ses parties, une
« gravure de mode.

« L'introduction de l'enseignement du dessin,
« mis en rapport avec les besoins de la profession,
« s'impose avec les progrès actuels et le goût fran-
« çais dont nous sommes fiers à si juste titre. Cette
« introduction nous permettra de donner à nos
« écoles professionnelles leur véritable but, et le
« métier de couturière sortira ainsi de la routine
« et deviendra presque un art raisonné, sachant
« indiquer à l'avance, sans tâtonnements, ce qu'il
« veut produire ou créer.

« *Transformation des patrons.* — Nous ne croyons
« pas qu'il suffise que les jeunes filles sachent éta-
« blir des patrons de buste à l'aide d'une méthode
« géométrique, mais il faut encore qu'elles ap-
« prennent à transformer ces patrons pour obte-
« nir d'autres formes de vêtements. Et qu'on ne
« nous objecte pas que cet enseignement présente
« des difficultés. Nous avons, dans différents con-
« cours, posé des questions de transformation au
« tableau noir : les jeunes filles, avec quelques
« explications, sont toujours parvenues à com-
« prendre et à exécuter le travail que nous deman-
« dions et duquel pourtant elles n'avaient aucune
« notion.

« En introduisant ces diverses réformes dans

« notre enseignement, nous le compléterons et
« nous préparerons des couturières habiles, que les
« maisons de confection ne tarderont pas à nous de-
« mander. Le vêtement étant, ainsi que nous l'a-
« vons dit, un objet de consommation continuelle
« qui donnera toujours du travail, nous n'aurons
« pas à redouter le grand nombre d'expectantes,
« comme pour la carrière de l'enseignement, ou
« plus de 4,000 jeunes filles attendent une posi-
« tion que l'administration est dans l'impossibi-
« lité de leur donner. »

PREMIÈRE PARTIE.

ÉTUDE DU CORSAGE.

PREMIÈRE PARTIE.

ÉTUDE DU CORSAGE.

CHAPITRE PREMIER.

NOTIONS PRÉLIMINAIRES.

L'art de bien habiller peut se résumer en quatre points principaux :

1° Avoir l'œil et la main exercés à bien prendre les mesures ;

2° Savoir se créer de bons patrons ;

3° Savoir bien essayer et bien rectifier ;

4° Avoir le goût nécessaire pour donner de la grâce et de l'élégance à ce que l'on fait.

Je m'occuperai d'abord des deux premiers points.

Les figures que je donne plus loin ne sont qu'une bien minime fraction des différentes conformations qui existent. Elles suffisent cependant pour en donner une idée.

La figure 2 représente une femme de proportions et de formes régulières, c'est-à-dire bien faite. On admet comme bien faite toute personne dont la tenue est droite, les épaules de hauteur moyenne, la taille légèrement cambrée; la poitrine un peu saillante. Les femmes bien faites se rencontrent généralement chez les personnes de taille moyenne, entre vingt et quarante ans, alors que le buste a atteint tout son développement, mais quand l'embonpoint n'a pas encore amené la déformation de la taille et quand le dos n'est pas encore voûté.

Si toutes les personnes étaient ainsi faites, notre travail serait singulièrement simplifié, et quatre ou cinq mesures nous suffiraient amplement pour couper un corsage ou n'importe quel vêtement allant bien. Mais les proportions générales, la tenue, la conformation en un mot, variant à l'infini, ainsi que le prouvent les quelques dessins que l'on trouvera plus loin, on ne peut se contenter de quelques mesures seulement, ni baser toujours sur des proportions régulières le tracé des patrons. C'est pour-

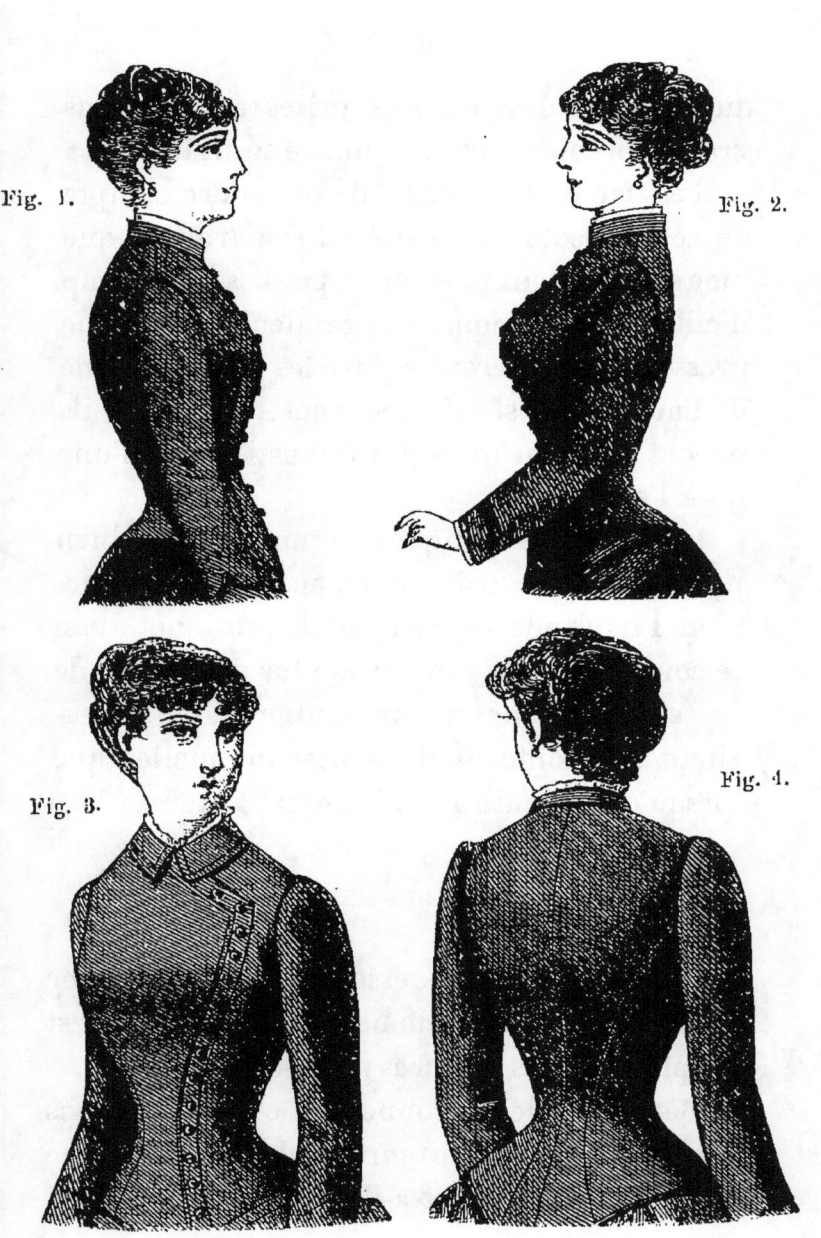

quoi il faut des mesures prises avec la plus grande précision et en nombre suffisant.

Il est facile, d'ailleurs, de se rendre compte de cette absolue nécessité en remarquant que bien souvent deux personnes, paraissant au coup d'œil pareilles comme grandeur et comme grosseur, ne pourront mettre les corsages l'une de l'autre, ou, si elles peuvent les mettre, ils n'iront pas à beaucoup près aussi bien à l'une qu'à l'autre.

Je vais donc indiquer la manière de bien prendre les mesures. On en acquiert généralement l'habitude avec un peu de pratique, aussi je conseille de s'y exercer le plus possible et de ne se fier aux mesures irrégulières que nécessitent les conformations exceptionnelles que lorsqu'on se sentira suffisamment exercée.

ÉTUDE DES MESURES.

Une des conditions essentielles, pour tailler un corsage ou un vêtement qui aille bien, est de prendre des mesures précises.

Beaucoup de personnes, et c'est à mon avis un grand tort, ne prennent des mesures que pour la forme, c'est-à-dire qu'elles ne cherchent, en les prenant, qu'à avoir un aperçu approximatif des proportions générales de la personne.

Quelques-unes, avec ce système, réussissent, il est vrai, à faire aller bien les vêtements qu'elles ont taillés; mais non seulement elles ne doivent leur réussite qu'à la grande habitude qu'elles ont d'essayer, mais encore elles ne disent pas toujours qu'elles ont dû remplacer tel ou tel morceau qui ne pouvait servir.

Je suis loin de contester la nécessité de la pratique et du coup d'œil (je crois, au contraire, qu'on ne peut rien faire sans), mais je répète que cela ne suffit pas. D'ailleurs, il faut reconnaître qu'un vêtement coupé selon des mesures exactes, et par cela même allant presque bien déjà (si elles ont été bien prises), est beaucoup plus facile à essayer.

J'indique donc ici les mesures qui sont d'une nécessité absolue. Il est évident qu'on pourra y ajouter toutes celles que l'on jugera convenable, mais on ne devra pas en supprimer, si l'on veut être sûre de réussir.

L'ordre dans lequel je les donne est le plus facile pour tracer ensuite le patron. Je prie mes lectrices de s'habituer à le suivre pour

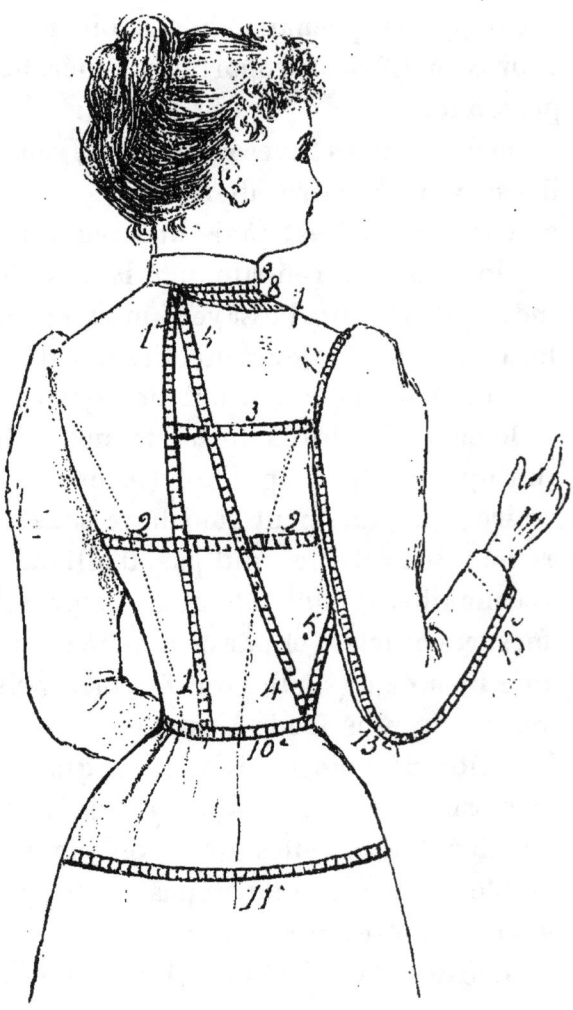

Fig. 5.

— 9 —

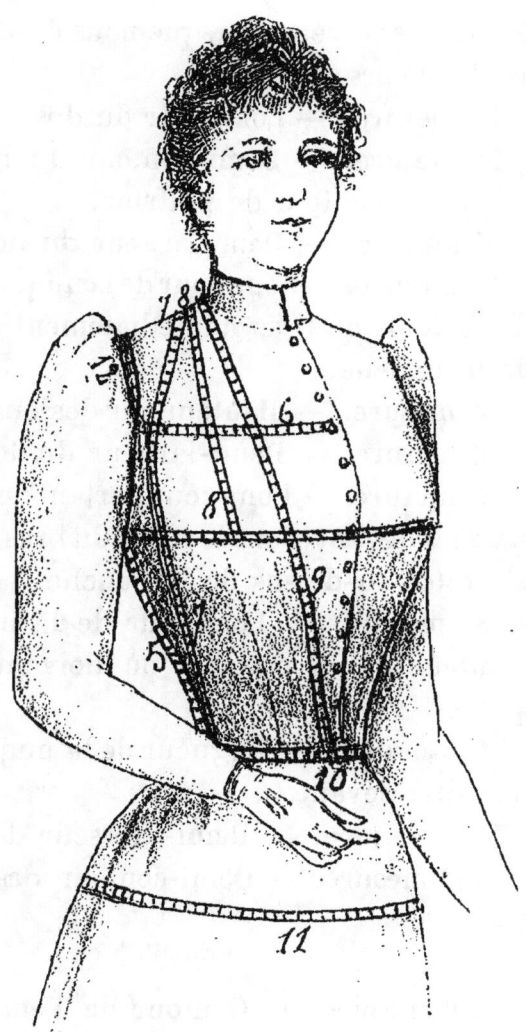

Fig. 6.

s'éviter des erreurs lorsque nous étudierons le tracé du corsage.

1re mesure. — Longueur du dos.

2e mesure. — Demi-contour du buste, appelé aussi contour de poitrine.

3e mesure. — Demi-largeur du dos.

4e mesure. — Longueur de la nuque à la taille du dessous de bras immédiatement au-dessus de la hanche.

5e mesure. — Hauteur du dessous de bras.

6e mesure. — Demi-largeur du devant.

7e mesure. — Longueur partant de la nuque, passant devant (dans le creux du bras, et venant s'arrêter au-dessus de la hanche.

8e mesure. — Longueur de la nuque à la hauteur de la poitrine où doivent finir les pinces.

9e mesure. — Longueur de la nuque jusqu'à la taille devant.

10e mesure. — Demi-grosseur de ceinture.

11e mesure. — Demi-contour des hanches.

MANCHE.

12e mesure. — Contour de l'emmanchure.

13e mesure. — Longueur de l'emmanchure au coude.

14ᵉ mesure. — Du coude au poignet.

Ces mesures, bien entendu, ne concernent que le corsage uni. On devra donc prendre, et c'est même indispensable, la longueur de la jupe. La grosseur du cou n'est pas nécessaire, cependant on pourra la prendre aux personnes fortes.

Je recommande tout spécialement d'apporter une grande attention à la 2ᵉ mesure (demi-contour du buste). Cette mesure doit être prise tout autour du corps en passant sous les bras. On aura soin de placer le centimètre de manière à ce qu'il passe, derrière, un peu au-dessous de l'omoplate et, devant, à l'endroit le plus saillant de la poitrine. On l'inscrit par moitié.

Pour la 4ᵉ mesure (longueur de la nuque à la hanche), on devra chercher bien exactement le creux qui existe au-dessus de la hanche, et arrêter le centimètre juste à ce creux.

Même recommandation pour la 7ᵉ mesure, qui part de la nuque, longe une partie de l'encolure, passe devant, dans le creux du bras, et s'arrête à la hanche. On devra aussi, pour cette mesure, tenir le centimètre plutôt tendu que lâche, de façon à ce que le corsage tende bien dans le creux du bras.

Pour la 5ᵉ mesure, il ne faudra pas trop faire lever le bras, pour ne pas la prendre trop longue.

Toutes les autres mesures n'offrant aucune difficulté, je n'ai à faire aucune observation particulière.

Quelques personnes observeront peut-être que nous prenons un trop grand nombre de mesures; je répondrai que, lorsqu'on en a un peu l'habitude, c'est vite fait, et qu'il est impossible d'être sûre de soi si on en supprime. Pour bien convaincre mes lectrices, je vais expliquer l'utilité de chacune de ces mesures.

Nous avons les trois premières : longueur du dos, demi-contour du buste et demi-largeur du dos, dont on ne saurait contester l'absolue nécessité, puisque ce sont les mesures fondamentales sans lesquelles on ne saurait établir un corsage.

La 4ᵉ mesure, que peu de personnes prennent, est aussi très utile, et voici pourquoi. Lorsque la mode exige qu'on porte les tailles longues, comme on les porte souvent, on prend nécessairement la 1ʳᵉ mesure (longueur du dos) longue. Certaines personnes même ont la cambrure des reins si peu marquée, qu'on pourrait derrière leur allonger la taille autant qu'on voudrait. Ce sont alors les jupons seuls qui marquent la taille et en définissent la longueur. Dans ce cas, si on se fie à la longueur du dos seule pour couper le corsage, il arrivera infailliblement que ce corsage remontera sur les côtés. Pourquoi? parce que le buste, qui est très long derrière, est souvent beaucoup plus court sur le côté, où il est arrêté par les hanches, qui sont saillantes.

Maintenant supposons, ce qui d'ailleurs se présente souvent, que l'on porte de grosses tournures. Cela produit l'effet contraire, par cette raison que la tournure raccourcit la taille derrière seulement et que les proportions de longueur sont ainsi dérangées. Il nous faut donc prendre la longueur de taille sur le côté, comme nous la prenons au milieu du dos : c'est ce qui explique l'utilité de notre 4ᵉ mesure.

La hauteur du dessous de bras (5ᵉ mesure) est également importante, elle nous indique sûrement si la hauteur des épaules est proportionnée, haute ou basse, — car chacun sait que plus l'épaule est haute, plus le dessous de bras est long.

La 6ᵉ et la 10ᵉ mesure ne sont pas particulières à notre système de coupe ; il me semble donc inutile d'en démontrer la nécessité.

Les 7° et 9° mesures nous indiquent la tenue de la personne. Si ces mesures sont longues en proportion de la longueur du dos, c'est que la tenue est renversée. Si, au contraire, ces mesures sont courtes, c'est que la tenue est inclinée en avant, c'est-à-dire voûtée. Je reviendrai plus tard sur ces différences de tenues, quand je traiterai des conformations irrégulières.

Pour le moment, je prierai seulement mes lectrices d'étudier avec attention l'ordre des mesures, que l'on ne doit pas changer, de façon à les reconnaître entre elles sans être obligée d'en inscrire toujours le nom.

Le prochain chapitre sera consacré au tracé du corsage pour une personne de conformation régulière, c'est-à-dire bien proportionnée.

CHAPITRE II.

TRACÉ DU CORSAGE POUR UNE CONFORMATION
RÉGULIÈRE.

Corsages ronds. — Corsages à basques.

Le tracé du corsage étant le point le plus important dans l'étude de la coupe, et pouvant paraître à première vue un peu difficile à exécuter aux personnes qui n'ont jamais coupé par principes, je donne le modèle de deux tracés, l'un (réduit) concernant le *corsage sans basques* (avec un seul petit côté), le deuxième (en demi-grandeur) se rapportant aux *corsages à basques* avec deux petits côtés,

Le corsage rond ou sans basques avec un seul petit côté ne se fait presque plus, cependant il est nécessaire de savoir en dessiner le patron parce qu'il fait encore partie de beaucoup d'uniformes de pensions, d'orphelinats d'établissements de charité, où la robe ancienne est toujours adoptée.

D'ailleurs lorsqu'on sait bien dessiner le patron du corsage à taille, rien n'est plus facile que de le transformer en un corsage à basques à deux petits côtés, ainsi qu'on le verra par les fig. 7 et 8 (chapitre III).

Cependant, si on veut pouvoir tracer le corsage à basques avec deux petits côtés, sans couper d'abord un patron en papier, c'est-à-dire si on veut employer le système des tailleurs, qui consiste à tracer directement sur le tissu ou sur la doublure à l'aide de la craie ou de la roulette, il sera préférable de choisir le deuxième tracé, qu'on trouvera avec son explication sur la planche repliée, et dont les pièces sont dessinées séparément.

En résumé, *les deux manières de procéder étant aussi exactes l'une que l'autre* et donnant absolument le même résultat, c'est-à-dire un corsage allant parfaitement bien, mes lectrices pourront employer celle qui leur paraîtra la plus facile.

CORSAGE ROND (fig. 7).

Pour bien comprendre les tracés, il suffit de bien étudier l'explication par lettres alphabé-

TRACÉ DU CORSAGE SANS BASQUES.

tiques et de les comparer au dessin, et quelques

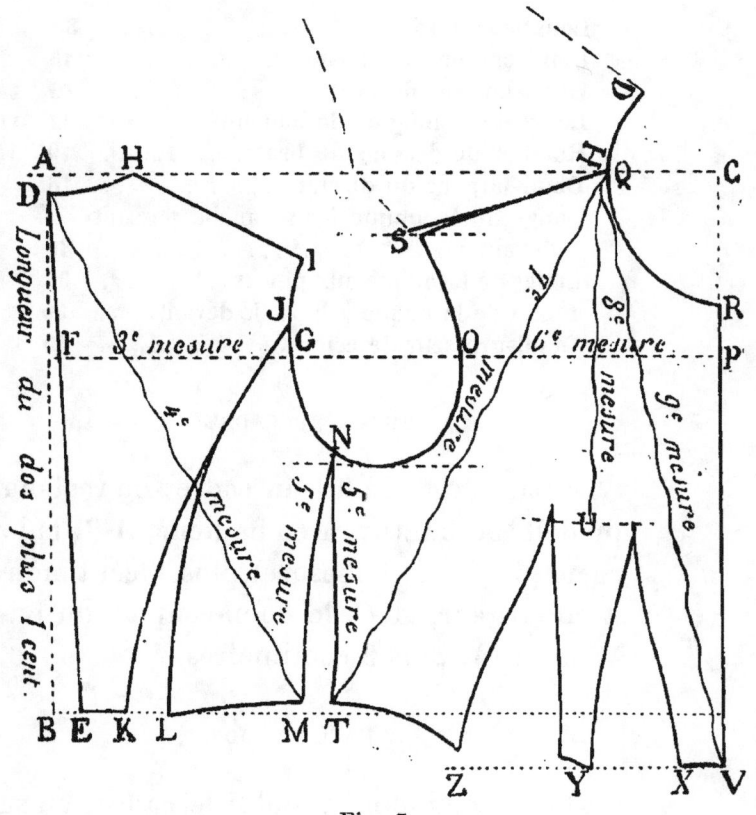

Fig. 7.

heures d'étude suffiront pour les saisir parfaitement.

MESURES AYANT SERVI A TRACER LE CORSAGE.
(Fig. 7).

Longueur du dos.....................	39	
Demi-contour du buste..............	45	
Demi-largeur du dos.................	16	1/2
Long^r de la nuque à la hanche.........	42	1/2
Hauteur de dessous de bras............	19	1/2
Demi-largeur du devant...............	18	
Long^r de la nuque à la hanche passant devant......................	49	
Long^r de la nuque aux pinces..........	32	
Long^r de la nuque à la taille devant.....	50	
Demi-grosseur de ceinture............	30	

TRACÉ DU CADRE.

La base du tracé est un cadre, ou rectangle qui doit toujours avoir en hauteur, *A B*, la longueur du dos (1re mesure), plus 1 centimètre, et en largeur, *A C*, le demi-contour du buste 2e mesure), plus 3 centimètres.

TRACÉ DU DOS.

D. — Lorsqu'on a établi le cadre, on supprime 1 centimètre en haut (à gauche) pour creuser l'encolure.

E. — On indique le bas du dos à 2 centimètres du coin B, et on tire une ligne partant de l'encolure D.

F. — Pour trouver la hauteur de la carrure, on tire une ligne horizontale au tiers de la longueur du dos D E.

G. — Sur cette ligne F, on indique par un petit trait la largeur du dos G.

A H. — On indique ensuite la largeur de l'encolure, égale au tiers de la largeur du dos F G.

I. — On indique la pointe de l'épaule en mettant au-dessus de G une hauteur égale à la largeur d'encolure A H plus 2 centimètres, et on tire une ligne partant de l'encolure H.

J. — On place la couture du petit côté 2 ou 3 centimètres au-dessus du point G. On accentue plus ou moins la courbe du dos selon la mode.

K. — On donne au bas du dos E K une largeur moyenne de 3 à 4 centimètres, et on relie K à J par une ligne courbe.

TRACÉ DU PETIT CÔTÉ.

Pour qu'on saisisse bien l'ordre et l'utilité des mesures, nous avons tracé ce corsage avec un seul côté. On trouvera plus loin la manière de dessiner les corsages à deux et à trois petits côtés.

L. — On indique le bas du petit côté à 2 centimètres 1/2 de distance du dos, et de ce point *L* on tire une ligne courbe qui rejoint le dos à peu près au milieu de sa hauteur.

M. — On applique ensuite la 4ᵉ mesure (longueur de la nuque à la hanche); mais, avant d'appliquer cette mesure, il faut d'abord déterminer exactement la place de la hanche, qui varie naturellement selon la grosseur de taille de la personne.

On trouve la place exacte de la hanche en mettant, à partir du milieu de la taille derrière, le quart de la grosseur totale de ceinture. Ainsi, à la fig. 7, la demi-grosseur de ceinture étant de 30 cent., le 1/4 est 15. C'est donc à 15 cent. du milieu du dos (mesurés à partir du point *E*) que nous plaçons la hanche *M*.

D M. — Lorsque la hanche est indiquée, on s'assure si la 4ᵉ mesure est exacte; si elle ne l'est pas, on remonte ou on descend du cadre autant qu'il est nécessaire, ce qui arrive généralement pour les tailles irrégulières.

M N. — On obtient la hauteur de l'emmanchure par la mesure du dessous de bras; on indique la 5ᵉ mesure en montant au-dessus de M, et en obliquant un peu à droite. A ce point N on tire une petite ligne horizontale.

La largeur du haut du petit côté, depuis la ligne courbe jusqu'au point N, doit être égale à L M moins 1 cent.

Il ne reste plus alors qu'à réunir ces points par des lignes, comme on l'a fait pour le dos.

TRACÉ DU DEVANT.

O P. — On indique sur la ligne *F* la largeur du devant (6ᵉ mesure).

Q C. — Largeur de l'encolure égale à l'encolure du dos plus 2 cent.

C R. Hauteur de l'encolure : 2 centimètres de plus que la largeur *Q C*.

Q S. — Largeur de l'épaule : 1 centimètre de moins que la largeur de l'épaule du dos *H I*.

S. — On place la hauteur de l'épaule au tiers de la distance comprise entre la ligne du cadre *A C* et le point *O*.

M T. — On supprime 2 centimètres à la taille pour la cambrure du dessous de bras.

D H T. — On indique la longueur du devant sur la hanche en appliquant la 7ᵉ mesure (longueur de la nuque à la hanche, en passant devant près du bras). Pour cette mesure et pour les deux qui suivent, il faut tenir compte de la largeur du haut du dos, qui doit être comprise dans leur longueur (1).

D H U. — Hauteur des pinces indiquée par la 8ᵉ mesure.

D H V. — Longueur de la taille, devant, indiquée par la 9ᵉ mesure.

U. — Pour placer le haut des pinces, on cherche d'abord le milieu de la poitrine. Ce milieu s'obtient en mettant, à partir de la ligne du cadre *C V*, le quart moins 2 cent. du demi-contour du buste, (c'est-à-dire le quart moins 2 cent. de la 2ᵉ mesure.) Lorsque le milieu entre les pinces est ainsi fixé, on met de chaque côté de ce point U 2 cent. 1/2 à 3 centimètres de distance : c'est là que devront finir les pinces.

V X. — Distance du milieu du devant à la première pince : égale à la moitié de la largeur d'encolure *Q C*.

(1) On mesurera donc la largeur d'encolure du dos *D H*, et on reportera le centimètre au point *Q*, en laissant dépasser du cadre toute la largeur donnée par *A H*.

Si la 7ᵉ mesure ne se trouve pas juste, il faut se reporter au chapitre VIII, concernant les tenues irrégulières.

Y. — L'écart entre les deux pinces à la taille varie entre 2 et 3 centimètres, selon la grosseur de la personne. La profondeur des pinces varie également, selon la grosseur de la taille et la cambrure de la poitrine.

Pour les personnes bien proportionnées, la première pince doit avoir une profondeur égale à la largeur d'encolure du devant moins 2 cent. La seconde pince doit être au moins égale à la largeur d'encolure. On pourra donc se baser d'abord sur cette proportion, et indiquer la profondeur de chaque pince par des points; après quoi on mesurera le patron à la taille, si on le trouve trop large, on creusera un peu plus la seconde pince ; si, au contraire, il se trouve trop étroit, on laissera les pinces telles et on élargira par le côté en tenant l'écart *M T* plus petit; ou bien, si la personne n'a pas la poitrine saillante, on fera les pinces un peu moins creuses pour obtenir la largeur nécessaire, mais le premier système vaut mieux pour avantager la taille.

On vérifiera ensuite le tour d'emmanchure en contournant avec le centimètre depuis *I* jusqu'à *S ;* si la largeur n'était pas suffisante, on ajouterait un peu de hauteur sur l'épaule ; si, au contraire, le patron se trouvait trop large, on ferait une petite pince, comme je l'indique plus loin, page 70, fig. 28 (cette pince ne serait faite qu'au patron, mais jamais à l'étoffe).

Le tracé du corsage varie relativement peu avec les différentes modes, les seules modifications qu'on y puisse faire sont des déplacements de coutures, aux pinces et aux largeurs du dos; on trouvera dans le *Bulletin de mon cours de coupe* (paraissant tous les mois) les indications nécessaires pour suivre exactement la mode de chaque saison.

CHAPITRE III.

CORSAGES A DEUX PETITS COTÉS ET A BASQUES.

On fait le plus généralement les corsages avec deux, quelquefois même trois petits côtés, non seulement parce que la mode l'exige, mais surtout pour éviter le pli qui se formerait inévitablement en travers de la taille, si on faisait les corsages à basques avec un seul petit côté.

TRACÉ DES DEUX PETITS COTÉS.

Pour former les deux petits côtés, ainsi que l'indique la fig. 8, on mesure la largeur comprise entre les points Z et M, et celle comprise entre T et Z. On additionne ces deux largeurs et on prend le tiers du total pour former la largeur de chaque petit côté à la taille.

Ainsi, à la fig. 8, supposons que la distance comprise entre L et M soit de 10 cent., et que celle comprise entre T et Z donne 11, ce qui forme un total de 21 cent. Le 1/3 de 21 étant 7, on donnera donc 7 cent. de largeur à la taille du premier petit côté L-1, puis on donnera également 7 de largeur à la taille du devant Z-2.

On formera ensuite le bas du petit côté de dessous de bras, en mettant au milieu de la distance comprise entre 1 et 2 une troisième largeur de 7. De cette manière, l'écart qui existait à la taille au milieu du dessous de bras se trouve divisé et reporté, moitié entre le petit côté du dos et celui du dessous de bras, et moitié, entre le petit côté du dessous de bras et le devant.

Quand la largeur de chaque petit côté est bien indiquée à la taille, on s'occupe du haut. On met en haut du premier petit côté, 1 cent. de moins qu'à la taille. Pour la largeur du haut du deuxième petit côté on donne 1 cent. 1/2 de moins qu'à la taille.

Il ne reste plus alors qu'à rejoindre ces deux points à ceux du bas par des lignes. Ces lignes seront tirées droites pour la couture du devant, légèrement courbes pour l'autre.

TRACÉ DES BASQUES (fig. 8).

Pour tracer les basques, on se sert d'une

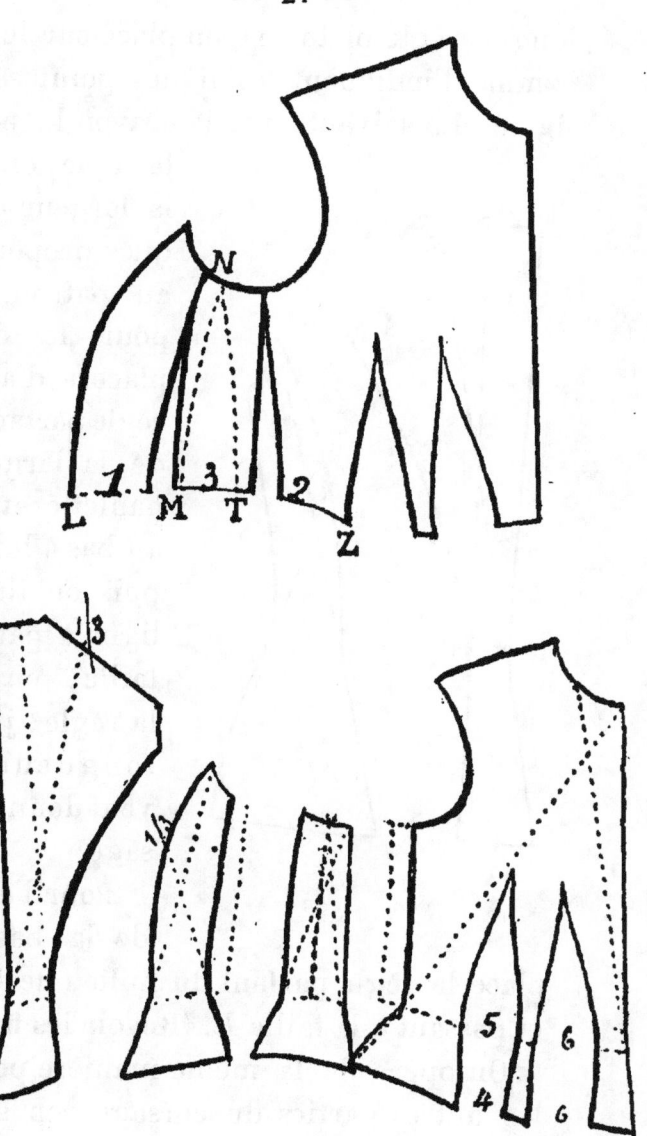

Fig. 8

longue règle plate, qu'on place sur le patron comme l'indiquent les lignes pointées de la fig. 8. En suivant avec le crayon la pente de la règle, on obtient la largeur des basques proportionnée au patron. Ainsi, pour le dos, on placera d'abord la règle partant du 1/3 de la largeur d'épaulette et passant au bas à la taille E; puis on tirera une ligne à partir de la taille, en suivant la règle, jusqu'à la longueur qu'on veut donner au corsage.

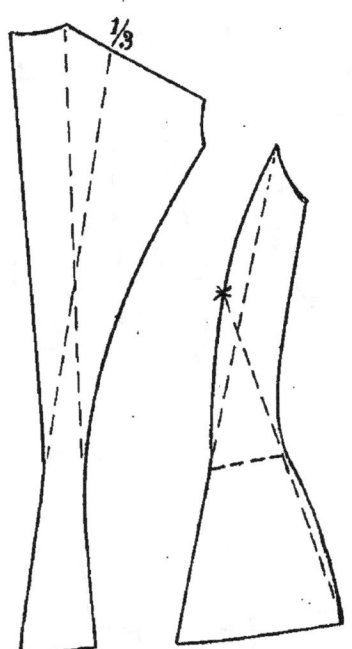

Fig. 9.

Pour l'autre côté de la basque, on place la règle partant du milieu de l'encolure et passant à la taille K. (Revoir les fig. 7 et 8.)

On opère de la même manière pour toutes les autres parties du corsage, en se guidant toujours sur les lignes de la fig. 8 et en ayant soin de donner un peu d'arrondi à toutes les coutures qui se trouvent placées sur les hanches.

Quand on a terminé le tracé des basques, on vérifie le contour des hanches, afin de s'assurer qu'il est bien conforme à la mesure. C'est d'autant plus nécessaire que beaucoup de personnes n'ont pas cette mesure très bien proportionnée au reste du corps, et que la manière de se juponner varie avec la mode.

Lorsqu'on coupera un corsage pour une personne se juponnant peu derrière, et ayant les hanches fortes on pourra modifier la basque du dos et celle du petit côté, ainsi que le démontre la fig. 9.

CHAPITRE IV.

ÉTUDE DE LA MANCHE.

Ainsi que je l'ai dit en commençant, trois mesures sont nécessaires pour couper la manche :

1° Longueur de l'emmanchure au coude ;
2° Longueur jusqu'au poignet (voir la fig. 5) ;
2° Contour de l'emmanchure.

Ces mesures doivent être prises le bras plié.

Pour qu'une manche soit bien en rapport avec le corsage pour lequel on la coupe, il est nécessaire que le haut de la manche soit de 5 à 6 centimètres plus large que la mesure d'emmanchure prise sur la personne. Ainsi, je suppose que je coupe une manche pour une personne ayant 40 centimètres de contour d'emmanchure, le corsage auquel la manche sera adaptée devra avoir la mesure exacte c'est-à-dire 40, tandis que la manche aura (mesurée au bord du haut) 45 cent. Ceci bien entendu pour les manches plates, presque collantes. Ces 4 ou 5 centimètres devront être soutenus sur le dessus. Je ne parle ici, je le répète, que des manches ordinaires; nous nous occuperons un peu plus tard des manches de fantaisie.

TRACÉ DU DESSUS (fig. 10).

La base du tracé de la manche est un cadre dans lequel on dessine le dessus. Pour établir la largeur du cadre, on se sert de la moitié du tour d'emmanchure.

La manche dessinée fig. 10 et 11 se rapporte à un corsage de 45 centimètres de demi-contour de poitrine, c'est-à-dire à celui dont j'ai donné le tracé fig. 7.

La largeur du cadre est de 19 centimètres, c'est-à-dire égale à la moitié du tour d'emmanchure. La longueur de l'emmanchure au coude est de 29 centimètres; la longueur jusqu'au poignet, 55, le contour d'emmanchure, 38.

A B. — Largeur du cadre, égale à la moitié du tour d'emmanchure (19).

Hauteur du cadre, environ 60 cent.

A C. — Moitié de la largeur du cadre (9 1/2).

A D. — Abattement du devant de la manche, égal à la distance *A C* (= 9 1/2.)

A E. — Hauteur égale au tiers de la distance *A D* (3 1/3.) Ces points indiqués, dessinez le haut de la manche.

On pourra, en dessinant la courbe, remonter de 2 à 3 cent. au-dessus du point C pour que le haut ne soit pas trop plat.

E F. — Indiquez sur la ligne du cadre la mesure de l'emmanchure au coude, 29.

F G. — Indiquez la longueur du coude au poignet, 55.

H. — Placez ce point à 5 centimètres de *G*. pour les bras longs et minces, à 3 ou 4 pour les bras moyens et à 2 seulement pour les bras courts et gros.

I. — On trouve l'abattement du bas de la manche en tirant une ligne formant équerre avec la ligne *F H*.

J. — Creusez la saignée, à la moitié de la hauteur *D I*, d'une profondeur égale à la distance *E B* (3 1/3.)

TRACÉ DU DESSOUS (fig. 11).

Le dessous de manche doit toujours être coupé plus étroit que le dessus, pour qu'on voie

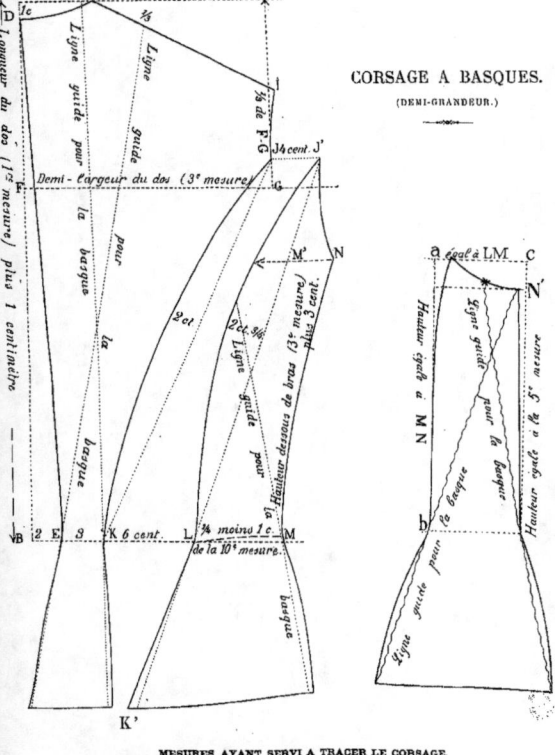

CORSAGE A BASQUES.
(DEMI-GRANDEUR.)

Comme je l'ai dit aux pages précédentes, on peut dessiner un corsage à basques d'après les indications des fig. 7 et 8, mais l'explication expliquée ici est plus rapide et d'une exactitude aussi absolue.

Tracé du dos.

A B. — On trace un angle droit c'est-à-dire à deux lignes formant équerre.
A C. — On trace équerre.
A B. — Hauteur égale à la longueur du dos (1re mesure), plus 1 centimètre.
A D. — On avance le haut du dos de 2 cent.
B E. — On supprime en bas du cadre 2 cent. pour cambrer la taille derrière.
D F. — Hauteur de la carrure : égale au 1/3 de la longueur du dos (1re mesure), on tire une ligne horizontale à cette hauteur.
F G. — Sur cette ligne F on indique la largeur du dos (3e mesure), et on tire une ligne verticale allant jusqu'au haut du cadre *.
A H. — Largeur de l'encolure : égale au 1/3 de la largeur du dos (3e mesure).
G I. — Distance égale à A H, plus 3 cent. On dessinera on reportera de un demi-centimètre.
J. — On place le haut de la couture arrondie 3 cent. au-dessus de la ligne de carrure G.
K K. — Largeur du dos à la taille : 3 cent pour les tailles minces — 3 cent. 1/2 à partir de 70 de taille et 4 cent. pour 80 de taille et au-dessus.
J K. — Pour bien dessiner la ligne courbe du dos, on tirera d'abord à la règle une ligne pointée allant de J à K, puis on rentrera, au milieu, de 1 cent. Une fois ce point déterminé, il sera facile de donner une courbe régulière et graduée.

Basques. — Pour dessiner la basque : 1° place la règle au tiers de la largeur d'épaule H], la faire passer à la taille K et prolonger la ligne jusqu'à la longueur voulue.
2° Placer la règle à l'angle de l'encolure H, la faire passer à la taille K et prolonger la ligne (voir la fig. 1) page 29).

Tracé du petit côté.

L. — On place la pointe du petit côté à 1 cent. au-dessus de la ligne du cadre.
L'. — On place la pointe du petit côté à 4 cent. de distance du bas J et sur la même ligne.
L L'. — Pour tracer la ligne courbe, on emploiera le même procédé que pour celle du dos, on tirera une ligne pointée, puis on rentrera au milieu, de 2 cent. 3/4.
J K. — Largeur du petit côté à la taille, égale au 1/4 moins 1 cent. de la demi-grosseur de ceinture (10e mesure).
M. — On rencontre la ligne de taille de 1 cent. au-dessus de la ligne du cadre.
M M'. — Hauteur égale à la hauteur du dessous du bras (5e mesure), on tire une petite ligne horizontale à cette hauteur.
M N. — Pour obtenir la largeur du haut du petit côté on met sur la ligne M' (à partir de la couture) 1 cent. de moins que L M. Lorsque cette largeur N est déterminée on tire la ligne M N.

Basques. — Pour tracer la basque : 1° prolonger la ligne J L, d'une longueur égale à la basque du dos.
2° Placer la règle au milieu de la courbe J L, la faire passer à la taille M et prolonger la ligne de la même longueur que les précédentes. On arrondit un peu cette couture en ressortant d'un demi-cent. (revoir la fig. 1).

Tracé du petit côté de devant ou pièce de dessous de bras.

On forme d'abord un cadre comme suit :
a b. — Hauteur égale à la hauteur du dessous de bras (5e mesure), plus 3 cent.
a c. — Largeur du cadre égale à celle du petit côté L M.
C N'. — On descend de 3 cent. de manière à obtenir de ce côté la hauteur maxée dessous de bras (5e mesure) à partir de la ligne de taille.
N'. — On va rentre de 1/2 centimètre de largeur pour les personnes qui ne sont pas fortes de poitrine. Pour celles qui ont la taille cambrée, c'est-à-dire le buste large du haut et la taille mince, il ne faut pas rentrer ce demi-centimètre.
Au coin a ce rentre de 5 centimètre en arrondissant la ligne jusqu'au milieu de la hauteur a b.

Basque. — Pour tracer la basque, on placera la règle partant du coin N' et passant à la taille à 1/2 centimètre

Vérification de la 4e mesure.

Lorsque ces trois premières pièces sont tracées, on s'assure si la 4e mesure (longueur de la nuque à la hanche) est exacte. Pour cela on détachera de dos ou la décomposera par la couture J K, puis on le placera contre le petit côté, de manière à ce que ces deux pièces se touchent dans le haut; en laissant croiser les basques l'une sur l'autre. Ensuite, on découpera la pièce du dessous du bras, et on la placera également contre le petit côté, les deux bords se touchant jusqu'à la taille, mais en laissant croiser les basques. On maintient ces deux morceaux du patron chacun par une épingle ou par un presse-papier, de manière à ce qu'ils ne se dérangent pas (voir le tracé n° 1).
On place alors le centimètre partant de la nuque D et on l'amène jusqu'au milieu du dessous du bras. Si la personne est bien proportionnée (et si la mesure est bien prise), la ligne de taille concordera avec la mesure. Mais si la personne n'est pas de conformation absolument régulière, la mesure ne se trouvera pas exacte, alors on modifiera comme suit :

1° Si la 4e mesure dépasse la longueur de taille du patron, cela indique presque toujours que la personne a de l'ampleur jusqu'au milieu du dessous du bras. Si la personne est bien proportionnée (et si la mesure est bien prise), alors on ajoute un peu de la largeur à la partie arrondie du petit côté, ce à la partie creuse de la courbe du dos, ce qui donnera à la 4e mesure la longueur que l'on mesure (voir le tracé n° 2).

Cependant, je dois dire qu'il arrive quelquefois aussi (mais ceci est une exception) que, même pour une personne n'ayant pas le dos rond, la 4e mesure, appliquée comme il est dit plus haut, dépasse la ligne de taille du dessous du bras. Cette irrégularité provient alors d'une cause différente : soit parce qu'on aura pris la 1re mesure (longueur du dos) trop courte, soit parce que la personne pourrait une tournure haute et volumineuse, la longueur du dos se trouvera raccourcie, tandis que la longueur sur la hanche (n'étant pas raccourcie par la tournure) est relativement plus grande. Dans ce cas, il suffit simplement de descendre la ligne de taille du petit côté (vers la hanche seulement), c'est-à-dire de donner d'autant plus peu que la mesure le commandera. On ne changera rien à la pièce de dessous de bras, en se contentant, pour le faire concorder en ligne de taille avec la nouvelle ligne de taille du petit côté. (Pour ne pas se tromper on effacera la ligne primitive.) Puis comme un côté de la couture sera devant un peu plus long que l'autre, on le recoupera par le haut.

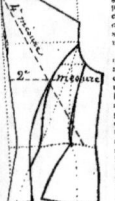

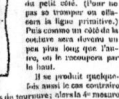

Il se produit quelquefois aussi le cas contraire quand on porte peu ou pas de tournure; alors la 4e mesure se trouve plus courte que la ligne de taille. Quand cela arrive, on remonte la ligne de taille du petit côté (vers la hanche) et en l'anmanchure, la hauteur nécessaire pour qu'il puisse concorder avec la pièce de dessous du bras, qui, elle,

MESURES AYANT SERVI A TRACER LE CORSAGE.

1re — Long. du dos — (29).
2e — Demi-contour du buste, appelée aussi contour de poi...

8e — Long. de la nuque à la hauteur de la poitrine où doivent finir les pinces — (32).

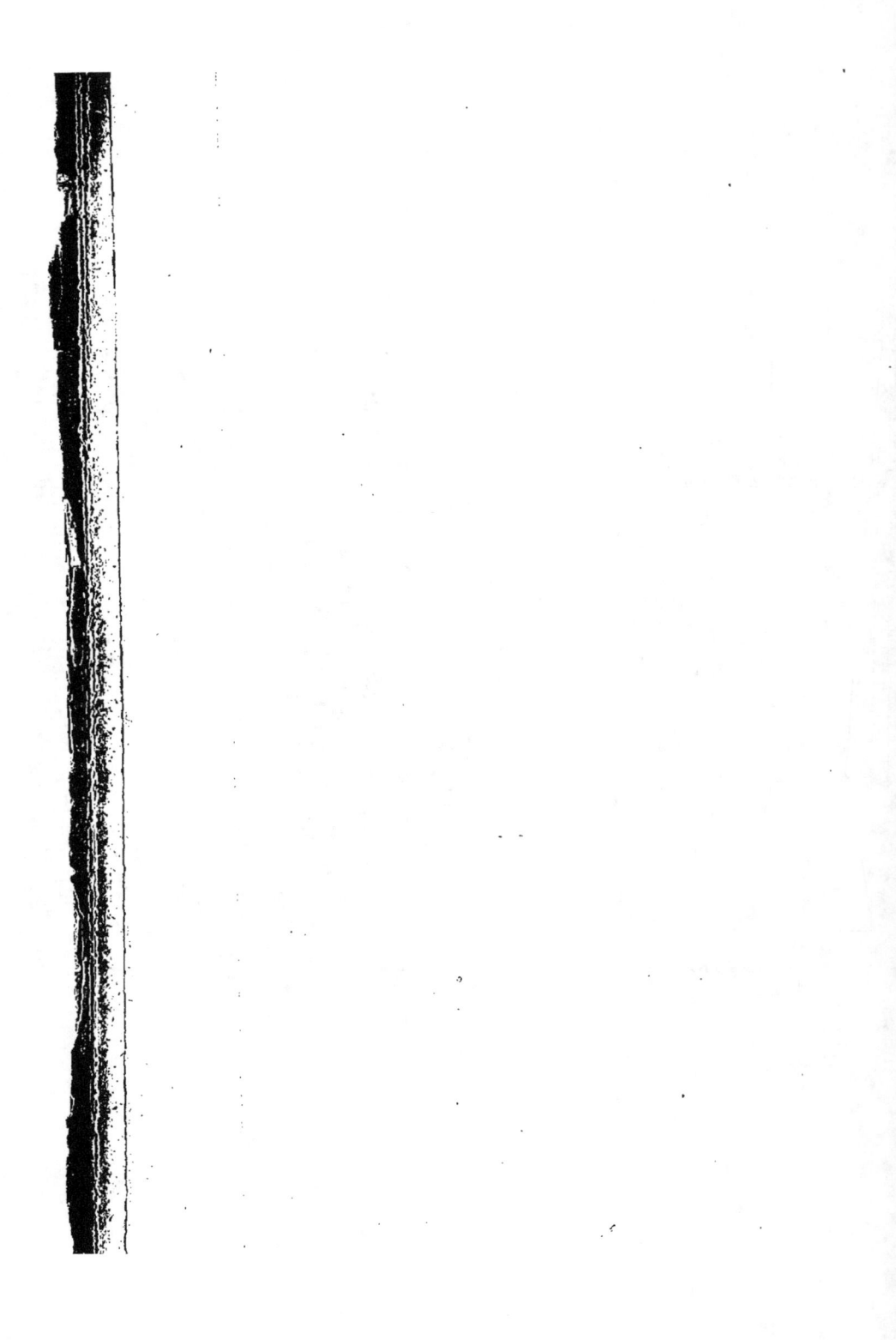

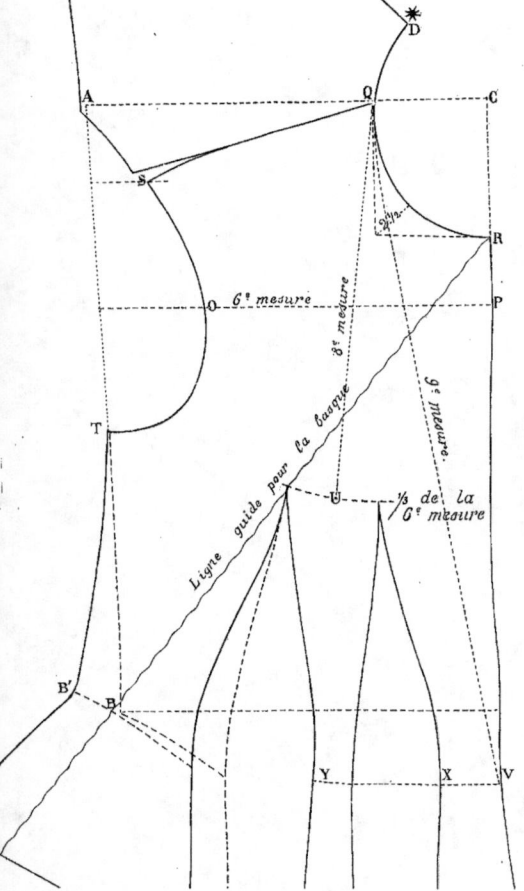

CORSAGE A BASQUES.

DEMI-GRANDEUR.

Tracé du devant.

A B. — Hauteur du cadre égale à la longueur du dos, — 1re mesure.

A C. — Largeur du cadre égale au complément de la 2e mesure, après avoir mesuré le dos et les deux petits côtés réunis. Ainsi, si la 2e mesure est 45, on place le dos et les deux petits côtés l'un à côté de l'autre et on mesure la hauteur totale donnée par ces trois pièces à la hauteur du dessous de bras, ainsi que le démontrent les deux fig. précédentes. Le chiffre ainsi obtenu sera soustrait de 45, c'est-à-dire de la 2e mesure, et le résultat de la soustraction donnera la largeur du cadre du devant.

C P. — Distance égale au 1/3 de la hauteur du cadre : à ce point P, on tire une ligne horizontale.

P O. — Sur cette ligne on indique un point O la demi-largeur du devant (3e mesure).

C Q. — Largeur de l'encolure égale à la largeur d'encolure de dos A H, plus 2 cent.

C R. — Hauteur de l'encolure 2 cent. de plus que la largeur C Q.

Pour bien arrondir l'encolure, on pourra s'aider de petites lignes pointées, comme le démontre notre tracé.

S. — Pour placer la hauteur d'épaule du devant S, on indique, à partir du coin du cadre A, une hauteur égale au 1/3 de la hauteur comprise entre la ligne du haut A C et la ligne de carrure O P. (Pour les épaules hautes au 1/4), on tire une petite ligne.

Q S. — Longueur d'épaule du devant, 1 cent. de moins que l'épaule du dos H I (f).

Lorsque l'épaule est dessinée, on pose la pièce de dessous de bras touchant le bas du cadre, puis le dos touchant l'épaule comme le démontre la fig. suivante ; on vérifie alors la 7e mesure (long. de la nuque à la hanche) passant dans le creux du bras). Si elle ne se trouve pas juste avec la pointe de la taille, ou raccourcit ou on rallonge le patron par l'épaule et l'encolure Q — R. (Voir aux tailles voûtées ou renversées, pages 94 à 75.)

D Q. — On indique la hauteur des pinces en appliquant la 8e mesure à partir de l'encolure du dos *.

D O V. — Hauteur de la taille devant, obtenue par la 9e mesure prise de l'encolure du dos *.

T. — On obtient la hauteur de l'emmanchure en mettant à partir de la taille B, la hauteur du dessous de bras, (5e mesure) et on place T.

Pour placer les pinces, on indique d'abord la distance entre le bord du devant et la pointe de la première pince : égale au 1/3 de la 8e mesure O P.

L'écart entre les deux pinces dans le haut est un demi-cent. plus petit que la première distance (soit le 1/8 moins un demi-cent de O P).

La largeur à la taille de V à X est égale à la moitié de la distance du haut soit 1/6e de O P.

La profondeur ou largeur de la première pince (mesurée sur la ligne de taille) est égale à 1/10e du demi-tour de poitrine (2e mesure).

La largeur de l'autre pinces à la taille varie entre 2 et 3 cent. selon la grosseur de la taille.

La seconde pince est formée de tout l'excédent de la grosseur de taille, on pourra d'abord l'indiquer en la tenant 3 cent. environ plus creuse que la première, mais en la marquant seulement par des points, après quoi on mesurera le patron à la taille : si on le trouve trop large on creusera un peu plus les pinces, si au contraire il se

(et il est préférable d'en donner pour tous les corsages à deux pinces), on élargit la taille du dessous de bras B' en ressortant du cadre de 1/10e de la 10e mesure (demi-grosseur de ceinture), soit de 3 cent. à 3 cent. 1/2, ce qui permet de faire la seconde pince plus creuse d'autant de centimètres. Lorsqu'on fait cette modification (que je conseille pour la mode actuelle), il est nécessaire de remonter légèrement, de 1/2 ou 3/4 de centimètre, la ligne de taille (de B à B') et l'emmanchure T, autrement la 7e mesure ne se trouverait plus exacte, ainsi qu'on pourra s'en assurer en la mesurant de nouveau.

Pour les tailles de jeunes filles on ne donnera pas de biais.

Basque. — Pour tracer la basque on place la règle comme l'indiquent les lignes tremblées (∼∼∼∼). La pente donnée par la règle indique la largeur à donner au bas. La largeur en bas, du milieu à la première pince, est 2 cent. plus large que X V. La largeur du bas de l'en-

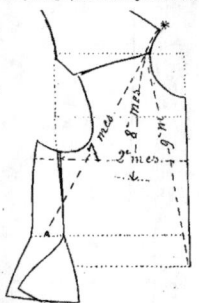

trepince est 1 cent. plus large qu'à la taille Y. L'écart de chaque pince en bas est 1 cent. moins large qu'à la taille : ainsi, si chaque pince a 6 cent. de profondeur à la taille, on lui donnera 5 centimètres au bas de la basque.

Corsages à 3 petits côtés.

Pour les personnes fortes (à partir de 70 cent. de grosseur de ceinture) on fera 2 petits côtés. Pour cela, on tracera le dos, le devant et la pièce de dessous de bras connue pour le corsage à deux petits côtés. Les seules différences à observer sont celles-ci :

1° Pour la pièce de dessous de bras, la largeur à la taille sera è - - au 1/5 moins 1 de la 10e mesure (au lieu du 1/4).
2° - r le petit côté du dos, la largeur à la taille LM sera égale à la 1/2 moins 1 de la 10e mesure (au lieu de 3).
 3 cent. de plus que la 3e mesure (au lieu de 3).
3° _petit côté ajouté sera tracé comme la pièce de dessous de b , seulement la hauteur a-b sera égale à M-N, c'est-à-dire la 7e mesure plus 4 cent., puis on descendra également de 3 nt pour obtenir le point N.
4° t largeur du troisième petit côté à la taille sera égale à ro _ des deux autres, se mesurera sur (sur ses deux côtés exacts) basée sur la hauteur exacte du dessous de bras : (5e mesure).
5° Cepetit côté sera cousu dans la deuxième pince côté du devant.
La basque sera tracée comme celle de la pièce de dessous de bras ordinaire.

Le patron sera découpé exactement comme il est dessiné, c'est-à-dire sans coutures, on devra donc ajouter, en traçant l'étoffe, la largeur nécessaire pour les coutures et les rentrés. On tracera les contours du patron sur la doublure (ou sur le tissu si on ne double pas), puis pour appuyer, on bâtira en suivant bien exactement les tracés, mais on

moins les coutures. On devra donc se guider sur le dessus pour couper le dessous.

Du côté de la saignée *A*, on tiendra le dessous plus étroit que le dessus, de 2 cent. en haut,

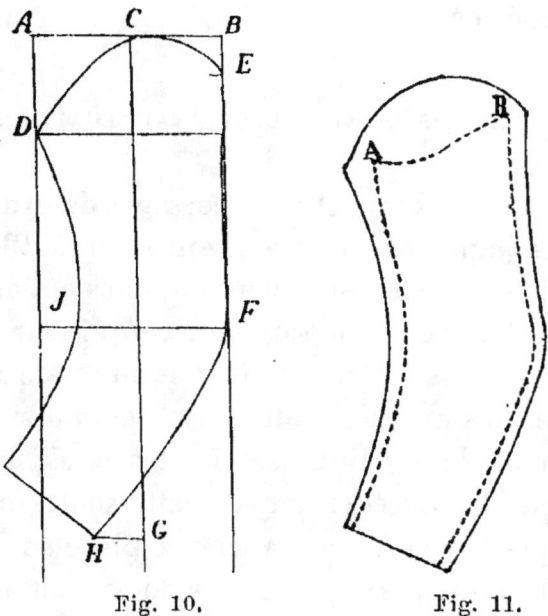

Fig. 10.   Fig. 11.

d'un demi-cent. au milieu et de 2 cent. en bas. On creusera le haut du dessous de 2 centimètres 1/2, puis on tiendra le côté du coude plus étroit que le dessus, de 3 centimètres dans toute sa longueur.

Ainsi, pour la fig. 10, la mesure d'emmanchure étant de 38, l'emmanchure du corsage devra avoir exactement 38, tandis que la manche qui y sera adaptée (devant être soutenue) aura 43 au moins, mesurée autour de son bord supérieur.

MANCHES DROITES (GENRE TAILLEUR) (fig. 12).

Pour les manches de corsages de drap, pour les jaquettes ou les amazones, on fait les manches un peu moins coudées ; elles ont ainsi plus de longueur à la saignée, ce qui leur fait former deux ou trois petits plis ou cassures quand le bras est plié, cette forme est aussi adoptée pour les redingotes. Le tracé est le même que le précédent, avec cette seule différence que le bas de la manche se place sur la ligne du milieu, et que le bas de la couture de la saignée (H) ne dépasse le cadre que de 2 à 3 centimètres (voir fig. 12).

MANCHE FRONCÉE AU COUDE.

La manche que j'ai décrite fig. 10 et 11 est une manche ordinaire, dont le dessus est fortement soutenu au coude, sans toutefois être froncé. Lorsqu'on voudra beaucoup de fronces, on coupera le dessus 2, 3 ou 4 cent. plus large à la couture du coude que le patron ordinaire,

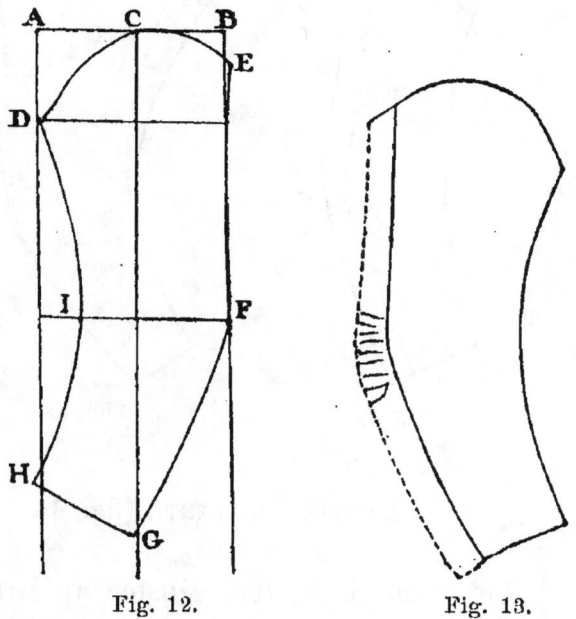

Fig. 12. Fig. 13.

et on supprimera ces 2, 3 ou 4 centimètres au-dessous. Le dessus étant par cela même devenu plus long que le dessous, on fronce au coude toute la longueur qui se trouve en trop. Mais ces fronces doivent être finement faites, et seulement à la place du coude (fig. 13 et 14).

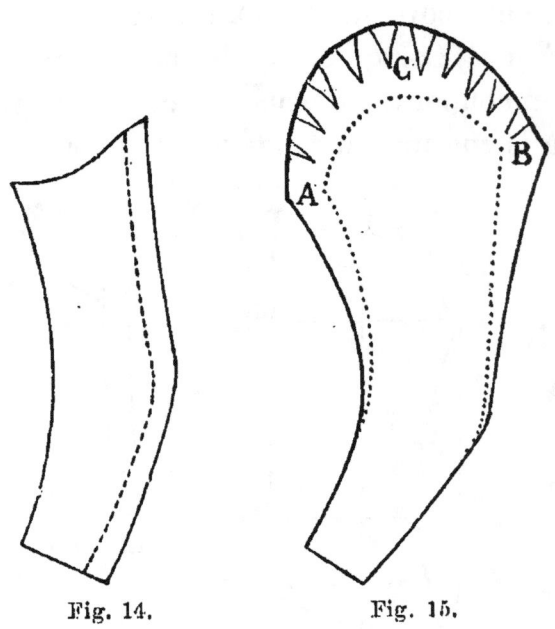

Fig. 14.   Fig. 15.

MANCHE BOUFFANTE (fig. 15).

Cette manche, très ajustée au bras depuis le coude jusqu'au bas est taillée absolument de la même manière que la précédente; seulement, pour la faire bouffer sur l'épaule, on lui ajoute 3 ou 4 centimètres de largeur de chaque côté du dessus, aux points marqués A et B; dans le haut C on ajoute verticalement 6, 8 ou 10 centimètres, puis on trace une nouvelle courbe. Le dessous ne varie pas. On fronce toute cette partie du dessus jusqu'à ce qu'elle revienne à sa largeur normale, ce qui lui fait naturellement former un bouffant sur l'épaule.

CHAPITRE V.

APPRÊT DU CORSAGE.

Aux patrons de corsages tracés d'après la méthode les coutures ne sont pas comprises. Il faut donc, en coupant l'étoffe, laisser en plus la largeur nécessaire pour les coutures et les ourlets.

On tiendra les coutures plus ou moins larges selon qu'on travaillera du drap, de la soie ou des tissus qui s'effilent (fig. 16).

Au devant, on laissera environ 4 centimètres qui serviront de rempli pour les boutonnières du côté droit, et de sous-patte pour les boutons du côté gauche (fig. 17); puis 2 à 3 cent. de hauteur à l'emmanchure A, et une très large couture au-dessous de bras B.

Il faut avoir soin d'indiquer bien exactement sur la doublure (ou sur l'étoffe, dans le cas où on ne doublerait pas) les contours du patron, de façon à ne pas bâtir les coutures plus petites ou plus larges qu'on ne les aurait laissées en coupant.

Il y a bien des manières de tracer la largeur des coutures. La plus exacte est de passer des fils blancs ou de couleur autour du patron, et

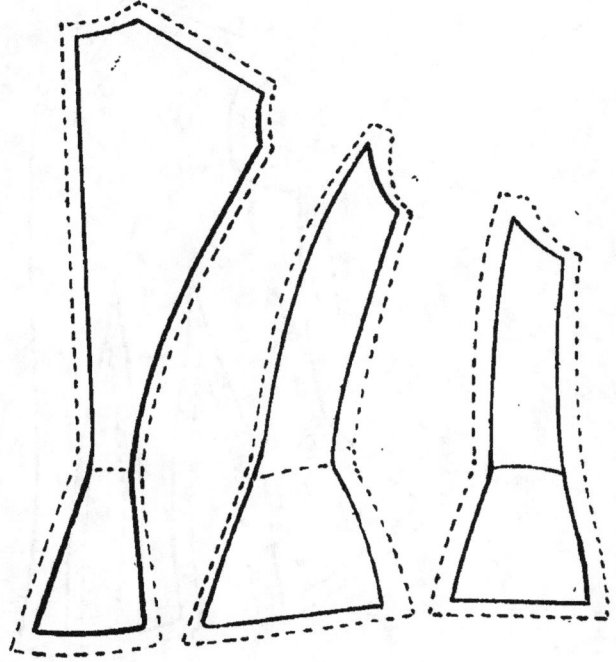

Fig. 16.

cela sur chaque morceau du corsage, mais c'est aussi ce qui exige le plus de temps.

Quelques personnes plient la doublure autour du patron et la marquent fortement avec l'ongle; mais je préfère encore la roulette, qui marque des deux côtés et qui s'efface moins vite.

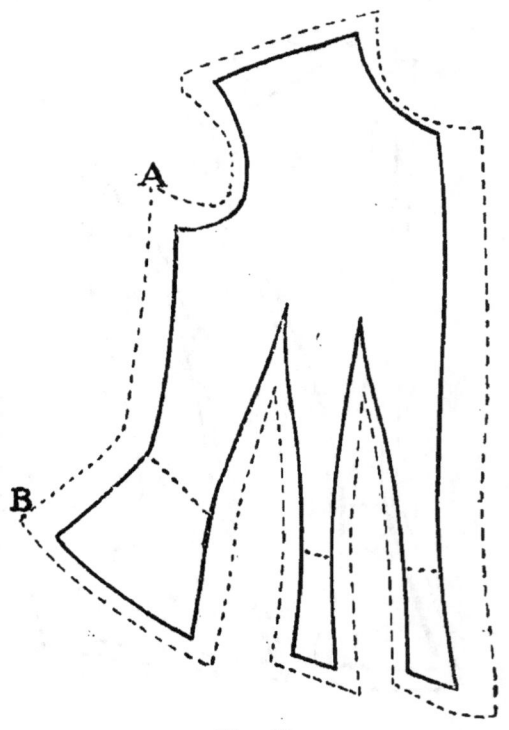

Fig. 17.

D'ailleurs, le moyen importe peu, pourvu que le résultat soit bon et que le patron soit bien suivi.

Lorsqu'on trace sur du drap, la meilleure manière à employer est de tracer à la craie.

Pour bien apprêter un corsage, il importe :

1° De bâtir l'étoffe sur la doublure, de façon à ce que cette dernière flotte légèrement ;

2° De suivre bien exactement, en bâtissant, le tracé qui a été fait autour du patron ;

3° De bâtir à points réguliers et pas trop longs ;

4° De soutenir d'un centimètre au moins l'épaule du dos sur celle du devant ;

5° De soutenir très légèrement aussi le dos sur le petit côté à la hauteur de l'omoplate ;

6° De monter les autres coutures juste, en laissant seulement soutenir légèrement les parties biais sur les parties droit fil ;

7° De marquer la hauteur de la taille tout autour, et le milieu du devant de chaque côté par un fil.

Beaucoup de personnes ne coupent pas les pinces avant d'essayer, ce que nous n'admettons que dans les cas où on n'est pas sûr de l'exactitude du patron qu'on a employé. Mais je trouve bien préférable de mettre un peu plus d'attention à tracer le patron, et alors, sûre de soi, de couper les pinces avant l'essayage. Elles sont d'abord beaucoup plus faciles à apprêter et à essayer, et elles permettent au corsage de mieux se poser à la taille et de cambrer davantage.

Dans le cas où on n'oserait pas se risquer à couper les pinces, il faudrait alors les bâtir en dehors et les retourner après l'essayage, mais il ne faut en aucun cas essayer avec l'étoffe des pinces à l'intérieur, surtout pour les personnes qui ont la poitrine forte et la taille cambrée.

CHAPITRE VI.

ÉTUDE DE L'ESSAYAGE.

Le talent de bien essayer est plutôt une question d'habitude, de coup d'œil, je dirai même d'intelligence, que de principes proprement dits. Cependant, il est des règles dont on ne doit jamais s'écarter, et que nous allons passer en revue.

D'abord, il ne suffit pas, pour bien essayer, d'obtenir un bon résultat, s'est-à-dire un corsage qui, après avoir été essayé, s'adapte parfaitement au buste d'une personne. Il faut encore, et surtout, que, tout en allant bien, le corsage ne gêne aucun mouvement; il faut que les contours des coutures soient gracieux, que les distances entre les petits côtés soient bien calculées, de façon à n'avoir pas une pièce très étroite à côté d'une très large, et que le corsage soit bien droit, c'est-à-dire que la couture du milieu du dos et les boutons devant ne tournent pas.

Tous les défauts que je viens de signaler émanent certainement d'un manque de coup d'œil, et surtout d'un manque de pratique, dont quelques semaines de travail auront raison; mais ce qui reste à acquérir alors, c'est la grande qualité des bonnes essayeuses, LA VIVACITÉ. Rien, en effet, n'est ennuyeux comme un essayage long; non seulement cette lenteur est préjudiciable à la personne qui essaye, mais encore elle est on ne peut plus désagréable à celle à qui on essaye.

Je dis donc qu'il faut s'habituer à essayer vivement, ce qui ne veut pas dire étourdiment. Il ne faut pas, sous prétexte d'aller vite, négliger les petits défauts, qui ne sont que des détails à l'essayage, et qui peuvent causer, lorsque le corsage est fini, les rectifications les plus ennuyeuses. L'habileté ne doit pas exclure la minutie.

Pour ne pas perdre de temps, il faut d'abord ne pas trop se presser; il faut, s'il existe un défaut, ne défaire la couture que lorsqu'on a bien examiné d'où il provient, ce qui est facile. On doit surtout se garder de défaire au hasard pour rectifier tous les défauts à la fois, car de cette façon on arrive à démembrer le corsage, et on a beaucoup plus de difficulté à le faire aller bien quand toutes les pièces sont détachées.

D'ailleurs, comme je le disais précédemment, quand le corsage est bien coupé, il ne doit y avoir que très peu de chose à corriger à l'essayage, et cependant j'ai vu des couturières, évidemment fort inexpérimentées, couper avec de bons patrons des corsages ou des vêtements allant relativement bien, et les gâter absolument à l'essayage, et cela simplement parce qu'elles n'avaient pas su s'y prendre. En voici un exemple :

Nous avons taillé un corsage sur les mesures d'une personne bien ou mal faite, cela importe peu. Par une erreur de mesure, ou parce que celle qui l'a apprêté n'a pas bien suivi le tracé du patron, ou pour toute autre cause, notre corsage est trop large de la poitrine et de la taille. Il est certain que ce corsage, étant trop large, remontera à chaque mouvement de la cliente.

Faites essayer ce corsage par une personne qui n'en a pas l'habitude : voyant que l'étoffe remonte, elle la reprendra probablement sur les épaules, et croira avoir bien fait puisque, le corps étant plus gros en haut qu'à la taille, le corsage, une fois remonté, ne sera plus trop large. Mais alors elle s'apercevra que la taille est devenue beaucoup trop courte; elle sera donc obligée de l'allonger en resserrant toutes les coutures à la taille et à la basque. Puis, une fois le corsage ainsi à peu près ajusté, en jetant un dernier coup d'œil, elle verra que l'encolure et le dessous de bras montent trop, elle les recoupera; mais les pinces sont devenues trop hautes, la voilà obligée de les descendre aussi.

Enfin, avec de la persévérance de la part de l'essayeuse, de la patience du côté de la personne à qui on essaye, le corsage est arrivé à aller parfaitement bien; mais il va falloir, pour rectifier ce corsage, le défaire entièrement, le réapprêter et probablement l'essayer une seconde fois.

Si, au contraire, au lieu de remonter toute l'étoffe sur les épaules, notre essayeuse avait resserré le corsage d'abord à la taille par les dessous de bras (et un peu par les pinces, si c'était nécessaire), puis à la poitrine en prenant un peu sur chaque couture de dessous de bras, l'étoffe, tendue dans sa longueur, par cela même qu'elle était plus serrée à la taille, ne serait plus remontée. Et je pourrais citer mille autres cas semblables.

Pour me résumer, voici les principales règles à observer :

1° On ne doit jamais essayer à l'envers, parce que, beaucoup de personnes ayant un côté un peu plus fort ou un peu plus haut que l'autre, le côté essayé à gauche, lorsque le corsage était à l'envers, se trouve être à droite, quand la personne le porte.

2° Il est nécessaire d'essayer les deux côtés quand on travaille pour une personne difforme ou dont les deux côtés du buste accusent une différence un peu sensible. Dans tous les autres cas, il ne faut essayer qu'un seul côté (généralement le droit), et les rectifier l'un sur l'autre.

3° On pose le corsage bien droit, en ayant soin de bien l'entrer derrière et aux épaules avant d'attacher le devant; puis on épingle les deux devants bien juste dans les fils, en veillant à ce que les deux bords de l'encolure et le fil de taille soient bien ensemble.

On doit mettre les épingles assez près l'une de l'autre pour que les deux devants ne puissent s'écarter, c'est-à-dire à la distance qu'auront les boutons. Si, vers la taille, en épinglant dans le fil, l'étoffe des devants tire, il faut ressortir du fil et ne pas s'en inquiéter (ceci ne doit pas arriver quand le corsage est bien coupé ; j'en donnerai l'explication dans une des prochaines leçons). En un mot, il faut épingler de façon à ce que l'étoffe soit bien lisse de chaque côté des épingles.

4° Quand le corsage est ainsi épinglé, on l'examine minutieusement tout autour pour se rendre compte des défauts, voir quels ils sont, d'où ils proviennent et comment on doit les rectifier ; puis on corrige d'abord le plus grave, car les autres ne sont bien souvent que la conséquence de celui-là.

Si le corsage est trop large de taille devant, on le reprend par les pinces ; mais il faut avoir soin de ne pas trop rétrécir la partie déjà étroite qui se trouve entre les pinces, on reprendra donc sur le devant et sur le côté des pinces.

Si la taille est trop courte, on allonge en reprenant les coutures autour de la taille, et à la basque, si c'est nécessaire. Si les épaules froncent ou flottent devant, c'est que le dos n'est pas assez soutenu ; il faut alors défaire la couture de l'épaule, soutenir le dos et tendre davantage le devant.

Si la pointe du petit côté et du dos forme un vide près du bras, cela tient bien souvent à la même cause. On le rectifie de la même façon, en soutenant davantage l'épaule du dos sur celle du devant. Si le vide ne disparaît pas entièrement, c'est-à-dire s'il reste encore une sorte de petite poche, on doit resserrer la couture du dos et du petit côté (ce défaut et le précédent existent souvent chez les personnes ayant l'omoplate saillante). Quand le bas du dos n'est pas assez cambré, on resserre les coutures des petits côtés seulement, pour ne pas trop rétrécir le dos.

Lorsque les devants cassent dans le creux du bras et forment ce qu'on appelle le coup de sabre, la rectification est plus difficile. Ce défaut tient généralement à deux causes : ou le corsage est trop serré de la poitrine, et alors il suffit de lâcher la couture du dessous de bras et un peu le milieu du devant pour le faire disparaître, ou les pinces ne sont pas assez creuses, et alors la correction est souvent difficile, quelquefois même impossible.

Lorsque cette difficulté se présente, on doit

défaire la couture du dessous de bras (celle qui tient le devant et le petit côté) et laisser l'étoffe se poser d'elle-même.

On passe la main à plat sur la partie où le défaut existait, et le tissu, n'étant plus retenu par la couture, se placera de lui-même où il devra rester.

On verra alors ce qu'on doit reprendre dans les pinces, et, une fois les pinces faites, on pourra, *si on a assez de largeur dans la couture du dessous de bras et de hauteur à l'emmanchure*, épingler cette dernière couture et rétablir le corsage dans les meilleures conditions.

Dans le cas où, étant donné que ce défaut existe, on n'aurait pas de largeur de réserve dans la couture ni à l'emmanchure, on risquerait fort d'être obligée, pour arriver à la perfection, de changer les devants.

Aussi, pour parer à cet inconvénient, je conseille de laisser à tous les corsages ce qu'on appelle (toujours en termes de tailleur) un *crochet* à l'emmanchure A et un peu de largeur en réserve dans la couture au-dessous de bras B (voir fig. 17).

De cette façon, on pourra toujours facilement se tirer d'affaire.

Lorsqu'on essaye, à une personne voûtée, un corsage coupé sur un patron de conformation droite, ce corsage va très mal; toute la longueur en trop devant se refoule à la poitrine et produit un très mauvais effet. Dans ce cas, on défait la couture de l'épaule, et on remonte le devant de manière à ce que le corsage reste bien à sa place à la taille et aux pinces. L'encolure, étant devenue trop montante, doit être recoupée. Cette correction est une des moins difficiles, parce qu'elle doit être faite entièrement par l'épaule et l'encolure.

Si, au contraire, la personne est de tenue renversée et qu'on n'en ait pas tenu compte en coupant, la correction est contraire à la précédente; il faut découdre l'épaule et lâcher de l'étoffe vers le cou, pour faire redescendre le devant, mais l'encolure descend aussi.

Les défauts que je viens d'énumérer sont ceux qu'on rencontre le plus fréquemment. On pourrait certainement les éviter, sinon toujours, au moins dans bien des cas, si on coupait avec attention; mais, chez beaucoup de couturières, ce sont des personnes différentes qui prennent les mesures, qui coupent et qui essayent, et souvent, n'ayant ni la même manière de faire ni les mêmes habitudes, l'ensemble du travail en souffre. C'est pourquoi, dans ce cas, l'essayage devenant très difficile, l'essayeuse, à mon avis, ne doit pas être responsable des vêtements qu'elle n'a ni coupés, ni surtout, rectifiés elle-même.

Je conclus donc à l'absolue nécessité de savoir bien essayer, c'est-à-dire d'essayer attentivement et habilement.

D'ailleurs, l'essayage étant surtout une question de coup d'œil et d'habitude, la pratique, dans ce cas comme dans beaucoup d'autres, est le meilleur maître.

Mais si un bon essayage est une condition capitale pour la réussite d'un corsage ou d'un vêtement, il ne faut pas croire que là se bornent les difficultés. Le travail qui suit, *la rectification*, exige aussi la plus grande attention, et beaucoup de personnes n'y attachent pas l'importance qu'il mérite.

On s'étonne bien souvent qu'un corsage, qui allait parfaitement bien après l'essayage, est tout à fait défectueux quand il est terminé. La raison en est toute simple, c'est qu'il a été mal rectifié, c'est-à-dire mal réapprêté après l'essayage.

Pour éviter ces désagréments, il faut ne confier les rectifications qu'à une personne très minutieuse ou habituée à ce genre de travail; il faut lui donner des indications précises, et spéciales pour chaque corsage, s'il y a lieu, et veiller à ce qu'elle passe des fils bien exactement dans les épingles avant de rien défaire. Il est évident que les rectifications sont plus difficiles à faire lorsqu'on n'a pas vu soi-même le corsage sur la personne; mais si l'essayage a été bien fait, c'est-à-dire si le tour du cou, des emmanchures, la longueur de la taille et le bord des devants ont été indiqués, si les épingles ont été mises assez près l'une de l'autre pour former des lignes bien déterminées, le travail de l'apprêteuse deviendra facile et elle n'abandonnera rien au hasard, comme cela se fait trop souvent. Un corsage bien essayé est facile à rectifier, de même qu'un corsage bien coupé est facile à essayer. Presque toutes les personnes qui ont fait un sérieux apprentissage chez une couturière savent rectifier, mais beaucoup de mes lectrices me sauront gré, j'en suis sûre, de leur indiquer les meilleurs procédés.

Pour bien rectifier un corsage, il faut,

avant de retirer une seule épingle, passer des fils de couleur bien marquante dans toutes les épingles, de chaque côté de la couture séparément. Ce fil doit traverser la doublure de façon à ce qu'on puisse le voir à l'envers pour rebâtir plus tard. On indique, toujours au moyen du fil de couleur, le tour des emmanchures, de l'encolure, le milieu du devant et la hauteur de la taille (où devra être posé le ruban de taille), en ayant soin d'arrêter le fil contre les coutures qui traversent, de façon à ne pas être obligée de le couper, si ces coutures doivent être défaites.

Lorsque ces fils sont ainsi passés partout où les corrections sont nécessaires, on retire toutes les épingles, on défait les coutures correspondantes de l'autre côté du corsage, on épingle à plat les deux morceaux pareils l'un sur l'autre, en en mettant les bords bien juste ensemble; puis, prenant par-dessus le côté où les fils existent, on pique des épingles qui traversent et indiquent de l'autre côté les nouveaux contours des coutures.

On n'a plus ensuite qu'à passer le fil de couleur en suivant les épingles. De cette façon, les deux côtés sont marqués bien rigoureusement pareils.

Quand les coutures sont ainsi marquées bien exactement pareilles des deux côtés, il ne reste plus qu'à rebâtir le corsage à nouveau, après avoir, si c'est nécessaire, recoupé les coutures d'une largeur partout égale.

On peut aussi, lorsque les rectifications sont compliquées, surtout si c'est pour une personne difforme, placer des points de rencontre de chaque côté des coutures qui exigent le plus d'attention, telles que les épaules, les pinces et les coutures arrondies du dos. De cette façon, on est sûre de pouvoir les rebâtir exactement telles qu'elles étaient épinglées.

CHAPITRE VII.

DES DIVERSES MODIFICATIONS A FAIRE AU TRACÉ RÉGULIER POUR L'ADAPTER AUX CONFORMATIONS IRRÉGULIÈRES.

Nous avons assez longuement étudié les conformations régulières, dans les précédents chapitres, pour qu'il soit inutile d'y revenir.

Nous étudierons donc maintenant les corsages de conformations irrégulières, c'est-à-dire ceux dont les mesures ne sont pas exactement proportionnées entre elles.

Les conformations irrégulières peuvent se diviser ainsi :

1° Les épaules hautes ;

2° Les épaules basses ;

3° Les tenues voûtées ;

4° Les tenues renversées ;

5° Les tailles contrefaites, dont les deux côtés ont une sensible différence de grosseur ou de hauteur ;

6° Les tailles excessivement cambrées, c'est-à-dire dont la grosseur de ceinture est très petite en proportion du contour de poitrine.

On pourrait y ajouter aussi les tailles fortes, c'est-à-dire dont la ceinture est très grosse comparée au contour de poitrine. Celles-ci sont plus rares et ne se rencontrent généralement que parmi les personnes malades qui ne peuvent pas porter de corset, ou parmi les personnes âgées.

Je m'occuperai maintenant des différentes hauteurs d'épaules.

On rencontre aujourd'hui beaucoup plus fréquemment des épaules hautes que des épaules basses. Cela tient, non pas à la conformation naturelle de la femme, qui n'a pas varié, mais à la mode qui nous a ramené les tailles longues. En effet, plus on porte les tailles longues, plus les épaules paraissent hautes, et cela se comprend aisément quand on réfléchit que, le corset étant excessivement haut sous les bras et serré à la taille, avec des goussets remontant la poitrine, les épaules ne peuvent plus se reposer, s'affaiser sur le corps, comme lorsque le corset est bas.

On reconnaît qu'une personne a les épaules plus hautes ou plus basses que la proportion régulière, 1° au coup d'œil, 2° à la mesure.

Pour reconnaître au coup d'œil ces différences de hauteur, il faut en avoir une grande habitude; et encore, en supposant que l'on ait l'œil très exercé, il est bien difficile d'évaluer par centimètres de combien la personne que l'on doit habiller est irrégulière. C'est ce qui explique la nécessité de notre 5° mesure (hauteur du dessous de bras).

Pour savoir par la mesure si une personne a les épaules de hauteur régulière, ou, en supposant qu'elle ne les ait pas régulières, de combien elles sont plus hautes ou plus basses, il faut se rappeler ceci :

Toute personne bien proportionnée doit avoir la hauteur du dessous de bras (5° mesure) égale à moitié de la longueur du dos.

Partant de ce principe, je calcule toujours, lorsque je trace un patron, la hauteur irrégulière du dessous de bras, c'est-à-dire la hauteur que la personne devrait avoir, si elle était bien faite, et je compare cette hauteur calculée à celle que la personne a réellement.

Ainsi, je suppose que je coupe un corsage pour une personne qui a 38 centimètres de longueur de dos et 19 de dessous de bras. La moitié de 38 est 19. Donc elle a l'épaule absolument régulière, et je n'ai rien à modifier à mon tracé régulier (fig. 19).

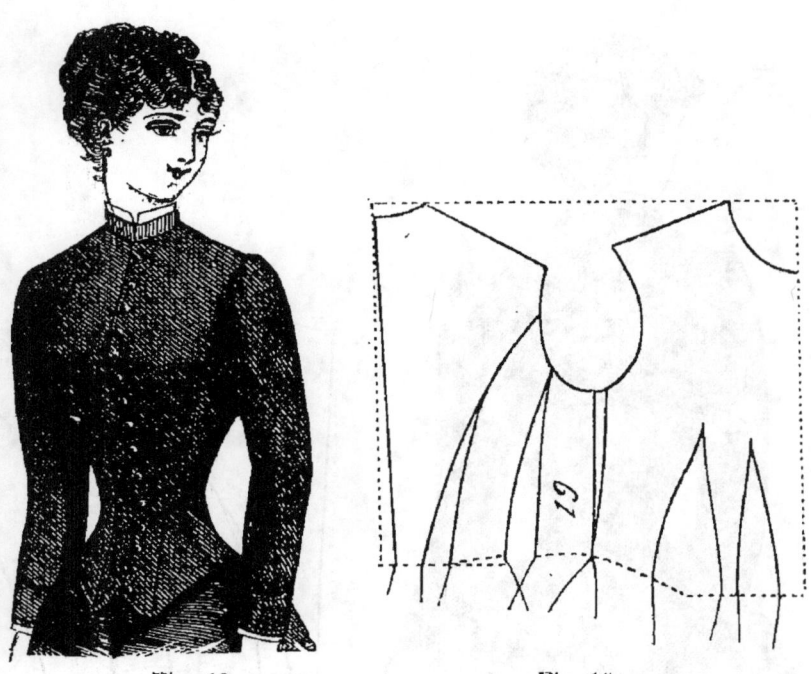

Fig. 18.   Fig. 19.

Supposons maintenant que je coupe un corsage pour une autre personne qui a également 38 de longueur du dos, mais qui a 21 centimètres de hauteur de dessous de bras. La hauteur régulière pour cette longueur de taille étant de 19, cette personne a l'épaule haute de 2 centimètres.

Dans ce cas, je dessine l'emmanchure en sui‑

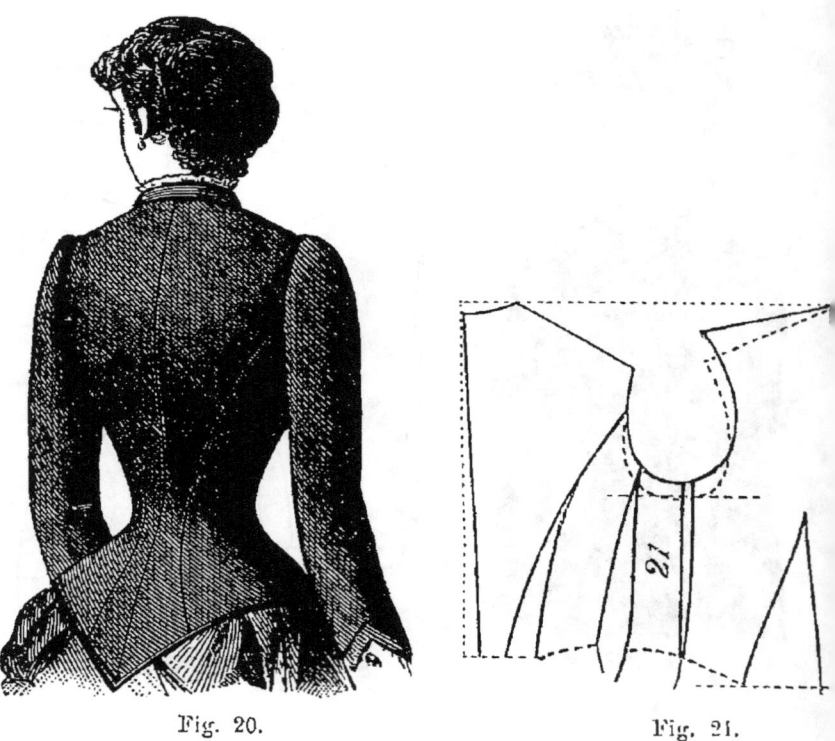

Fig. 20.　　　　　　　　Fig. 21.

vant la mesure, et comme cette emmanchure n'aurait pas la profondeur nécessaire, je remonte l'épaule de 2 centimètres. (Voir fig. 20 et 21 ; les lignes fermes indiquent le patron tel qu'il doit être taillé, les lignes pointées indiquent la modification.)

On ne devra donc jamais oublier de faire le

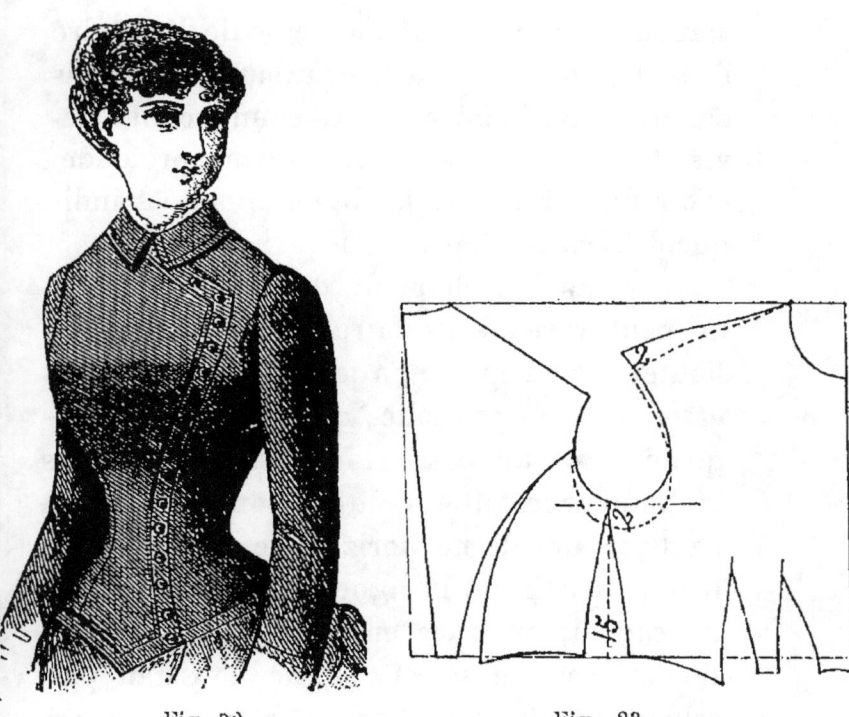

Fig. 22.   Fig. 23.

petit calcul indiqué plus haut, si on veut éviter les rectifications aux épaules.

Supposons, au contraire, que nous habillons une troisième personne qui a aussi 38 centimètres de hauteur du dos, et qui n'a que 17 centimètres de longueur du dessous de bras. Elle a donc l'épaule basse de 2 centimètres; nous sommes alors obligée de dessiner l'emmanchure en suivant la mesure et de descendre l'épaule du devant de 2 centimètres. Si nous omettions de le faire, notre emmanchure deviendrait de 2 centimètres trop profonde. (Voir fig. 22 et 23; les lignes pointées indiquent la correction faite.)

En résumé, la hauteur du dessous de bras ne peut varier sans faire varier d'autant la hauteur de l'épaule. Aussi, pour éviter des erreurs, je conseille de nouveau, lorsqu'on trace un patron, de calculer toujours la hauteur régulière du dessous de bras et de tirer une ligne horizontale a cette hauteur (à partir de la ligne qui forme le bras du cadre); on trace ensuite le patron absolument comme si cette ligne n'existait pas; seulement, lorsque l'emmanchure est dessinée d'après la mesure réelle du dessous de bras (celle qu'on a prise à la personne), si elle se trouve au-dessus de la ligne, il faut remonter d'autant l'épaule du devant. Si, au contraire, l'emmanchure se trouve au-dessous de la ligne, il faut redescendre d'autant l'épaule du devant (1).

En un mot, on doit toujours suivre, en coupant, la mesure réelle prise sur la personne; mais c'est la ligne tracée à la hauteur calculée qui doit nous servir de point de comparaison.

(1) On pourra, si on le préfère, lorsque la différence est grande, remonter ou descendre, moitié à l'épaule du devant et moitié à celle du dos.

CHAPITRE VIII.

DES MODIFICATIONS A FAIRE AU TRAITÉ RÉGULIER POUR L'ADAPTER AUX TENUES VOUTÉES ET RENVERSÉES.

Les tenues irrégulières, c'est-à-dire voûtées ou renversées, sont plus fréquentes qu'on ne pense, et bien souvent elles ne sont pas appréciables au coup d'œil d'une personne inexpérimentée.

C'est ce qui explique l'utilité de la 7° mesure (longueur de la nuque à la hanche passant devant) et de la 8° mesure (longueur de la nuque à la taille devant).

En effet, toute personne voûtée aura la 7° et la 9° mesure courtes en proportion de la longueur du dos (1re mesure).

Toute personne renversée aura, au contraire, la 7° et la 9° mesure longues en proportion de la longueur du dos.

Il n'est pas même rare de voir la même personne être tour à tour renversée, droite ou voûtée.

Ainsi, telle personne, qui, à 16 ou 18 ans, se tenait inclinée en avant, c'est-à-dire presque voûtée, peut, à 25 ans, lorsque la poitrine s'est développée et par cela même élargie, se tenir parfaitement droite... Pour peu que, la coquetterie aidant, elle s'habitue à se tenir le buste rejeté en arrière, elle deviendra, au bout de quelques années, de conformation renversée.

Puis, à mesure qu'elle vieillira, le corps s'affaissera de nouveau en avant, et elle redeviendra peu à peu inclinée, voûtée, et peut-être plus tard tout à fait courbée.

Il faut donc bien se rendre compte de ceci : plus le buste s'incline en avant, c'est-à-dire se voûte, plus le dos s'allonge et s'élargit au détriment du devant.

Plus le buste se rejette en arrière, c'est-à-dire se renverse, plus le devant s'allonge et s'élargit au détriment du dos. On ne devra donc pas être surprise de trouver des mesures très différentes à des personnes de même grandeur et de même grosseur. Cela tient à ce que, quoique les proportions générales soient les mêmes entre elles, la conformation est tout autre.

Le tracé de corsage que j'ai donné dans le chapitre II est basé sur des proportions régulières et sur une tenue droite. On verra, par ceux qui suivent, les modifications qu'on doit faire pour approprier le tracé aux mesures des conformations irrégulières.

TRACÉ DU CORSAGE POUR UNE TENUE VOUTÉE.

Le tracé de ce corsage (fig. 25) a été établi avec les mesures qui suivent :

1re Longueur du dos, 39.

2e Demi-contour de poitrine, 44.

3e Demi-largeur du dos, 18.

4e Longueur de la nuque à la hanche, 43 1/2.

5e Hauteur de dessous de bras, 19.

6e Demi-largeur du devant, 18.

7e Longueur de la nuque à la hanche en passant devant dans le creux du bras, 46.

8e Longueur de la nuque aux pinces, 33.

9e Longueur de la nuque à la taille devant, 45.

10e Demi-grosseur de taille, 29.

11e Emmanchure, 38 1/2.

(Place de la hanche, calculée par le 1/4 moins (1) de la grosseur totale de ceinture, 13 1/2.)

J'ai dit plus haut que, lorsque le corps se voûte, le haut du buste, le cou principalement

(1) Le 1/4 juste si on ne déduit pas les 2 cent. de cambrure qui existent entre le dos et le petit côté.

se penche en avant, ce qui fait que le devant se raccourcit à mesure que le dos s'allonge. La manière de tracer le patron pour une personne

Fig. 24.

voûtée est absolument la même que celle démontrée par la fig. 7 (chapitre II). Seulement, comme la 7e et la 9e mesure sont plus courtes que si la tenue était régulière, nous sommes obligée de dessiner notre devant plus court

— 68 —

du haut. Pour cela, nous descendons l'angle du cou et de l'épaule au-dessous de la ligne du

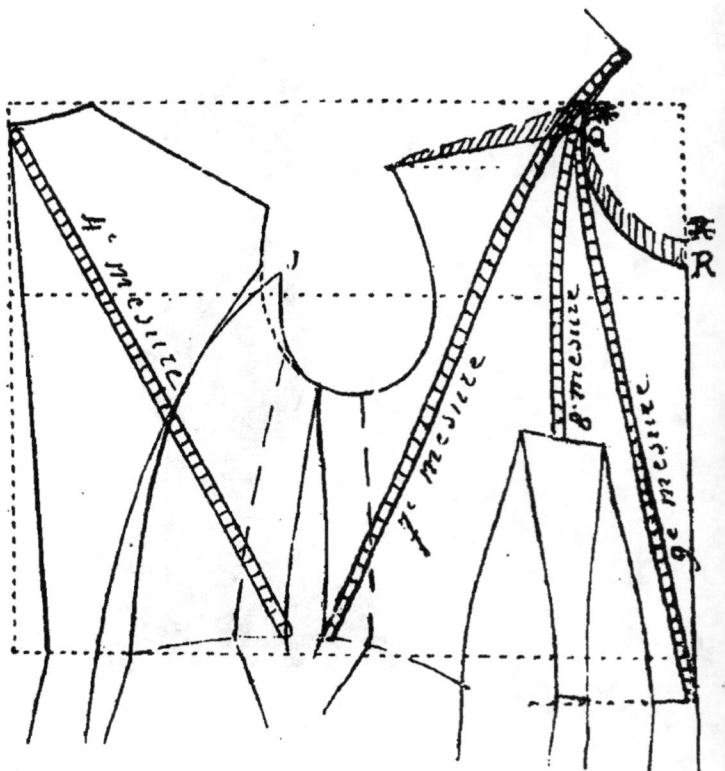

Fig. 25.

cadre d'autant de centimètres que la mesure le nécessite ; puis, comme l'encolure R n'aurait plus la profondeur voulue, et deviendrait par cela même trop petite, nous la descendons d'autant de centimètres que nous avons descendu le coin de l'épaule. Les lignes pointées de la fig. 25 indiquent la forme qu'aurait le devant, si la personne se tenait bien ; les lignes fermes montrent la différence que nous avons dû faire, la tenue étant voûtée.

En résumé, il faut toujours que l'angle T arrive bien en face de celui de la hanche M ; si la 7e mesure est trop courte pour y arriver (ce qui existe toujours plus ou moins chez les personnes voûtées), on baisse les points Q et R d'autant de centimètres qui auraient manqué en bas.

De cette manière, la ligne de taille et la hauteur du dessous de bras ne se trouvent pas dérangées.

On arrondira davantage le petit côté en écartant de 1 ou de 2 cent. le point J.

TRACÉ DU CORSAGE POUR UNE TENUE RENVERSÉE.

Le tracé de ce corsage est le contraire du précédent, puisque les mesures ont été prises sur une personne de tenue renversée (fig. 26 et 27).

1re Longueur du dos, 39.

2e Demi-contour de poitrine, 44.

3° Demi-largeur du dos, 16.

4° Longueur de la nuque à la hanche, 42.

5° Hauteur du dessous de bras, 19 1/2.

6° Demi-largeur du devant, 20.

7° Longueur de la nuque à la hanche passant devant, 51.

8° Longueur de la nuque à la pointe des pinces, 35.

9° Longueur de la nuque à la taille devant, 52.

10° Demi-grosseur de taille, 29.

(Place de la hanche, calculée par le 1/4 moins 2 de la grosseur de ceinture 13 1/2.)

La tenue renversée étant justement le contraire de la tenue voûtée, la modification à faire au patron sera absolument opposée à celle que j'ai expliquée aux fig. précédentes (fig. 24 et 25).

Nous dessinons donc le dos et le petit côté comme pour une tenue régulière. Seulement, la 7° mesure (51) étant longue en comparaison de celle du milieu du dos, nous sommes obligée de remonter l'angle de l'épaule Q et l'encolure R d'autant de centimètres qu'il est nécessaire pour que la taille T puisse se trouver en face de la hanche M.

J'ajouterai que les conformations renversées sont plus rares que les tenues voûtées, et qu'un corsage un peu trop court de taille devant est beaucoup plus facile à rectifier à l'essayage

Fig. 26.

qu'un corsage trop long. Il faut donc se défier des mesures trop longues de taille; c'est pourquoi j'ai recommandé dans un précédent chapitre de tenir le centimètre un peu tendu dans le creux du bras en prenant la 7ᵉ mesure.

Pour partager les deux petits côtés, on opérera comme je l'ai expliqué à la fig. 8.

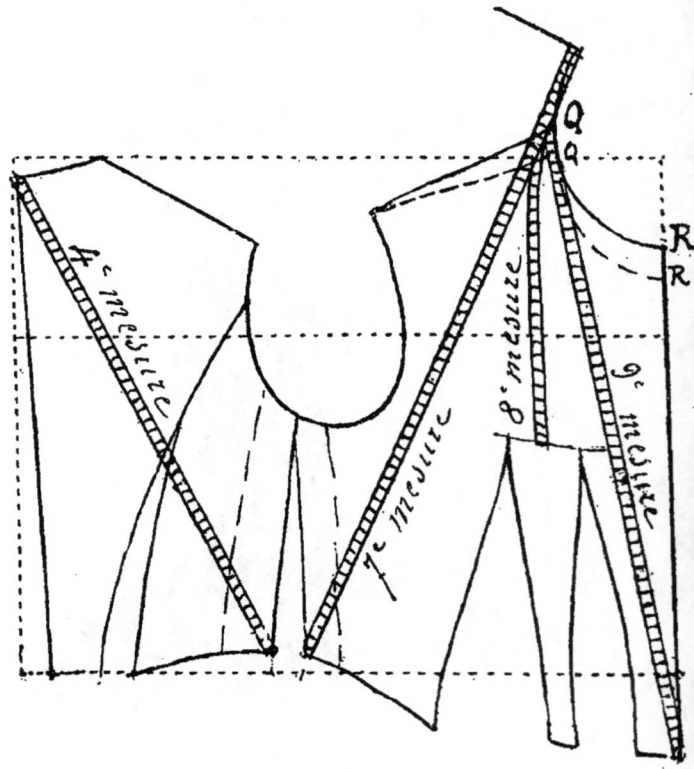

Fig. 27.

Je disais plus haut qu'il est nécessaire, je puis même dire indispensable, en traçant un corsage, quel qu'il soit, de tirer une ligne à la hauteur régulière du dessous de bras, c'est-à-dire à la moitié de la longueur du dos. Cette ligne, je le répète, a une importance capitale ; elle nous sert de point de comparaison, et on ne doit jamais l'oublier.

Il nous reste maintenant à passer en revue les tailles qui, sans être positivement disproportionnées, ont de petites irrégularités, très suffisantes souvent pour nécessiter des retouches ennuyeuses, si l'on n'y attache pas l'importance qu'elles comportent.

C'est surtout chez les personnes fortes qu'on rencontre ces irrégularités.

Quand une personne grossit d'une manière régulière, c'est-à-dire que les épaules, le dos, la poitrine, la ceinture et les hanches augmentent dans les mêmes proportions, cette personne, arrivée au maximum de son embonpoint est, encore, relativement bien faite : elle n'est donc pas plus difficile à habiller que lorsqu'elle était mince. Mais bien souvent le buste en grossissant, se déforme.

Ainsi, il est rare que les épaules augmentent en proportion du reste du corps, c'est pourquoi on ne devra pas être surprise de trouver à une personne très forte des mesures de largeur du dos et du devant (3° et 6° mesures) relativement petites. Cela tient à ce que l'embonpoint s'est réparti autant sur les bras que sur le buste même. Dans ce cas, on devra tenir le dos et le devant aussi étroits que les mesures l'indiqueront. L'emmanchure devenant par cela même plus grande, on devra vérifier la largeur du tour d'emmanchure, afin de voir si elle se trouve en rapport avec la mesure prise sur la personne. Dans le cas où, après avoir tracé le corsage, toutes les mesures étant justes, le tour d'emmanchure se trouverait trop grand, il ne faudrait pas supprimer de hauteur sur l'épaule, mais il faudrait rétrécir l'emmanchure en faisant un petit pli finissant à l'une des pinces (1). De cette façon, les pinces de poitrine devenant plus creuses et l'emmanchure plus petite, le corsage applique mieux dans le creux du bras et à l'épaule (voir fig. 28).

(1) Je dis « finissant à l'une des pinces », parce que, pour les personnes qui ont la poitrine forte vers le devant, on fera terminer ce petit pli dans la première pince (celle de devant); pour celles qui ont la poitrine forte vers les côtés, on terminera le pli dans la seconde pince (celle du côté). En un mot, il faut toujours que la pince la plus creuse aboutisse à l'endroit le plus proéminent de la poitrine. C'est pourquoi aussi, pour les personnes qui ont la poitrine bien placée par le corset, on pourra faire deux plis, l'un aboutissant à la première pince, l'autre à la

On pourra aussi quelquefois, si la personne qu'on habille est un peu creuse au milieu de

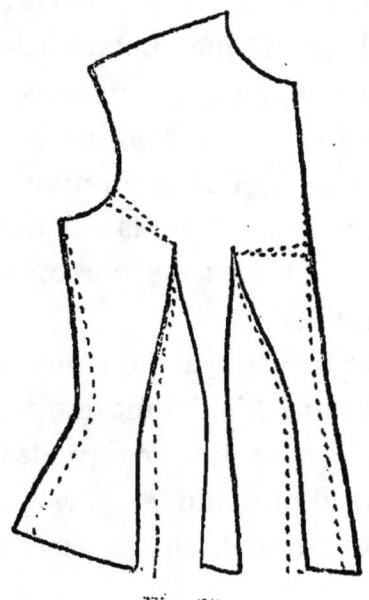

Fig. 28.

la poitrine, faire au patron un petit pli en travers du devant à la première pince (fig. **28**).

seconde. La profondeur de ces petits plis sera basée sur l'excédent de largeur d'emmanchure. Ainsi, si le tour d'emmanchure mesuré sur la personne est de 38 et que notre patron mesuré de I à S nous donne 39, nous ferons soit un pli de 1 cent. de profondeur, comme le démontre la fig. 28, soit deux plis de 1 demi-cent. chacun, selon la conformation de la personne que nous habillons.

Le corsage appliquera ainsi beaucoup mieux devant. On fait ces plis au patron, mais jamais à l'étoffe.

On place toujours le milieu du devant sur le droit fil de l'étoffe. Lorsque les pinces sont creuses, la partie comprise entre la couture du dessous de bras et la 2ᵉ pince est fortement en biais. Il ne faut ni s'en étonner ni essayer de la changer, car ce biais est absolument nécessaire pour toutes les personnes qui ont la taille cambrée.

Beaucoup de couturières ont fait l'erreur de croire pendant bien longtemps que le biais dans cette partie du corsage était uniquement le résultat d'une mode. C'est, au contraire, je le répète, dans bien des cas, une nécessité.

TAILLES TRÈS FORTES.

Corsages à trois petits côtés (1).

Lorsqu'on veut habiller une personne très forte non seulement de poitrine, mais aussi de taille et de hanches, on trace le corsage comme on le fait habituellement, c'est-à-dire

(1) On peut tracer les corsages à trois petits côtés comme il est indiqué à la planche nº 2.

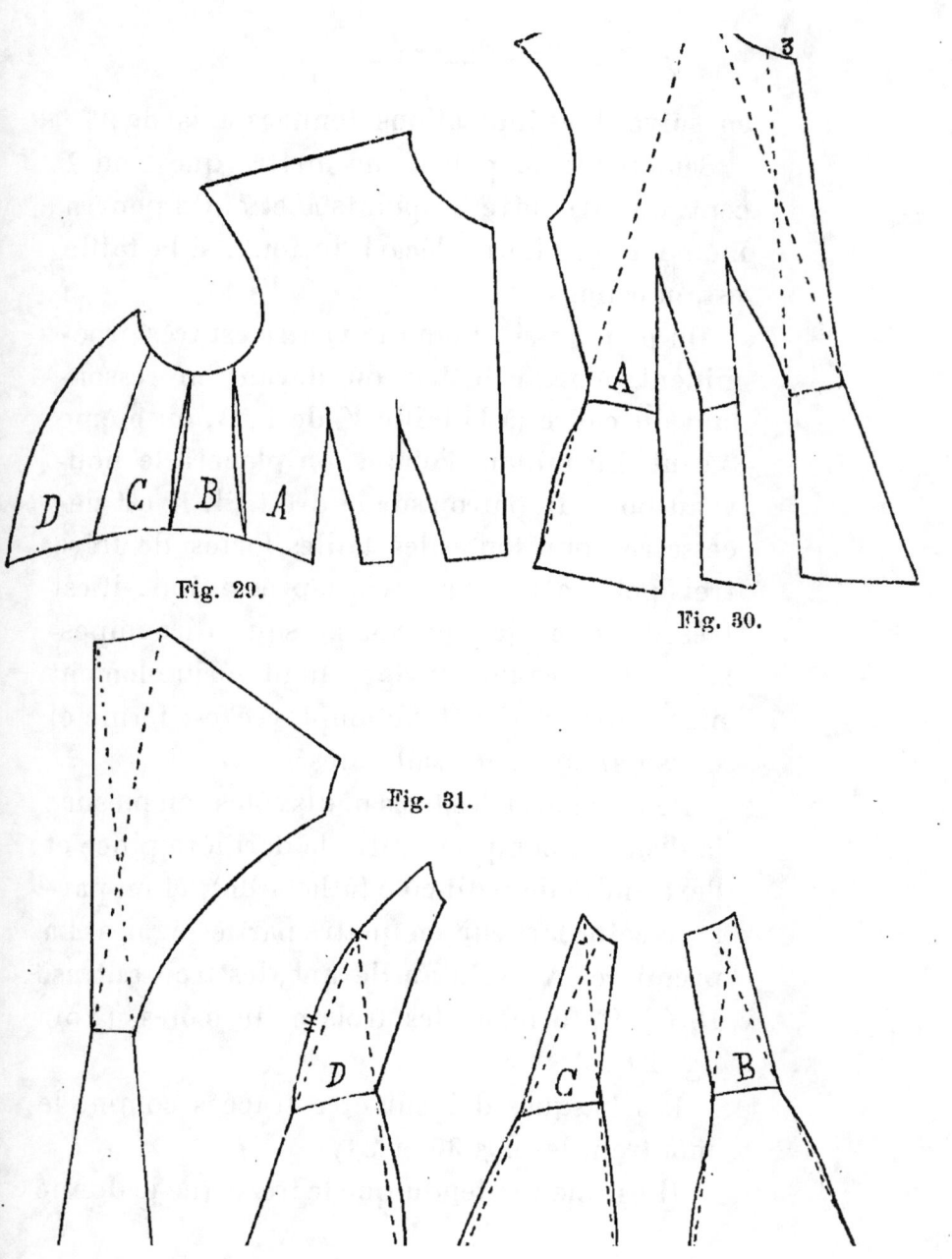

Fig. 29.

Fig. 30.

Fig. 31.

en suivant les indications données à la fig. 7.

Seulement on pourra ne mettre que 1 ou 2 cent. d'écart entre les points M et T. On pourra même ne pas faire d'écart du tout, si la taille est énorme.

On peut aussi, quand le ventre est très proéminent, élargir le bas du devant en ressortant du cadre (à la taille V) de 1, 2, ou même 3 cent. En taillant l'étoffe, on placera le nouveau bord du patron sur le droit fil. Il est nécessaire pour toutes les tailles fortes de faire trois petits côtés. Sans cette précaution, il est très difficile, je pourrais presque dire impossible, de faire un corsage allant véritablement bien, surtout si l'étoffe employée est ferme et si les hanches sont saillantes.

Pour séparer les trois petits côtés, on mesure la distance comprise entre la dernière pince et l'extrémité du petit côté (à la taille), et on partage cette largeur en quatre parties égales. La première, A, reste au devant; les trois autres, B, C, D, forment les trois petits côtés. (Voir fig. 29).

Les basques doivent être tracées comme le montrent les fig. 30 et 31.

Il est bien entendu que le tracé que je donne

ici est calculé sur des proportions moyennes; on devra toujours en vérifier la largeur en y appliquant la mesure des hanches.

CORSAGES DE JEUNES FILLES.

Pour les tailles de jeunes filles dont la conformation est régulière, il n'y a rien à changer au tracé habituel, sinon que, la mesure de

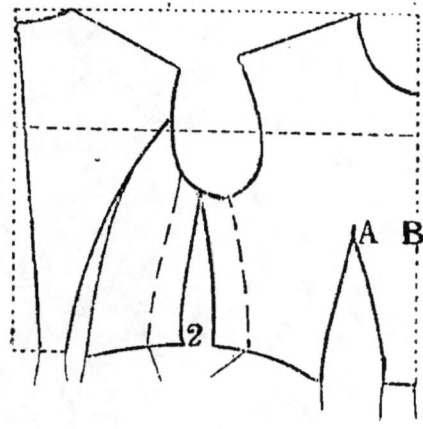

Fig. 32.

ceinture étant forte comparativement au contour de poitrine, nous ne ferons qu'une pince.

Pour placer le haut de cette pince, on comptera de A à B la moitié de la 6ᵉ mesure.

La distance entre le milieu du devant et la pince, à la taille, aura le 1/4 de la largeur du devant (6ᵉ mesure), ou 1 cent. de plus si la taille est forte.

La manière de séparer les deux petits côtés et de faire les basques est absolument la même que pour les tailles de femmes.

CHAPITRE IX.

RECTIFICATION DES PATRONS DE SÉRIE POUR LES ADAPTER AUX DIFFÉRENTES CONFORMATIONS.

J'ai donné dans les chapitres précédents les tracés spéciaux à chaque conformation ; il ne faudrait pas croire cependant qu'il est absolument nécessaire de dessiner un patron spécial pour chaque personne que l'on habille.

Non, je l'ai déjà dit d'ailleurs, il n'est pas absolument nécessaire de couper un patron exprès pour chaque personne. Dans les magasins de nouveautés on ne le fait même que pour les personnes disproportionnées.

On devra, au contraire, lorsqu'on aura bien étudié le tracé et qu'on sera sûre de ne pas l'oublier, s'habituer à transformer les patrons-types de façon à les approprier à toutes les conformations.

Pour cela, il faut, non seulement se créer une collection de bons patrons, mais aussi et surtout savoir s'en servir.

Dans les maisons où on a un grand nombre de corsages à couper, voici comment on opère.

On a un patron-type de chaque grosseur, c'est-à-dire coupé d'après les proportions de femmes bien faites. Pour que la collection des patrons-types soit complète, elle doit comprendre :

1 patron de 40 centimètres de demi-contour de poitrine (appelé aussi demi-tour du buste);

1 patron de 42 centimètres de demi-contour de poitrine;

1 patron de 44 centimètres de demi-contour de poitrine;

1 patron de 46 centimètres de demi-contour de poitrine;

1 patron de 48 centimètres de demi-contour de poitrine;

1 patron de 50 centimètres de demi-contour de poitrine.

Ajoutez un patron de 38 centimètres de demi-contour de poitrine pour les tailles de jeunes filles, et un patron de 54 centimètres de demi-contour pour les personnes très fortes.

Lorsqu'on a pris les mesures sur la cliente, on choisit le patron correspondant à son contour de poitrine, on le place de façon à ce que tous les morceaux se touchent en laissant croi-

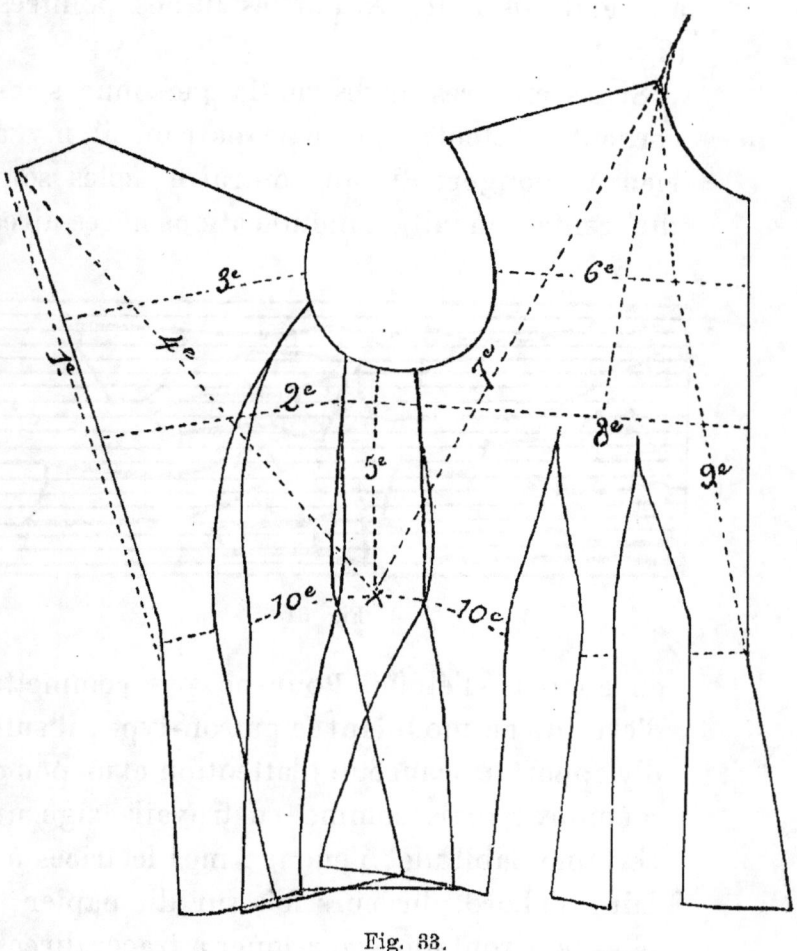

Fig. 33.

ser les basques l'une sur l'autre; puis on véri-

— 84 —

fie les mesures en faisant passer le centimètre aux endroits indiqués par les lignes pointées (fig. 33).

Si les mesures prises sur la personne s'accordent exactement avec le patron, il n'y a rien à changer. Si, au contraire, elles sont différentes, on fait les modifications nécessaires

Fig. 34.

en coupant l'étoffe. Pour ne pas commettre d'erreurs en modifiant le patron-type, il suffit d'y apporter beaucoup d'attention et un peu de mémoire; mais comme ce travail exige une certaine habitude, j'engage mes lectrices à le faire d'abord plusieurs fois sur du papier, et elles pourront alors se risquer à tracer directement sur la doublure ou l'étoffe, sans crainte de la gâter. Il est évident aussi qu'on devra tenir compte des explications que j'ai données dans les chapitres précédents concernant les conformations irrégulières.

Pour que mes lectrices puissent bien observer le sens dans lequel elles doivent tailler chaque pièce du corsage, je donne ici (fig. 34) le tracé du corsage sur l'étoffe.

DEUXIÈME PARTIE.

CONFECTIONS.

DEUXIÈME PARTIE.

CONFECTIONS.

La confection comprend :
1° La JAQUETTE, et tous les vêtements ajustés qui se rapprochent de la jaquette;
2° La VISITE, et tous les genres de vêtements se rapprochant de la visite;
3° La ROTONDE, ou pèlerine, et tous les vêtements qui s'en rapprochent.

La jaquette, la visite et la rotonde étant les types de trois genres bien différents, nous nous attacherons surtout au tracé de ces trois vêtements, car lorsqu'on saura bien les couper, on saura couper tous les autres.

Jaquette ajustée (fig. 35).

La jaquette ajustée, de même que la redingote longue, est un des vêtements qui exigent le plus de soins dans l'exécution.

Il est de très habiles couturières qui réussissent parfaitement les corsages et qui avouent ne pouvoir livrer une jaquette véritablement irréprochable. Cela tient quelquefois à la coupe, mais bien souvent aussi à la façon.

Pour bien monter, pour bien terminer une jaquette, il faut une minutie que n'ont pas une grande partie des ouvrières, et cependant combien d'entre elles exécutent parfois des travaux bien plus difficiles! Je crois que, si elles ne réussissent pas les jaquettes, c'est parce qu'elles n'en ont pas l'habitude; aussi reconnaît-on presque toujours à première vue les jaquettes qui sortent des bonnes maisons de couture.

Lorsqu'on sait bien couper et essayer les corsages, il devient très facile de faire bien aller une jaquette. Pour cela, il suffit d'observer que cette dernière, étant un pardessus, ne doit pas être tout à fait aussi étroite qu'un corsage. Elle doit bien cambrer la taille, mais elle ne doit pas brider sur les hanches.

Tout vêtement ajusté qui est trop serré paraît étriqué, remonte autour de la taille au

Fig. 35.

moindre mouvement et s'écarte derrière, ce qui est fort laid lorsqu'il y a une ouverture ou des plis.

Il faut donc surtout que le vêtement soit d'aplomb.

Quand on dit qu'un vêtement est d'aplomb, cela signifie qu'il se pose bien de lui-même sur le corps, qu'on n'est pas obligé de le tirer pour le mettre en place, en un mot, qu'il va bien même sans être boutonné.

Il faut bien se rendre compte aussi que la jaquette n'a ni ruban de taille pour la maintenir, ni baleines pour la faire tendre, qu'elle ne doit pas avoir un trop grand nombre de coutures; autant de raisons pour la tenir un peu aisée.

On verra par la suite que nous pouvons, à l'aide du patron de corsage établir tous les patrons de confections, quelle que soit leur forme.

Il est préférable de se servir du patron de la personne que l'on veut habiller; mais si, comme cela arrive souvent, on n'a pas son patron spécial, on prend les mesures sur cette personne comme pour un corsage, mais en tenant le tour des hanches et le tour d'emmanchure très aisés;

on choisit dans la série le patron-type correspondant à sa grosseur, on le vérifie de façon à tenir compte des différences de conformation qui pourraient exister (ceci est surtout important pour la jaquette), puis on trace ainsi que nous allons l'indiquer.

DOS DE LA JAQUETTE (fig. 36).

Nous ajoutons, au dos du corsage, un 1/2 centimètre tout le long de la couture du milieu, B. A la couture du petit côté, nous ajoutons (à la taille) 1 centimètre, environ. En règle générale, le dos, à la taille A, ne doit pas être plus large que le tiers de la carrure BC, mais il ne doit pas non plus être plus étroit que le quart.

Lorsqu'on veut faire une ouverture ou des plis, il faut laisser en plus la largeur nécessaire de chaque côté de la basque. On laisse plus ou moins, selon qu'on veut faire des plis creux ou des plis plats. La distance entre la taille et le commencement des plis varie entre 3 et 8 centimètres, selon la longueur du vêtement ou la mode.

Il est bien entendu que les plis doivent être

assez profonds dans le bas du vêtement pour

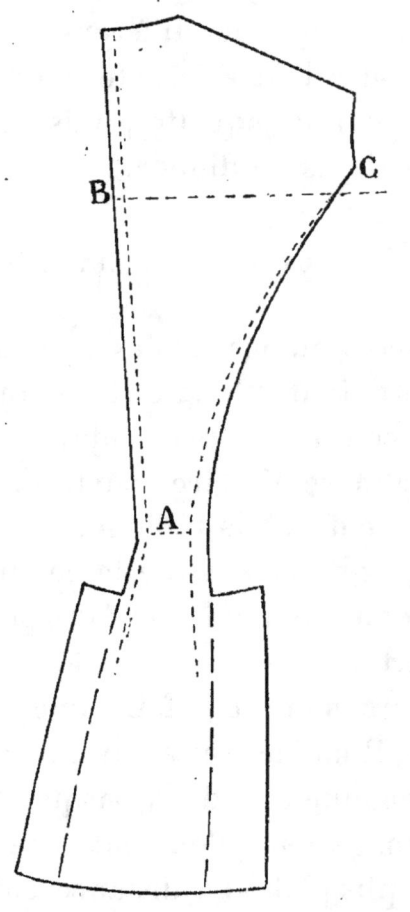

Fig. 36.

ne pas s'ouvrir, car, il est indispensable que ces plis restent bien formés jusqu'en bas.

PETIT COTÉ (fig. 37).

On supprime au petit côté D la largeur

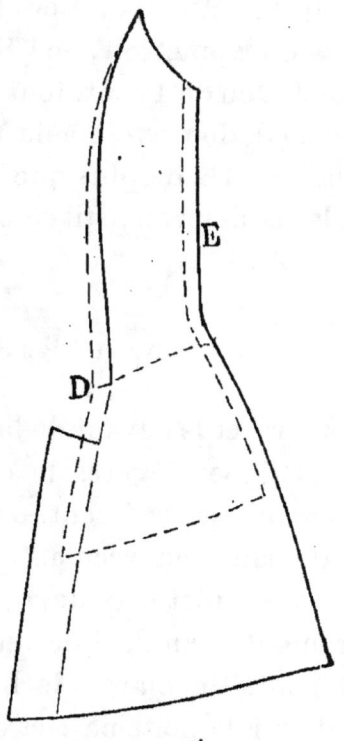

Fig. 37.

qu'on a ajoutée au dos. (Cette largeur avait été ajoutée, non pas pour augmenter la grosseur de taille, mais simplement pour changer la place de la couture; c'est pourquoi nous supprimons ces 1 ou 2 centimètres au petit côté.)

Lorsque, cette opération faite, le petit côté est devenu trop étroit, on l'élargit de 1 demi-centimètre ou de 1 cent. tout le long du dessous de bras. (Il doit avoir à la taille au moins 2 centimètres 1/2 de plus que le dos.)

On laisse aussi au petit côté l'étoffe nécessaire pour le pli.

DEVANT (fig. 38).

Pour tracer le devant de la jaquette on relève par des lignes légères le devant du corsage puis on lui ajoute 1 cent. de hauteur à la couture d'épaule en reculant l'encolure F et la pointe d'épaulette G de 1 cent. 1/2 à 2 cent. On remonte l'angle inférieur de l'encolure H de 1 cent. On élargit le bord du milieu de 1 cent. sur la poitrine I et de un demi-cent. à la taille J.

On place la pointe de la pince K en mettant à partir du bord I une largeur égale à la moitié de la 6ᵉ mesure.

A la pièce de dessous de bras on ajoute 1 cent. de largeur dans toute sa longueur, du

— 97 —

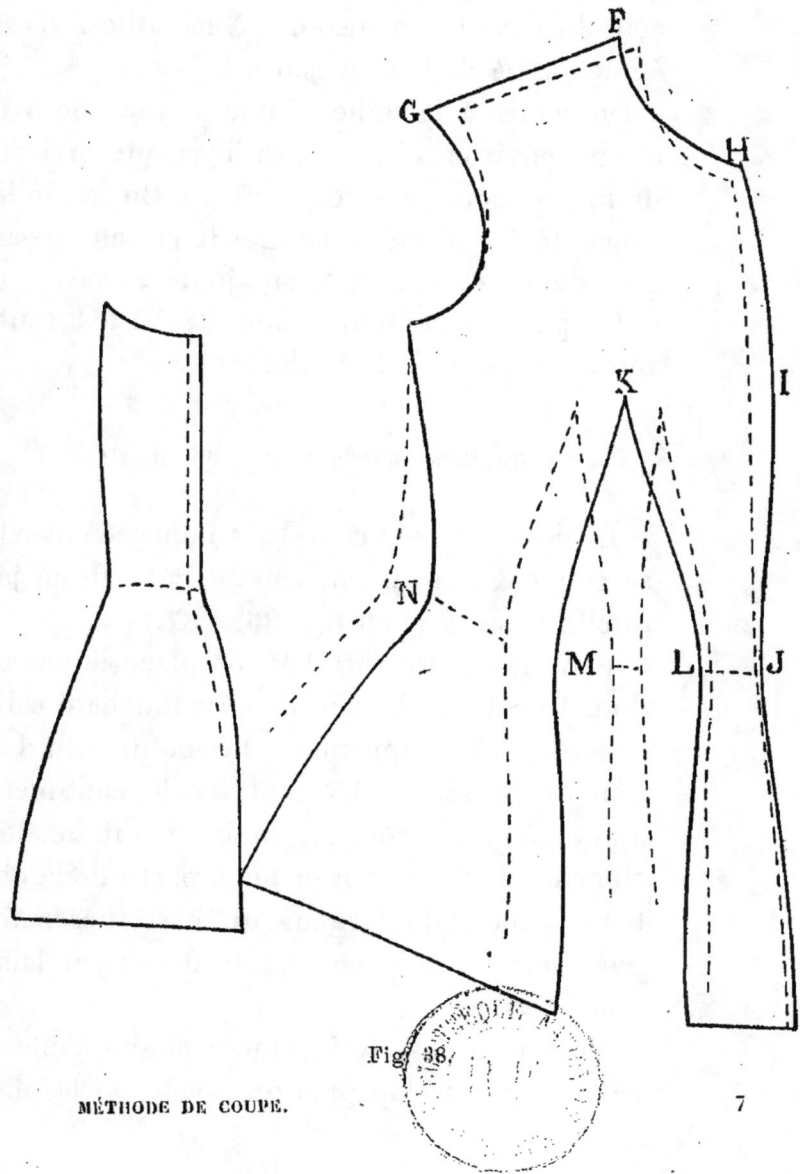

Fig. 36.

MÉTHODE DE COUPE.

côté du devant. La distance à la taille JL est égale au 1/4 de la 6ᵉ mesure.

On rentre à la taille N une largeur de 4 à 5 cent. environ, c'est-à-dire la valeur environ de la première pince du corsage. On forme la pince de L à M en se basant sur la demi-grosseur de taille, à laquelle on ajoute 2 cent.

La pince à la basque doit être 2 à 3 cent. moins creuse qu'à la taille.

Jaquettes ouvertes (fig. 39 et 40).

Le dos et le petit côté de la jaquette ouverte se coupent exactement comme ceux de la jaquette fermée. (Voir fig. 36 et 37.)

Pour le devant (fig. 40), on place le patron du petit côté du dessous de bras touchant celui du devant, on supprime à la couture du dessous de bras D le 1/2 cent. ou le centimètre ajouté au petit côté E; mais, avant de dessiner la pince, on supprime à partir de la poitrine autant de largeur qu'il est nécessaire pour que le vêtement écarte devant et laisse voir le gilet.

On forme ensuite la pince; pour qu'elle ne se trouve pas trop près du bord, on la place un peu plus en arrière qu'on ne l'aurait fait pour la jaquette fermée.

Je conseille aux personnes qui n'ont pas le

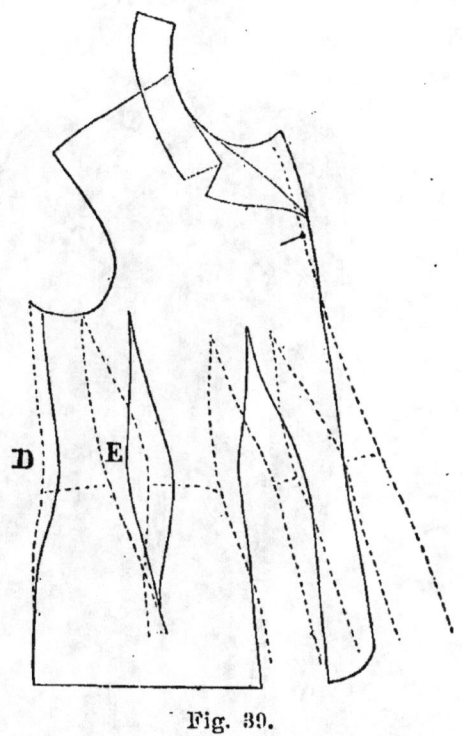

Fig. 39.

coup d'œil très exercé de ne pas couper cette pince avant d'avoir essayé la jaquette, afin de pouvoir la déplacer dans le cas où elle ne serait pas très bien. Même observation pour celle du

— 100 —

Fig. 40.

dessous de bras *E* qu'on dessine en face de l'emmanchure et de manière à ce qu'elle se trouve placée (à la taille) à peu près au milieu de la distance comprise entre la pince de poitrine et la couture du dessous de bras.

On pourra faire la pince de poitrine plus ou moins profonde ou creuse, selon qu'on préfèrera la jaquette plus ou moins ajustée devant. Si on veut qu'elle cambre la taille exactement autant que le gilet (comme la fig. 40), on donnera à la pince la même profondeur qu'à la fig. 38 (voir l'explication, page 90); si, au contraire, on préfère la jaquette un peu plus vague devant on fera la pince 2, 3 ou 4 cent. moins creuse à la taille.

Le gilet peut être taillé à part, et, dans ce cas, il est fait comme un corsage ordinaire sans manches, dont les entournures sont largement échancrées, et dont le dos et les côtés sont faits en doublure. Si on veut faire tenir le gilet à la veste, on taille un devant sur le patron du corsage, puis on le fixe à la couture de l'épaule à l'emmanchure et au dessous de bras.

Il est bien entendu qu'on posera le bord du devant sur le droit fil de l'étoffe.

Lorsqu'on voudra faire un col à revers,

comme celui de la fig. 41, on opérera comme je l'explique pour la redingote, page 107.

Jaquettes droites devant.

On fait aussi beaucoup de jaquettes et même de longs vêtements complètement ajustés derrière, bien cintrés sur les côtés, mais droits ou flottants devant.

Pour la jaquette droite devant, on taillera le dos, le petit côté et la pièce de dessous de bras comme je l'ai expliqué à la jaquette ajustée (fig. 36 et 37).

Le devant se trace exactement comme celui de la jaquette ajustée, la seule différence consiste en ceci : 1° On n'y fait pas de pince de poitrine ; 2° On tient la basque un peu plus étroite sur la hanche ; pour la tracer on peut placer la règle au milieu de la largeur d'épaule et la faire passer à la taille du dessous de bras. Si l'on veut ajuster un peu plus les côtés du devant on forme une très petite pince en essayant.

Redingote à basque rapportée.

La coupe de la redingote est absolument la même pour le haut que celle de la jaquette. Il

— 403 —

Fig. 41.

est donc inutile de recommencer l'explication du tracé. On prendra les mesures comme pour la jaquette, mais on prendra le tour des hanches beaucoup plus bas, à l'endroit le plus bouffant de la jupe.

Toute la différence consiste en ce que la basque de celle-ci est coupée courte, un peu dégagée sur les hanches et remplacée par une pièce rapportée.

Cette pièce peut être rapportée un peu haut ou un peu bas, selon qu'on le préfère; c'est la mode qui guide. La pièce rapportée au bas des hanches sera plus facile à bien faire aller, parce que la forme des hanches sera prise par les petits côtés. Si, au contraire, on rapporte la pièce un peu haut, elle sera plus gracieuse, mais plus difficile à ajuster; à moins alors qu'on se décide à faire à la pièce une ou deux petites pinces, comme le font généralement les tailleurs, ce qui supprime la difficulté.

Je trouve préférable, si la mode le permet, de placer la couture de la pièce juste sur le rond des hanches, et de la faire descendre devant et derrière par une gracieuse courbe; la taille paraît ainsi plus allongée.

Le dos de la redingote est coupé exactement

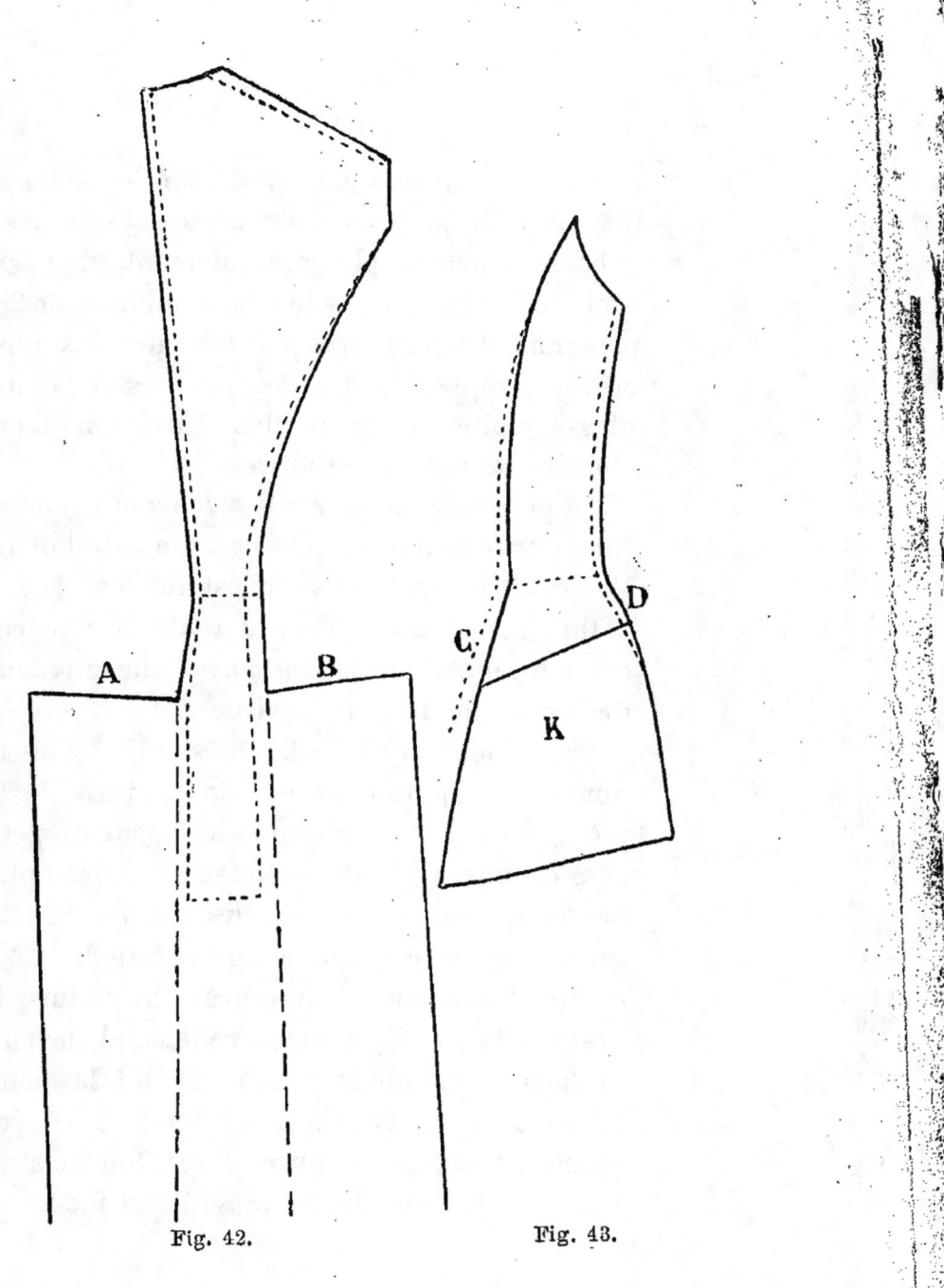

Fig. 42. Fig. 43.

comme celui de la jaquette, mais plus long (fig. 42). La basque du dos ne se rajoute pas.

Les longueurs le plus généralement adoptées sont de 120 à 150, selon la grandeur de la personne. On fait presque toujours des plis crevés, simples ou doubles; on laissera donc plus ou moins d'étoffe en plus (A B) selon qu'on choisira les uns ou les autres.

On peut aussi couper le dos court et rajouter (quelques centimètres plus bas que la taille) un lé d'étoffe froncée. Mais ceci est une fantaisie.

On dessine donc d'abord toutes les pièces comme celles de la jaquette avec une longueur de basque de 30 cent. environ.

Pour bien régler le bas des petits côtés et donner une jolie courbe à la couture de la pièce, on indique d'abord la longueur du petit côté du dos, C, à 10 centimètres environ plus bas que la taille. On marque ensuite la longueur qu'on veut donner sur la hanche : à 5 centimètres à peu près (mesurés à la couture du dessous de bras E), puis on redescend devant, de façon à ce que le milieu, H, ait la même longueur que derrière, c'est-à-dire 10 (ou même davantage, si on préfère). Une fois ces trois points bien déterminés, il est facile, en

— 107 —

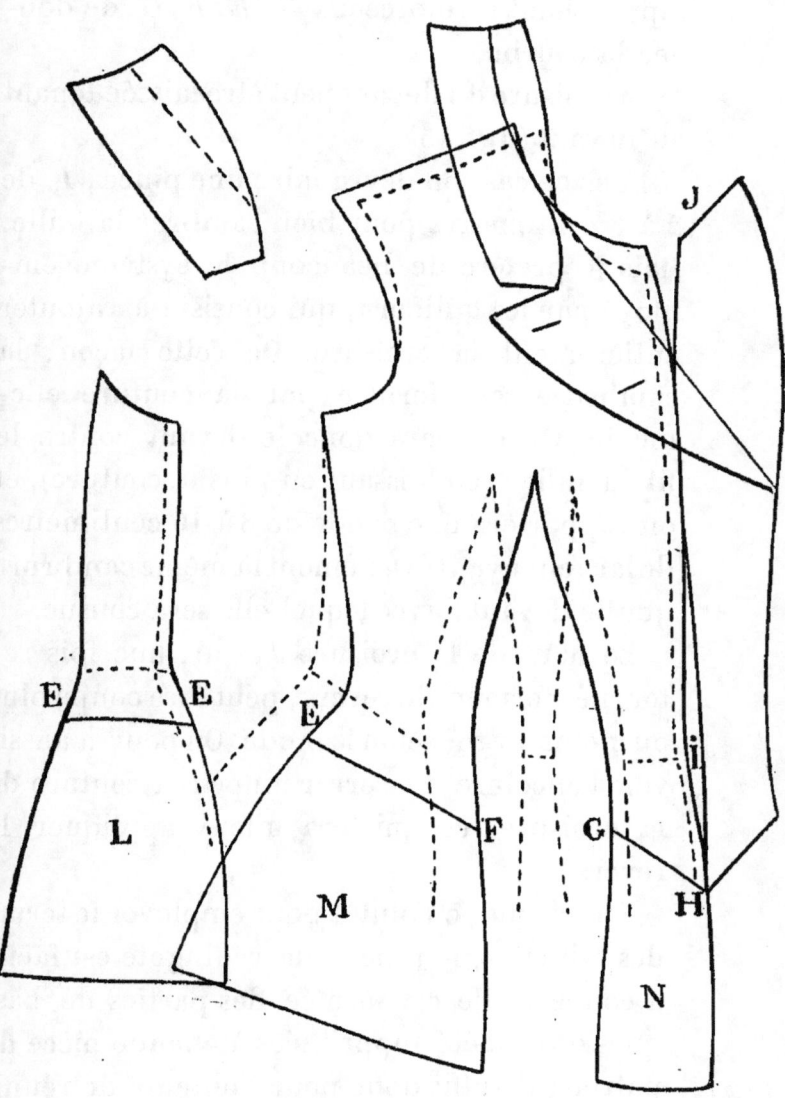

Fig. 44.

rapprochant les morceaux D, E, F, G, de donner la courbe.

La croisure du devant peut être laissée tenant au devant (fig. 45).

Dans ce cas, on devra faire une pince, I, de 2 à 3 centimètres pour bien cambrer la taille. Mais je préfère de beaucoup le système employé par les tailleurs, qui consiste à rajouter entièrement la croisure. De cette façon, la cambrure sera formée par la couture elle-même. On coupera donc le devant contre le fil du milieu (en laissant en plus la couture), et on rapportera une bande de 8 à 10 centimètres de largeur ayant exactement la même cambrure que le devant, avec lequel elle sera cousue.

Le haut de la croisure J, qui, une fois retourné, formera le revers, peut être coupé plus ou moins large, selon la mode. On pourra aussi, vers l'encolure, resserrer un peu la couture de la croisure, ce qui fera mieux appliquer le revers.

La basque, ou plutôt pour employer le terme des tailleurs, la jupe de la redingote est facile à couper, elle est formée des parties de basques qui ont été supprimées à chaque pièce du patron; il suffit donc pour l'obtenir de réunir

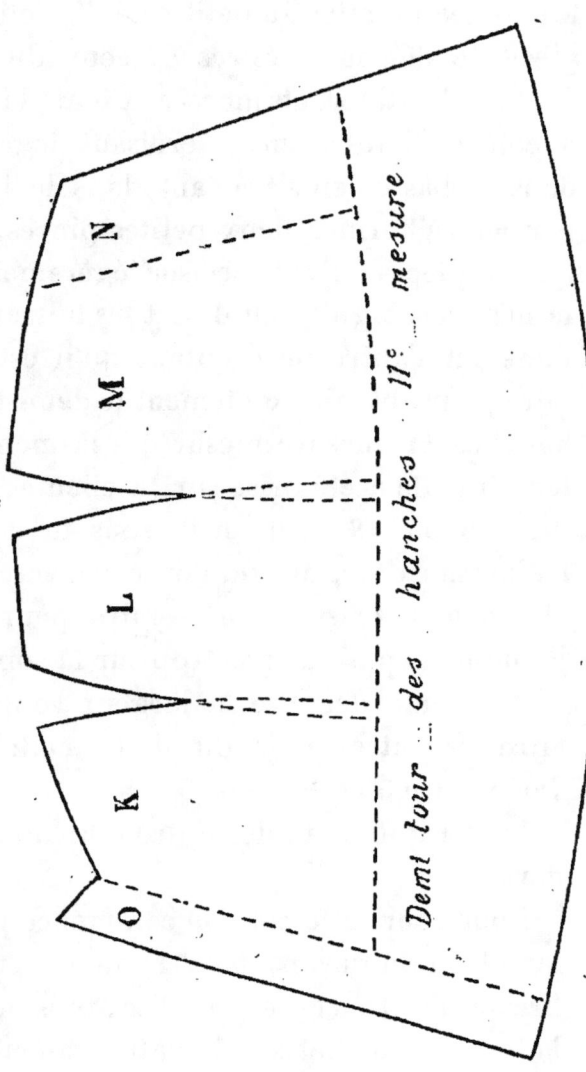

Fig. 45.

le morceau tombé du petit côté K, celui de la pièce de dessous de bras L, ceux du devant M et N. Ces différents morceaux sont placés l'un à côté de l'autre en se croisant légèrement dans le bas et en s'écartant dans le haut de manière à former deux petites pinces. Je dis que les pièces doivent croiser légèrement dans le bas, cela signifie qu'il faut les laisser passer l'une sur l'autre juste autant qu'il est nécessaire pour obtenir exactement le demi-tour des hanches 11e mesure mesurée à la même hauteur qu'elle a été prise sur la cliente, c'est-à-dire 15 ou 18 cent au-dessous de la taille. La largeur de basque du dos se trouvera en plus et fournira l'aisance nécessaire pour que la jaquette n'applique pas trop sur la robe.

On ajoute derrière la largeur voulue pour faire la contre-partie du pli O, cette largeur varie entre 5 et 20 cent.

La basque se taille le droit fil au bord du devant.

Pour couper le col, on commence par plier le patron du devant (fig. 51) où on veut que la brisure des revers se produise, puis on dessine la forme du collet sur le patron même du devant et du dos (rapprochés à l'épaule). On relève ensuite à l'aide de la roulette la partie ainsi dessinée. C'est ce qui formera le tombant du col; on y ajoute 3 centimètres de hauteur environ, 4 centimètres au plus, P (derrière seulement), ce qui formera le pied du col, c'est-à-dire la partie comprise entre la couture et la brisure (fig. 44).

Pour que le col monte bien autour du cou, on devra aussi abattre 1 centim. vers le devant Q. Ce centimètre, on le rajoutera au tombant R.

Le pied du col doit être tendu au carreau, et cousu en couture jusqu'au cran du revers.

(Voir à l'article spécial : *Choses pratiques*, la manière de préparer, de poser la toile et de piquer les revers et le col.)

La manche du corsage sert à couper celle de la redingote. On la tiendra seulement 3 centimètres au moins plus large à la couture du coude dont 2 cent. au dessous et 1 cent au dessus. On la creusera moins à la saignée, et on la tiendra proportionnellement beaucoup plus large du bas.

Je rappelle qu'on ne doit jamais faire de manches froncées au coude aux vêtements de ce genre.

Redingotes longues sans basques rapportées.

La redingote se fait souvent aussi sans couture autour des hanches, c'est-à-dire sans que la basque soit rajoutée. Pour la tailler, on se sert du patron de jaquette, mais en lui ajoutant toute la longueur nécessaire, et en modifiant un peu la pince.

A la jaquette, nous faisons la pince de poitrine jusqu'en bas, ce qui nous permet de supprimer à la basque toute la largeur qui se trouverait en trop sur le ventre ; mais à la redingote nous ne devons pas continuer la pince jusqu'en bas du vêtement, et cependant il doit être absolument collant dans toute sa longueur. Pour tourner la difficulté, on rapproche le bas de la pince de jaquette de façon à ce qu'elle se termine en mourant 20 à 25 centimètres au-dessous de la taille, mais pour qu'elle se termine bien il faut qu'elle soit très peu creuse, on serrera donc les deux bords de la pince A-B jusqu'à ce que l'écart à la taille C ne soit plus que de 1/3 environ de la 6° mesure, (ainsi si la 6° mesure est 18, on rapprochera la pince du patron jusqu'à ce qu'elle n'ait plus que 6 centimètres de profondeur à la taille B).

Fig. 46.

MÉTHODE DE COUPE.

8*

Ensuite on réunit la pièce de dessous de bras au devant en laissant un écart de 2 centimètres à l'emmanchure *D* et en faisant joindre les basques à 15 centimètres environ de la taille. La distance entre les deux pièces du patron forme la pince du dessous de bras.

On fera bien de ne pas couper les pinces avant d'avoir essayé.

VISITES.

La visite est le vêtement dont la coupe s'éloigne le plus de celle du corsage. C'est aussi celui dont la forme comporte le plus de variations. Nous pourrions compter au moins vingt modèles de visites absolument différents, soit par la place des coutures, soit par la forme de la manche; mais ces différences ne sont que des questions de détails, qu'on pourra varier soi-même à l'infini quand on aura bien compris le tracé qui sert de base à tous les patrons de visites.

La coupe de la visite se divise en trois genres bien distincts, qui serviront de point de départ pour tous les autres modèles.

1° La visite avec trois coutures au dos, et

— 115 —

Fig. 47.

composée de quatre pièces : le dos, la manche, le devant et le dessous de manche;

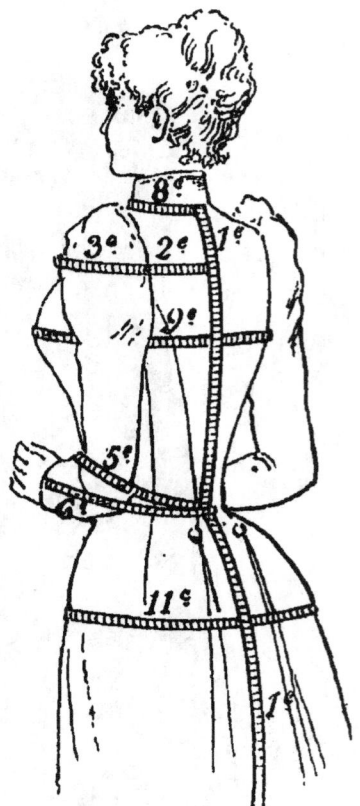

Fig. 48.

2° La visite dérivant de la rotonde et coupée d'une seule pièce, avec deux ou trois pinces sur l'épaule, et une manche rajoutée à la saignée ;

3° La visite avec une seule couture dans le

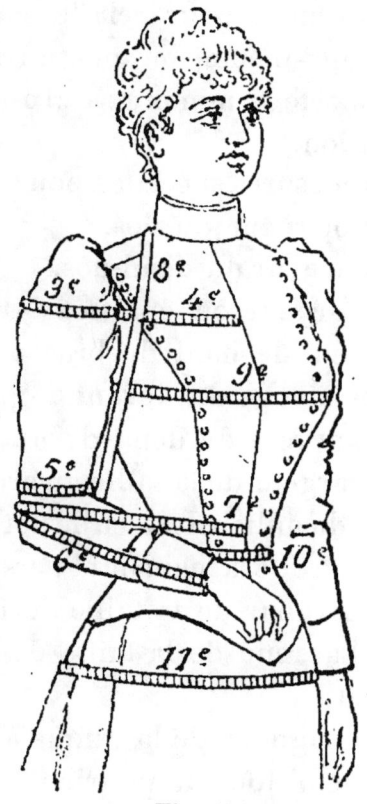

Fig. 49.

dos, et composée de trois pièces : le dos et la manche tenant ensemble, le devant et le dessous de manche ;

Nous nous servons du patron de corsage pour établir le patron de visite, quel qu'en soit le genre ou la forme. Il est bien entendu que nous prenons pour cela le corsage de la personne elle-même, ou tout au moins celui qui se rapporte le mieux à sa grosseur et à sa conformation.

Les mesures spéciales pour la visite sont :

1° Longueur du dos.

2° Largeur du demi-dos.

3° Largeur ou épaisseur du haut du bras (prise sur le haut du bras de l'emmanchure du dos à celle du devant.

4° Largeur du demi-devant.

5° Largeur de la taille au creux de la saignée (prise du milieu de la taille derrière à la couture intérieure de la manche et passant sur le coude.)

6° Largeur de la taille derrière au poignet.

7° Largeur de la taille derrière à la taille devant.

8° Longueur de la nuque à la saignée.

9° Demi-tour de poitrine.

10° Demi-tour de taille.

11° Demi-tour des hanches ou, pour les visites longues, demi-tour des jupes, 50 cent. environ plus bas que la taille.

Nous recommandons de prendre cette dernière mesure par moitié (du milieu du devant au milieu derrière) et sans serrer, de façon à ce que le centimètre ne fasse qu'effleurer la jupe. Pour peu qu'on serre un peu cette mesure, le vêtement se trouve trop étroit du bas et fait faire un très mauvais effet à la manche.

Le demi-contour de poitrine servira à choisir le patron, les autres à le vérifier, et au besoin à le modifier, s'il n'est pas conforme à la taille de la personne.

Les onze mesures indiquées plus haut ne sont nécessaires que si on se sert, pour tracer la visite, d'un patron de série. Si, au contraire, on se sert du patron spécial de la personne à qui le vêtement est destiné, on supprime la 1re, la 2e, la 4e la 9e et la 10e mesure. On ne prend alors que les 5 autres.

La 5e, la 6e et la 7e mesure seront prises le bras plié, c'est-à-dire dans sa position normale sous la visite (voir fig. 48 et 49).

Ainsi que je le disais en commençant, pour dessiner la visite on se guide sur le patron de corsage qu'on place comme le démontrent les tracés qui suivent.

DOS.

On relève le patron de dos du corsage, on l'élargit de un demi-cent. au milieu *A*, de un cent. à l'épaule *B* et de un demi-cent. ou 1 cent. au plus à la taille *C* ; ensuite on tire une ligne allant directement de la taille *C* à la pointe d'épaule *D* ; cette ligne peut être tirée à la règle puis légèrement infléchie, rentrant d'un demi-cent. aux 2/3 environ de sa hauteur. Les lignes ponctuées indiquent le tracé du corsage, les lignes fermes représentent le dos de la visite. Pour les manteaux longs on prolonge les lignes de basque et on y ajoute le plus généralement des plis de chaque côté.

DEVANT.

Après avoir relevé au crayon le devant du corsage, on le modifie comme suit :

On renverse d'abord la coupe, en élargissant l'épaule *E*, et l'encolure *F* de 1 cent. 1/2. On ajoute également 1 cent. de hauteur à la couture d'épaule *G*, on remonte le bas de l'encolure *H* de 1 cent. et on élargit la poitrine (en arrondissant) à la hauteur des pinces.

Ensuite on tire une ligne horizontale *J* à la

taille du dessous de bras, sur cette ligne on marque, à partir du bord du devant K, une

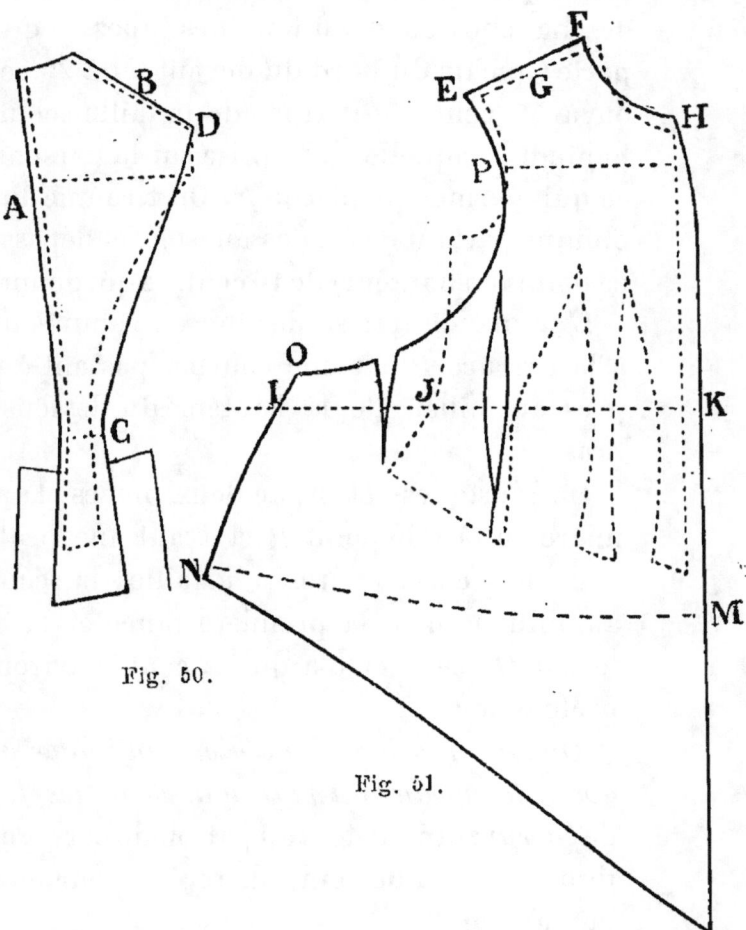

Fig. 50.

Fig. 51.

largeur égale au demi-tour de taille plus 15 et on place I.

Il reste à marquer la largeur de basque, on se sert pour cela de la 11ᵉ mesure — demi-tour des hanches ou demi-tour des jupes — qu'on porte à partir du bord du devant *M* à 20 cent. ou à 50 cent. au-dessous de la taille selon la hauteur à laquelle on l'a prise sur la personne, ce qui permet de placer *N*. On tire une ligne oblique partant de *N*, passant sur *I* et dépassant ce point (en hauteur) de 10 cent. ce qui donne *O*.

L'emmanchure, se dessine en réunissant *O* à la carrure *P* par une courbe, passant à peu près au milieu de la hauteur du-dessous de bras.

On ajuste les côtés par deux pinces, la première en face le point *P* et ayant une profondeur de 4 cent. environ à la taille, la seconde au milieu entre la première pince et la couture *I O*, celle-ci n'a que 2 cent. environ de profondeur.

On ne devra jamais oublier d'indiquer sur le dos et le devant du patron de visite les lignes de carrure qui existent au patron de corsage; ces lignes servant de points de repère pour monter la manche.

MANCHE.

Pour dessiner la manche on se sert du patron de manche ordinaire, mais la manche de la visite devant avoir la forme du bras plié, il faut plier de même le patron de manche du corsage; il suffit, pour cela, de le fendre au coude par deux ou trois coups de ciseaux jusqu'aux 2/3 environ de sa largeur et de rame-

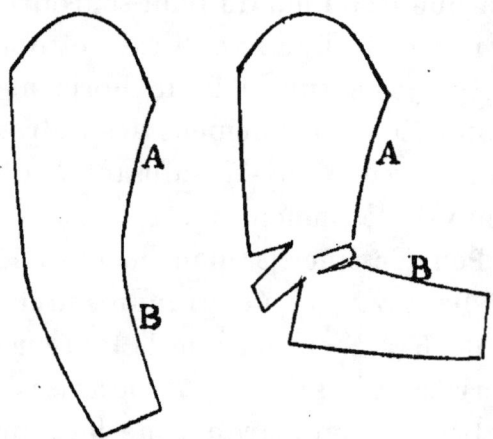

ner horizontalement le bas, en faisant deux ou trois plis à la saignée, jusqu'à ce que la ligne de la saignée AB forme un angle droit, comme le démontrent les dessins qui suivent.

TRACÉ DU DESSUS DE LA MANCHE (fig. 52).

Tracer sur le papier une ligne verticale AB,

puis (20 cent. environ au-dessous du bord du papier) tracer une horizontale traversant la verticale en forme de croix, au-dessous de cette ligne marquer une hauteur égale aux deux tiers de la longueur du dos : 1re mesure ; tirer à ce point une seconde horizontale : S T. Placer le patron de manche (plié ou courbé comme je l'ai expliqué plus haut) de telle façon que le milieu du haut se trouve X exactement sur la ligne verticale et que l'angle Z arrive juste sur la ligne horizontale (on ne s'inquiètera aucunement des autres points du patron, ces deux-là suffisant à donner l'aplomb de la manche.)

Pour dessiner la manche on suit le contour du haut Z X Q en l'agrandissant de 1 cent.

De R à S on marque la largeur de la taille derrière à la saignée, 5e mesure.

De S à T on marque une largeur égale à la 6e mesure (de la taille derrière au poignet). On réunit Q à T par une courbe très accentuée qui passe à 4 ou 5 cent. de l'angle de la saignée R.

De S à U on marque une largeur égale à celle de la taille du dos C puis on réunit U à Z par une ligne presque droite ; on prolonge ensuite cette même ligne au-dessous de la taille

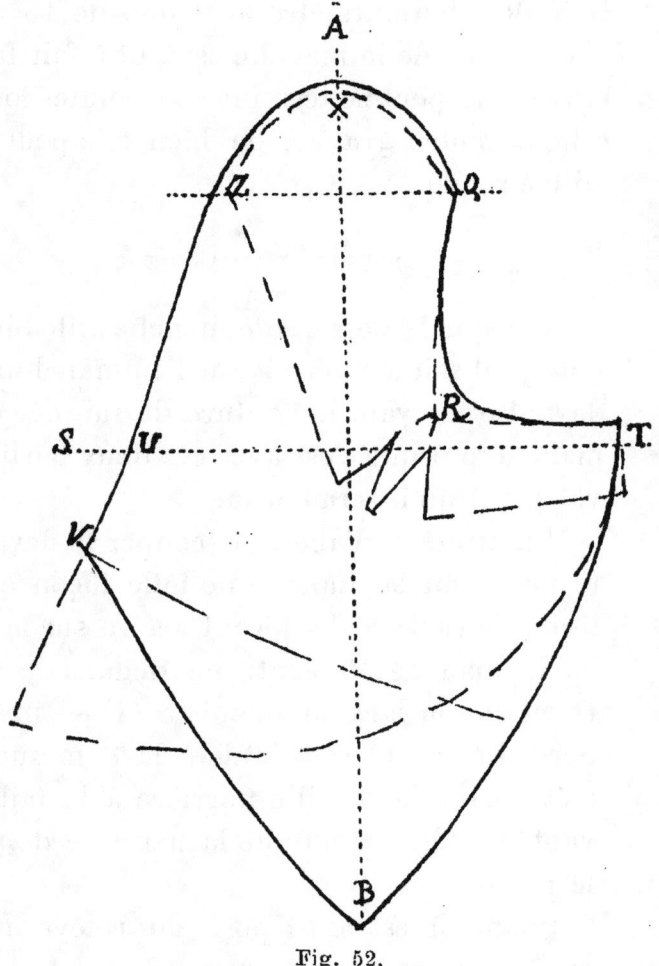

Fig. 52.

plus ou moins selon la longueur de la manche

du modèle choisi; dans tous les cas la longueur U V doit toujours être au moins de 15 cent.

La forme de la manche est tout à fait facultative, elle peut se terminer en pointe comme celle de notre gravure ou bien elle peut être taillée ronde.

DESSOUS DE MANCHE.

Pour que le dessous de manche aille bien, il faut qu'il soit coupé suivant l'emmanchure du devant et suivant la couture de saignée de la manche puisque c'est avec ces deux parties du vêtement qu'il sera cousu.

Il faut donc, d'abord, découper le devant et le poser sur la manche de telle façon que la ligne de carrure du devant arrive sur la ligne de la manche, 5 cent. en dedans du point Q, et que la largeur depuis S (1) — jusqu'au bord du devant soit égale à la 7ᵉ mesure qui a été prise de la taille derrière à la taille devant. La fig. 53 indique la manière de placer le patron.

Quand il est ainsi posé, on relève avec le crayon le bord de l'emmanchure et la couture

(1) Le point S représente le milieu de la taille du dos.

d'arrière et puis on enlève le devant, on obtient ainsi la fig. 54. Il ne reste plus alors qu'à dessiner la couture de la saignée et le bas; on s'écarte du dessus d'un demi-cent. au point R et,

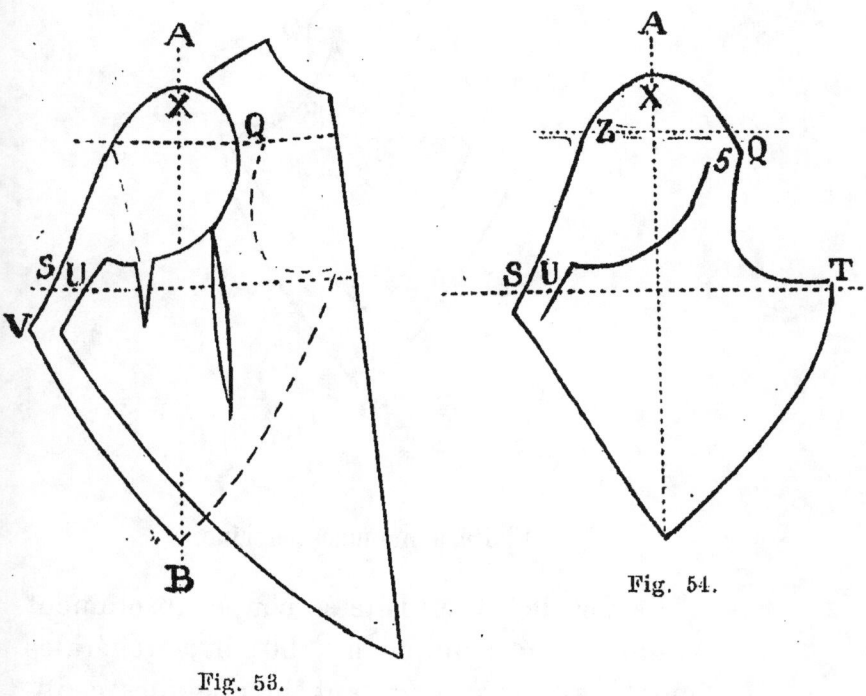

Fig. 53.

Fig. 54.

de 3 cent. au poignet T, puis on réunit à Q par une courbe; on suit la ligne d'emmanchure telle qu'elle a été relevée et on donne au bas une forme allant avec celle du dessus (fig. 55).

Lorsque cette pièce est tracée on la relève à la roulette.

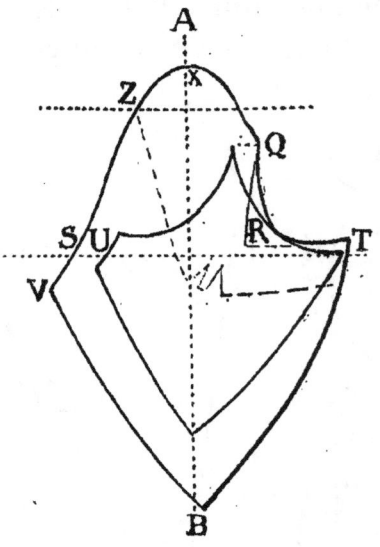

Fig. 55.

Visite à manche pèlerine.

Le dos de cette visite se coupe absolument comme celui expliqué fig. 50; il a généralement des plis qui partent de quelques centimètres au-dessous de la taille, ces plis sont de largeur variable, ils peuvent avoir 10, 15, 20, ou 25 cent. chacun, selon le modèle choisi et le tissu employé. Le devant est aussi exactement le même que celui de la fig. 52, mais on le tient plus ou moins long, ou bien on le prolonge tout à fait jusqu'au bas de la jupe selon la mesure prise.

Pour tracer la manche on se sert de la manche de visite réunie au devant, comme le démontre la fig. 57, mais on aura soin d'abord d'abattre de 3 à 4 cent. l'angle que forme la manche au point Q (en repliant simplement ces 3 ou 4 cent.)

Ensuite on pose les deux parties du patron se touchant de telle façon que la ligne horizontale du haut de la manche rencontre la ligne de carrure du devant, puis on écarte le bas du patron de manière qu'en mesurant sur la seconde horizontale on obtienne depuis le point U jusqu'au bord du devant une largeur égale à la 7e mesure (largeur de la taille derrière à la taille devant). Le patron ainsi placé est fixé avec des épingles et on trace alors tous les contours extérieurs.

On enlèvera ensuite au bord du devant quelques centimètres si l'on veut que la pèlerine ouvre et découvre le milieu du manteau, dans le cas où on préfèrerait au contraire que la pèlerine ferme tout à fait, comme on le fait souvent pour les vêtements de pluie, on suivrait le bord du devant et on pourrait même lui ajouter 1 ou 2 cent.

Cette manche pèlerine s'adapte souvent aussi à une redingote avec manches ajustées, elle se taille de la même façon mais 1 ou 2 cent. plus large tout le long de la couture d'arrière, afin de fournir l'aisance nécessaire pour l'épaisseur de la manche.

Mantelets.

J'ai démontré aux pages précédentes la manière de tracer les visites à trois coutures derrière, c'est-à-dire avec manche séparée. La visite et le mantelet, qui formaient, il y a quelques années, deux genres bien distincts, se sont aujourd'hui tellement rapprochés, qu'ils n'en font plus qu'un.

On fait, en effet, beaucoup de vêtements mixtes, c'est-à-dire qui tiennent du mantelet ou de la mantille comme longueur et comme forme, mais qui tiennent plus encore de la visite par la coupe et la place des coutures.

Cependant, puisqu'il faut nous borner ici à un aperçu de chaque genre, j'expliquerai de préférence le mantelet classique, dont la mode revient périodiquement, et qui est porté aussi bien par les jeunes femmes que par les personnes plus âgées.

Ce mantelet peut, comme je le disais plus

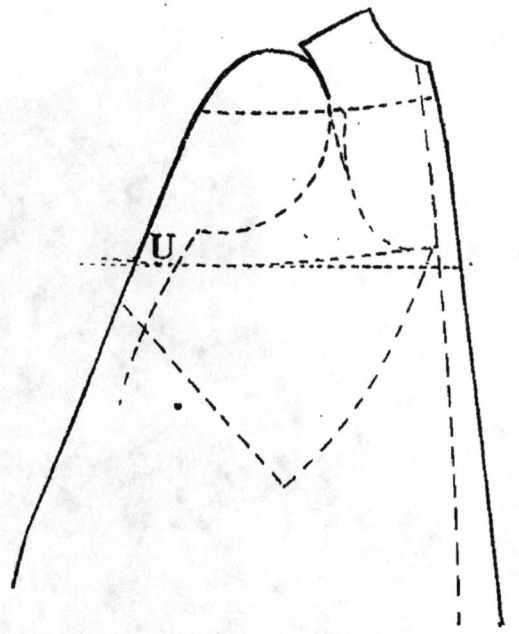

Fig. 56.

haut, se tailler à trois coutures avec manche séparée, dans ce cas on se reportera aux fig. 50 à 55, pages 116 à 128, la seule différence consistera dans la longueur et dans la forme des devants qui seront découpés en pans plus

— 432 —

Fig. 57.

ou moins longs; on pourra aussi, pour donner au vêtement un aspect plus jeune, l'ajuster légèrement par une petite pince de poitrine qu'on épinglera sur la personne même en essayant.

Lorsque le mantelet n'a qu'une couture, comme le tracé fig. 59, il est ajusté sur les épaules par deux ou trois pinces. Je dis « deux ou trois » parce que le plus souvent on ne fait que deux pinces sur chaque épaule; mais lorsqu'on en fait trois, cela permet de les faire plus courtes et de les mieux finir.

La conformation des épaules doit d'ailleurs guider à ce sujet. Comme on ne coupe pas les pinces avant l'essayage on pourra toujours les transformer sur la personne si l'on en voit la nécessité.

Pour tracer le mantelet représenté fig. 57, on prend les mesures comme pour les visites, mais en appliquant absolument le centimètre sur le haut du bras sans tenir compte du bouffant de la manche car le mantelet serait trop large sur les épaules si la mesure était prise trop grande.

Je recommande encore de prendre la 7° mesure un peu aisée et de veiller à ce que la personne à qui on la prend ne serre pas trop le bras contre le corps.

MANIÈRE DE POSER LE PATRON DE CORSAGE POUR DESSINER LES MANTELETS ET LES PÈLERINES.

Nous tirons d'abord une ligne verticale A B (de 30 à 40 cent. de longueur). A droite de cette ligne et formant équerre avec elle, nous en tirons une horizontale C, puis une seconde, 3 cent. plus bas et à gauche (D), ainsi que le montre la fig. ci-dessous.

On pose ensuite le dos du corsage à gauche de manière que la pointe d'épaule E se trouve sur la ligne D à 6 ou 8 cent. de la verticale et que l'angle de l'encolure F soit à 18 ou 20 cent. de la même ligne A B.

On place ensuite le devant de la même façon, en laissant un écart de 5 à 7 cent. entre la pointe de l'épaule G et la ligne verticale, et 18 cent. à peu près entre la même ligne et le coin de l'encolure H.

Ces proportions entre la ligne d'aplomb et le patron sont calculées pour des personnes de taille moyenne.

On les modifiera donc légèrement selon la

mesure; dans tous les cas *l'écart entre l'emmanchure du devant et celle du dos devra toujours être égal à l'épaisseur du haut du bras mesurée sur la personne* (1).

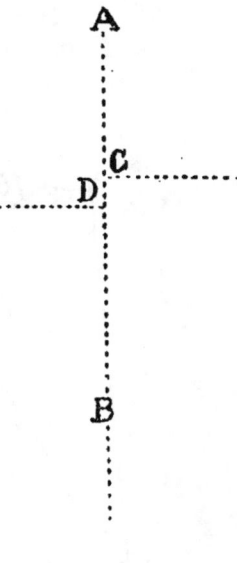

Quand le patron est ainsi placé, on vérifie la largeur du milieu de la taille derrière au milieu de la taille devant (de *K* à *J*) et on écarte un peu plus ou un peu moins jusqu'à ce qu'on ait obtenu la mesure juste. On relève alors avec le crayon les contours du patron comme le montre le tracé qui suit.

Quand le dos et le devant sont tracés, on ajoute 1 centimètre de largeur en haut du dos seulement *A*, rien à la taille ni à la basque (à moins qu'on ne taille avec un patron régulier de série, pour une personne portant une très

(1) On comprend bien que le dos et le devant du corsage formant le dos et le devant de la pèlerine, il est nécessaire de laisser entre les deux parties du patron la largeur nécessaire pour habiller le haut du bras, et que cette largeur est déterminée par la 3ᵉ mesure.

forte tournure; dans ce cas, on pourrait ajouter 1 ou 2 centimètres à la basque).

Nous ajoutons ensuite 2 centimètres de lar-

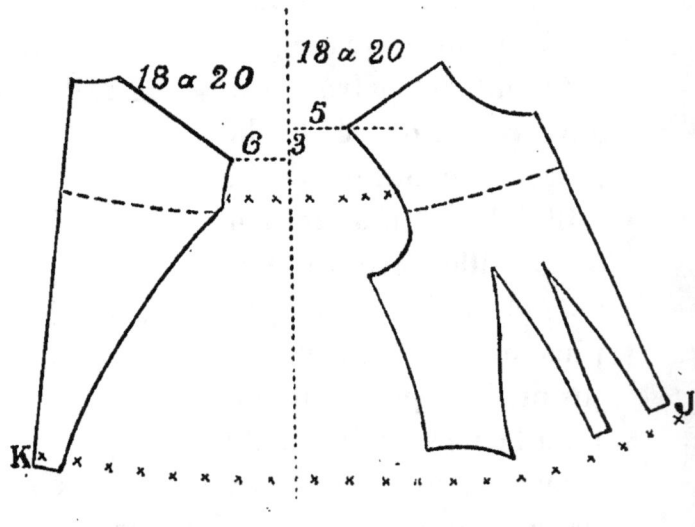

Fig. 58.

geur au milieu du devant C (sur toute la longueur), nous décreusons un peu l'encolure D, puis nous plaçons l'extrémité de chaque pince comme suit : la première, E (en partant du dos), suit la ligne d'épaule du dos; la troisième, G (celle du devant), vient se terminer un peu en dehors de la ligne d'emmanchure,

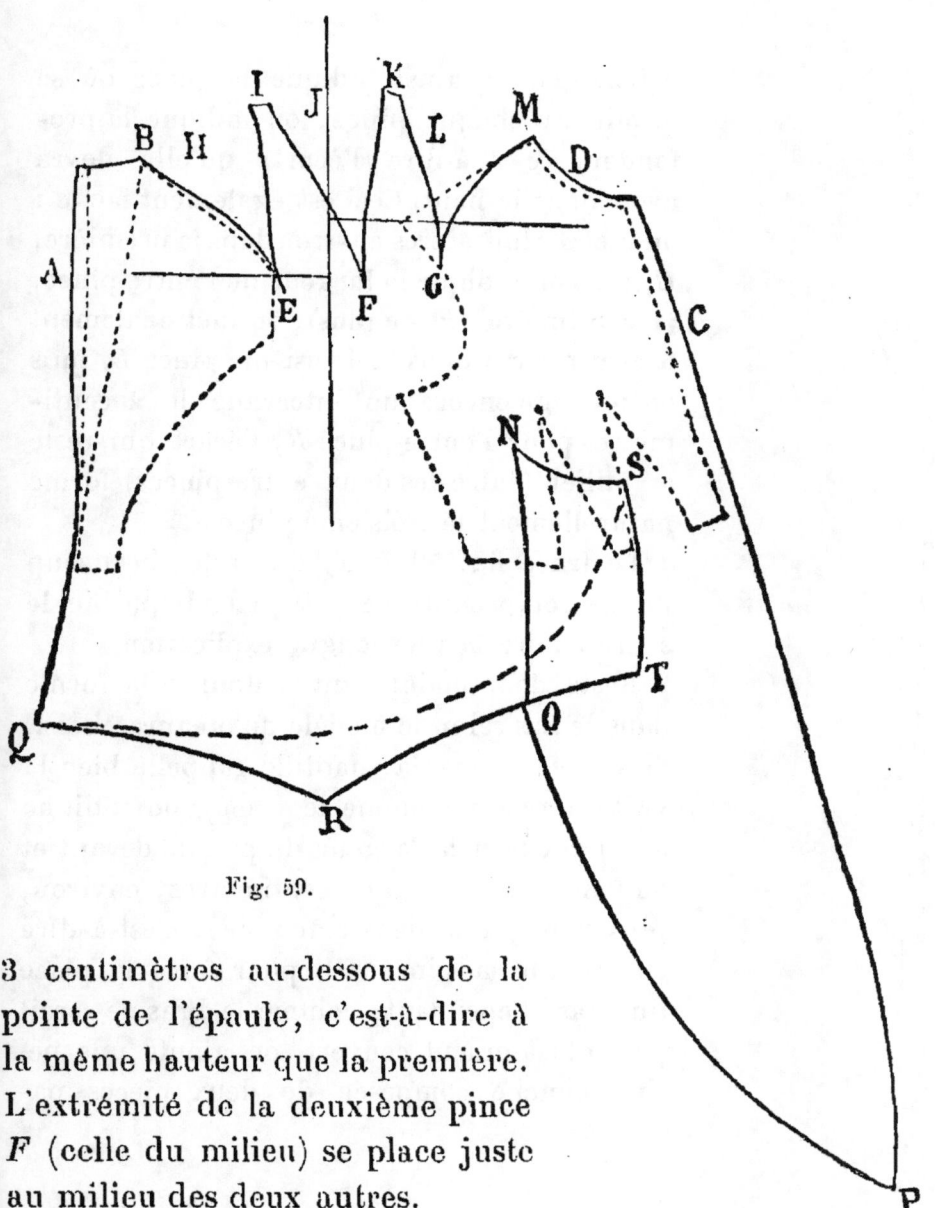

Fig. 59.

3 centimètres au-dessous de la pointe de l'épaule, c'est-à-dire à la même hauteur que la première. L'extrémité de la deuxième pince F (celle du milieu) se place juste au milieu des deux autres.

Lorsqu'on a ainsi indiqué la place où se terminera chaque pince, on indique la profondeur (c'est-à-dire l'écart) qu'elle devra avoir dans le haut. Ceci est également facile : on met 6 centimètres environ dans la première, *H*, puis on indique la largeur de l'entre-pince, (1 centimètre 1/2 au plus) ; on met également 6 centimètres dans la troisième pince *L*, puis on ménage encore un intervalle de 2 centimètres pour l'entre-pince *K*; l'écart qui reste au milieu (entre les deux entre-pinces) forme naturellement la troisième pince *J*.

Le tracé fig. 59 fera, du reste, beaucoup mieux comprendre ce petit calcul que ne le saurait faire la plus longue explication.

Reste donc maintenant à donner la forme dans le bas selon le modèle qu'on aura choisi. Si on veut que la mantille rappelle bien la visite derrière (comme le tracé), on indique la longueur et la largeur du pan de devant et on fend l'étoffe *N O* (5 centimètres, environ, plus loin que la deuxième pince, c'est-à-dire en face de la pince *G*), pour faire la place du bras. Cependant, comme le bras ne serait pas suffisamment couvert, on ajoute une petite manche composée de deux pièces pareilles. La forme et la grandeur de cette manche sont indiquées par l'espace compris entre les lettres *NO, TS*. La longueur derrière est variable; ce genre de vêtement dépasse habituellement la taille de 10 à 20 centimètres, selon que la garniture devra plus ou moins l'allonger; on le fait souvent carré, ainsi que la ligne *Q R*.

Si on préfère garder la véritable forme ronde de la mantille (comme à la fig. 57), on la coupe comme l'indique la ligne pointée, et dans ce cas on n'y ajoute pas de manche, mais seulement un petit gousset qui, cousu dans la fente de la saignée *N*, donne de l'aisance aux mouvements.

Il est bien entendu que la couture du gousset doit être cachée par la garniture.

MANTEAU A PÈLERINE.

Ce vêtement auquel on a donné des noms bien divers, est une pèlerine à deux pinces, légèrement cambrée derrière, et complétée par une sorte de paletot droit sur lequel elle est assujettie. Pendant très longtemps on a fait la pèlerine droite, ensuite on

— 140 —

l'a relevée par des plis derrière, on l'a drapée

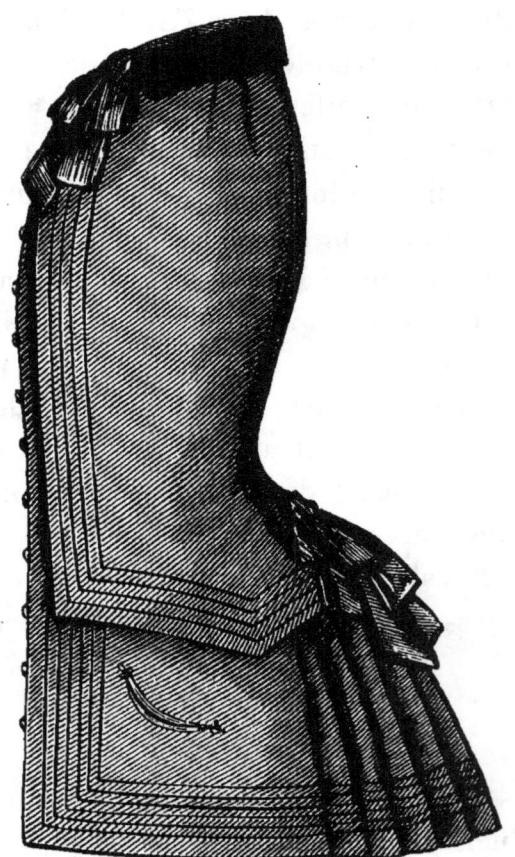

Fig. 60.

devant, à l'encolure, par d'autres plis, et on l'a arrondie, ce qui lui donnait un cachet de nouveauté. Aujourd'hui, on refait ce vètement avec la pèlerine plate, comme l'indique la fig. 60.

Le tracé ressemble beaucoup à celui de la visite.

Les lignes de construction ne varient pas ; on mettra seulement 4 centimètres entre la pointe d'épaule du dos et la ligne verticale, et 15 centimètres entre le coin de l'encolure et la même ligne. On placera le devant de la même façon, puis on vérifiera la mesure de largeur ou d'épaisseur du haut du bras (3e mesure), absolument comme on le fait pour une visite, puis la largeur de la taille derrière à la taille devant, passant sur le coude (7e mesure), à laquelle on ajoutera 5 à 6 centimètres.

TRACÉ DE LA PÈLERINE.

Lorsque le patron est placé comme je l'ai démontré, on dessine la pèlerine (voir fig. 61), On ajoute d'abord 1 centimètre de largeur en haut du dos A, puis on suit la basque du corsage. On pourra même ressortir un peu de cette ligne, si la personne est très juponnée.

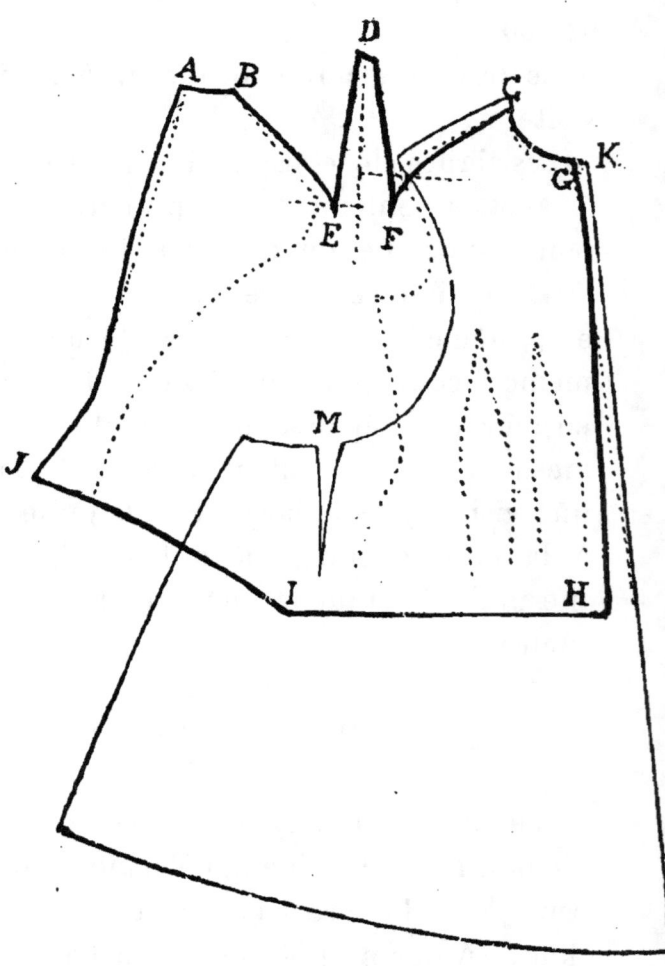

Fig. 61.

On divise ensuite l'écart *B C* en deux pinces de 13 centimètres environ chacune, ce qui laisse un intervalle au milieu, *D,* de 2 centimètres (cet intervalle forme l'entre-pince). Les pointes des pinces *E F* doivent être placées de chaque côté et à distances égales du milieu de l'épaule. (La place saillante de l'épaule variant selon les conformations, il est difficile d'assigner une place très exacte à la pointe des pinces; aussi fera-t-on bien de ne jamais couper les pinces avant d'avoir essayé le vêtement).

Ensuite on décreuse un peu l'encolure, puis on part du coin du corsage *G* pour tracer le bord du devant *G H,* qui, on le voit, doit s'écarter un peu du bas.

On donne ensuite au bas de la pèlerine, *H I J,* la forme qu'on préfère.

TRACÉ DU PALETOT (fig. 61).

Le paletot du carrik, c'est-à-dire la partie qui forme le dessous, est facile à tracer, ainsi qu'on s'en rendra compte en suivant des yeux les lignes pointées de la fig. 61. On ajoute d'abord 2 centimètres au devant du corsage, mais dans le haut seulement, *K*; on suit l'encolure de la pèlerine, puis on ajoute 1 centimètre de hauteur à l'épaule *C*; on forme ensuite l'emmanchure en passant au tiers environ de la hauteur du dessous de bras du corsage, puis on fait une petite pince de 3 à 4 centimètres sur les hanches, afin de les bien emboîter. On donne 45 cent. à peu près de largeur au bas du devant. On rajoutera ensuite une hauteur derrière à laquelle on donnera de 60 à 80 cent. de largeur, selon qu'on voudra faire plus ou moins de plis (il faut toujours donner au moins 25 à 30 cent. de plus que le demi-contour des hanches ou de jupe, afin que les plis aient une profondeur suffisante).

La longueur du devant *K L* varie; elle doit toujours être proportionnée à la longueur du dos. On pourrait aussi, si on voulait rendre le vêtement plus chaud, tailler le paletot du carrik comme une matinée avec manches, sur laquelle on adapterait la pèlerine et à laquelle on ajouterait des plis.

Rotonde.

Pour les rotondes, on ne prendra que deux

— 145 —

Fig. 62.

mesures : 1° le demi-contour des épaules; 2° le demi-contour sur les coudes (1).

Pour la tracer, on part du même principe que pour la visite. On tire une ligne verticale, puis deux lignes horizontales à 3 centimètres de distance l'une de l'autre (fig. 63), absolument comme on l'a fait pour les visites et les mantilles.

On place ensuite le dos du patron de corsage de façon à ce qu'il y ait 5 centimètres de distance entre la pointe de l'épaule et la ligne verticale, et 12 centimètres entre le coin de l'encolure et la même ligne verticale. On place le devant de la même façon, en observant les mêmes distances.

(Copier exactement la fig. 63).

Lorsque le patron est ainsi placé, on mesure le demi-contour des épaules, puis le demi-contour sur les coudes (auquel on a ajouté 15 à 20 cent., selon qu'on aime les vêtements aisés ou justes), pour s'assurer qu'on a une largeur suffisante, ce qui se trouve généralement à peu près exact. Cependant, comme il se rencontre des exceptions à cette règle, et qu'il peut se faire que le patron, posé comme je l'ai indi-

(1) C'est-à-dire la 7e mesure de la visite.

qué, donne le contour plus large ou moins large que la mesure prise, (plus 15 à 20 cent.), on pourra écarter davantage les deux parties

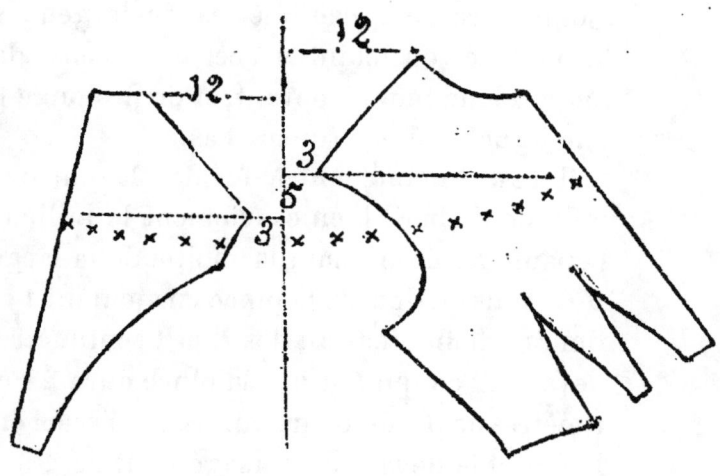

Fig. 63.

du corsage, ou, au contraire, les rapprocher, selon que la mesure le nécessitera. Mais, qu'on écarte ou qu'on rapproche les deux parties du patron, on doit avoir bien soin de conserver toujours les hauteurs exactes. Si on voulait une rotonde plus étroite, la pince deviendrait forcément plus profonde; mais, comme elle serait difficile à terminer, il vaudrait mieux dans ce cas en faire deux.

On ajoute 1 centimètre de largeur au milieu

du dos *F* (fig. 64), et on tire la ligne *A F* absolument droite, sans aucune cambrure. On ajoute ensuite 2 centimètres de largeur sur la poitrine, on maintient ces deux cent. dans toute la longueur du devant, et on prolonge par une ligne droite jusqu'au bas.

Il reste maintenant à former la pince. On indique d'abord bien exactement le milieu de l'épaule *H*, en prenant la moitié de la largeur *F G*, puis on dessine la pince en ajoutant 1 centimètre de hauteur au dos *I*, et 1 centimètre au devant *J*; ce qui fait que la pince aura 22 centimètres de profondeur, tandis que l'écart entre le dos et le devant du corsage était de 24 centimètres (1).

Pour arrondir le bas, on met sur la ligne du dos *A B*, 1^m,30, 1^m,40 ou 1^m,50 de longueur (selon la grandeur de la personne que l'on habille), puis on tire une petite ligne reliant les deux côtés de la pince *I J*, et, à partir de cette ligne, on indique par un petit trait la longueur du côté, égale à celle du milieu du dos.

Lorsque les jupes sont peu bouffantes der-

---

(1) On ne coupera jamais la pince avant d'avoir essayé, beaucoup de personnes n'ayant pas l'épaule absolument régulière.

rière, on peut mettre 8 centimètres de moins devant que derrière; lorsqu'on porte des tour-

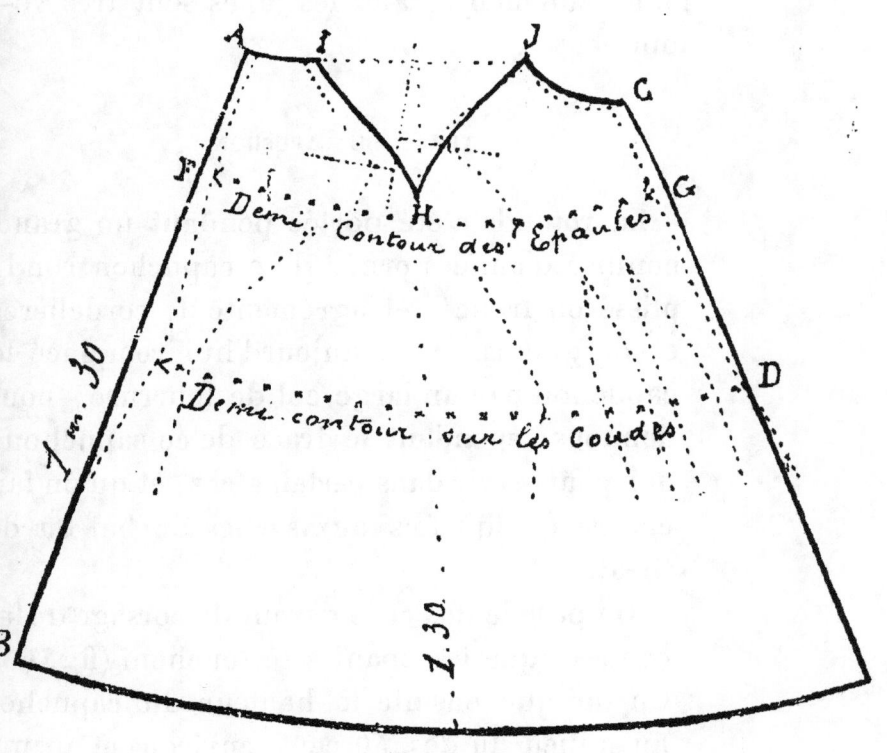

Fig. 64.

nures il faut au moins 12 centimètres de différence, d'ailleurs on peut prendre la mesure devant et derrière sur la personne même. La rotonde doit être taillée dans le tissu, le droit fil devant ou sur les épaules, mais elle doit toujours être en biais derrière ; quelquefois on cintre un peu la rotonde derrière à la taille, mais seulement quand les jupes sont très volumineuses.

TRACÉ DU CAPUCHON.

La rotonde a été portée pendant un grand nombre d'années ornée d'un capuchon rond, plissé ou froncé, et agrémenté de cordelières et de glands. On a aujourd'hui remplacé le capuchon par un large col de fourrure ; nous donnons cependant le tracé de ce capuchon, qui peut servir dans certains cas, et qu'on fait encore quelquefois aux sorties de bal ou de théâtre.

On pose le dos et le devant du corsage de façon à ce que les épaules se touchent (fig. 65). On indique ensuite la hauteur du capuchon au milieu du dos (50 cent. environ) et au milieu du devant (3 à 5 centimètres au plus) puis on réunit ces deux points par une courbe bien régulière ; on plisse ou on fronce le tour à 3 ou 4 centimètres du bord, après l'avoir doublé de soie, de fourrure ou de peluche, suivant le genre du vêtement, et le capuchon prend sa forme. (Le milieu, derrière, sera taillé en droit fil).

On fait aussi, pour les vêtements de bains de

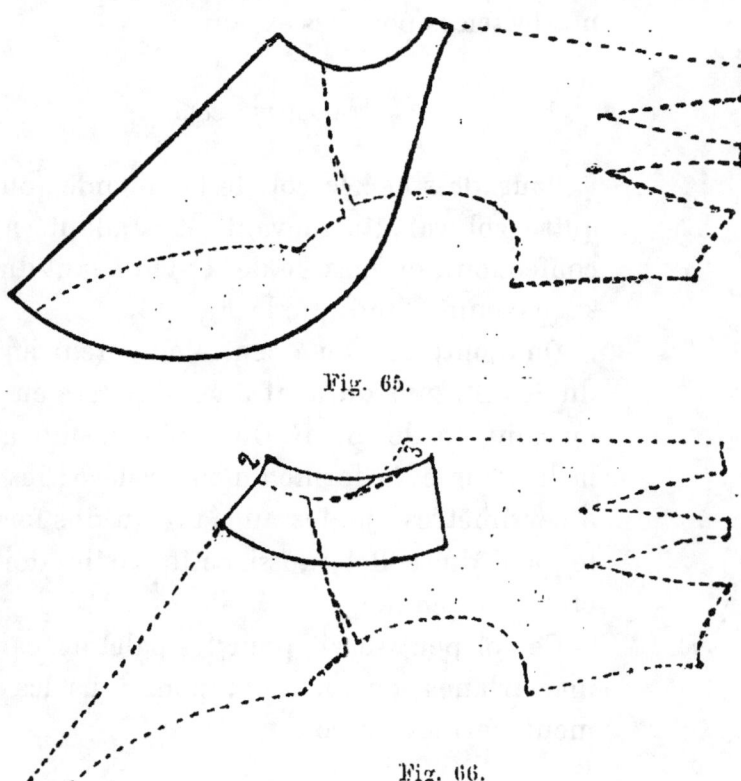

Fig. 65.

Fig. 66.

mer, principalement pour les camails, de petits capuchons pointus très élégants, mais qui ne peuvent pas servir à garantir la tête au besoin, comme peut le faire celui-ci. Ces capuchons rentrant dans le domaine de la pure fantaisie, nous ne pouvons les étudier en détail ici, et nous comptons sur le goût personnel de nos lectrices pour les exécuter.

TRACÉ DU COL.

Pour dessiner le col de la rotonde (ou tout autre col rabattu devant être adapté à une confection), on pose le dos et le devant du corsage comme l'indique la fig. 66.

On ajoute 2, 3 ou 4 cent. de hauteur en haut du dos *A*, puis on abat 3 centimètres en biais au coin du devant *B*. On donne ensuite au col la largeur et la forme qu'on préfère ; les 2 ou 3 centimètres ajoutés au haut du dos forment le pied du collet, aussi cette partie doit-elle être bien tendue.

Ce col peut servir pour les paletots, carriks, macfarlanes, en un mot, pour tous les vêtements fermés au cou.

Renseignements supplémentaires
A LA 2ᵉ PARTIE.

Comme je le disais en commençant, le cadre

forcément restreint de cet ouvrage ne me permet pas de traiter d'une façon aussi complète que je l'aurais désiré la partie qui a trait aux vêtements en général.

Mes lectrices comprendront qu'il m'eût été fort difficile de faire ici ce que je fais journellement dans mon *cours*, c'est-à-dire une étude approfondie et générale de tous les vêtements au fur et à mesure que la mode les crée, en indiquer les inconvénients ou les défauts, la manière de les reproduire au moyen d'un patron spécial ou bien de les transformer. Même possible, cette étude m'eût entraînée fort loin et amenée à négliger des parties essentielles dont l'enseignement est tout aussi nécessaire, telles que la confection pour enfants, la lingerie pour dames et enfants, chemises et caleçons pour hommes, etc., toutes choses de première utilité pour les mères de famille.

J'ai dû me borner à donner seulement un aperçu de chaque genre de vêtement, en choisissant toujours pour ma démonstration le type le plus généralement en usage, en un mot, le vêtement qui par sa forme est le moins sujet aux variations de la mode. De ces types, du reste, dérivent tous les autres, et, avec un peu de pratique, ces transformations deviennent extrêmement faciles.

Je renvoie celles de mes lectrices qui voudraient entreprendre une étude plus complète, soit à mon cours, qui a lieu trois fois par semaine, soit à l'ouvrage plus complet que j'ai publié récemment et que j'ai écrit surtout pour les personnes du métier, couturières ou tailleurs pour dames.

Je prie, en outre, les personnes qui auraient besoin de renseignements complémentaires, d'éclaircissements ou de patrons, de bien vouloir m'adresser leurs questions ou leurs demandes, par lettre affranchie, à ma salle de cours, 15, rue Richelieu, ainsi que le font, du reste, toutes celles de mes élèves qui se sont répandues un peu partout, en province et à l'étranger, et avec qui je suis en correspondance permanente pour toutes les innovations de la mode.

Ce que j'ai voulu, en réunissant dans ce livre quelques-unes de mes leçons, c'est mettre aux mains des dames, des jeunes filles et, principalement de toutes les mères de familles, obligées souvent de compter soit avec l'éloignement des grandes villes, soit avec un budget modeste, un traité de coupe d'une lecture facile, dépourvu de l'aridité que l'on rencontre le plus souvent dans les ouvrages techniques, et qui soit en même temps un guide pratique, un conseil pour tout ce qui concerne l'habillement.

* *

Je ne reviendrai plus sur les visites, pèlerines ou rotondes. On a fait jusqu'ici, dans ce genre, un trop grand nombre de modèles différents pour que nous puissions, comme je viens de le dire plus haut, les passer tous en revue.

Je ne puis que conseiller, pour toutes les formes nouvelles qui pourraient se produire, de prendre pour base le modèle y correspondant et dont j'ai donné la description dans les chapitres précédents, et, après l'avoir taillé en mousseline, le transformer, en recoupant ou en ajoutant, jusqu'à ce que l'on obtienne la forme qu'on a dans la mémoire ou qu'on veut créer.

Ce n'est pas autrement, d'ailleurs, qu'opèrent tous ceux qui créent les confections nouvelles.

Il faut aussi s'habituer à savoir bien relever un modèle déjà fait.

Pour cela, je conseillerai de faire ce que l'on fait dans toutes ou presque toutes les maisons de confections, qui, après avoir acheté dans certaines maisons spéciales des modèles nouveaux, se trouvent dans la nécessité de reproduire ensuite ces mêmes modèles dans leurs ateliers.

N'en ayant pas les patrons, et étant bien souvent dans l'impossibilité absolue de les créer elles-mêmes par principes, les coupeuses (je ne parle pas des coupeurs, qui sont en général plus habitués aux tracés) sont obligées de relever le patron, avec de la mousseline, sur la confection qui leur sert de modèle. Ce système est excellent, à la condition que le travail soit consciencieusement fait.

C'est, du reste, celui que j'emploie dans mon cours et celui que je recommande dans tous les cas où la difficulté du tracé devient un obstacle. Voici comment on s'y prend :

On commence par poser le modèle que l'on veut reproduire sur un mannequin.

Le choix d'un mannequin est très important, et j'appelle toute l'attention de mes lectrices sur ce point, car il suffit qu'il soit mal conformé, pour que l'opération à laquelle on se livre devienne difficile à exécuter. Aussi, ai-je pour habitude de ne faire choix que des mannequins Lavigne, parce que seuls ils sont faits suivant une règle absolue et invariable. Ils ont la régularité dans les proportions, l'élégance de la forme et le fini de l'exécution, que ne possèdent pas en général les mannequins de provenances diverses.

C'est le mannequin désigné pour les études et les examens dans les écoles de la ville de Paris. Je ne saurais donc assez conseiller à mes lectrices, qui se décideront à l'acquisition d'un mannequin, à ne faire choix que du buste Lavigne.

Le mannequin ne possédant le plus souvent pas de bras, il est nécessaire, quant il s'agit d'une visite, par exemple, de lui en fabriquer en bourrant les manches du vêtement, soit avec de la ouate enveloppée de mousseline, soit avec des rognures. On coupe ensuite dans la mousseline la hauteur du devant, celle du dos, celle des manches, ou des petits côtés, s'il en existe, en donnant à peu près, à vue d'œil, la largeur et la forme des morceaux. On applique alors ces morceaux de mousseline sur le modèle, en observant bien le droit fil, à l'aide de longs points de bâti (les épingles pouvant laisser des marques sur l'étoffe du modèle). Puis on découpe bien exactement sur chaque couture.

On devra bien observer les embus, c'est-à-dire les places qui doivent être soutenues ou tendues. Le sens de l'étoffe l'indique toujours, et de cette façon on obtient un patron absolument exact.

Il faut même savoir, au besoin, corriger les quelques petites imperfections qui pourraient exister au modèle; pour cela, il suffit de savoir essayer avec goût.

Tout cela, je l'ai dit déjà, n'est plus de la théorie, mais de la pratique; ce n'est que par la minutie qu'on apportera à son travail qu'on arrivera à compléter la perfection de la coupe.

On devra avoir soin toutefois, lorsqu'on relèvera un patron en mousseline, de choisir cette dernière d'assez bonne qualité pour qu'elle ne se déforme pas lorsqu'on enlèvera les épingles. Pour les corsages, il sera préférable de choisir un tissu un peu plus serré.

TROISIÈME PARTIE.

MATINÉES. — JUPES.
ROBES DE CHAMBRE. — ROBES PRINCESSES.
POLONAISES. — CORSAGES DE BAL.

TROISIÈME PARTIE.

MATINÉES. — JUPES.
ROBES DE CHAMBRE. — ROBES PRINCESSES.
POLONAISES. — CORSAGES DE BAL.

MATINÉE.

La matinée est composée, comme on sait, d'une jupe, garnie de plissés ou de volants, et d'une sorte de paletot demi-ajusté.

La jupe est facile à tailler; toutes les personnes qui s'occupent de couture savent à peu près couper une jupe ordinaire. Cependant on trouvera au chapitre spécial des jupes le tracé de celles qui doivent servir à compléter la matinée. Nous ne nous occuperons donc pour le moment que de la partie supérieure de ce costume, c'est-à-dire du paletot.

Ce vêtement, comme tous les autres, doit

Fig. 67.

être taillé à l'aide du corsage. Pour le tracer, on se sert du patron de corsage.

Je n'ai pas besoin de répéter ici ce que j'ai dit pour les autres vêtements, c'est-à-dire qu'on doit toujours se servir d'un patron proportionné à la grosseur et à la conformation de la personne que l'on habille, ou, ce qui vaut mieux encore, de son patron spécial.

TRACÉ DU DOS (fig. 68).

Pour le dos de la matinée, nous suivons exactement les contours du corsage, avec cette seule différence que nous ajoutons 1 ou 2 centimètres à la couture du côté A (à la taille seulement). De cette façon, le dos de la matinée devient plus large à la taille que celui du corsage.

Pour trouver la largeur de la basque, nous posons la règle au coin de l'encolure et de l'épaule B, et nous la faisons passer au coin de la taille A. La pente donnée par la règle indique la largeur du bas.

TRACÉ DU COTÉ (fig. 69).

Nous indiquons d'abord le contour du petit

— 164 —

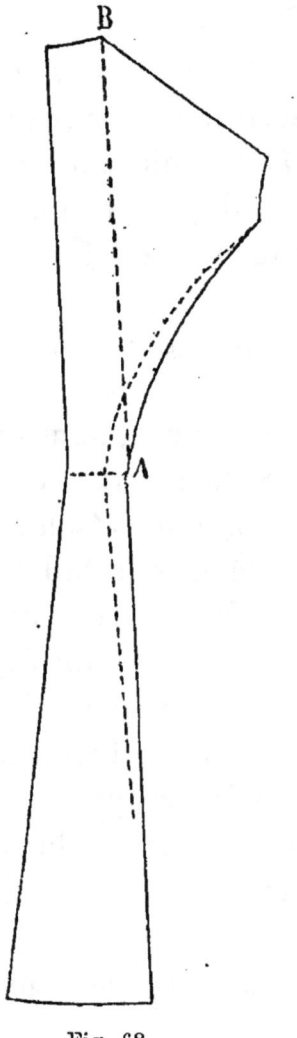
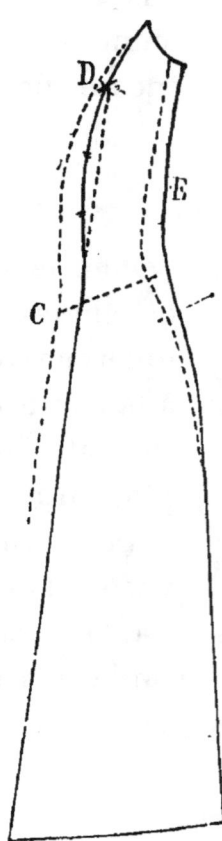

Fig. 68.   Fig. 69.

côté du corsage par une ligne pointée; puis nous supprimons, du côté qui sera cousu avec le dos C, les 1 ou 2 centimètres que nous avons ajoutés au dos.

(Il est bien entendu que ces 2 centimètres ajoutés au dos et supprimés au petit côté ne sont qu'un déplacement de couture, et que la cambrure de la matinée à la taille reste ainsi la même que celle du corsage.)

Pour la largeur de basque, nous posons la règle au 1/3 de la longueur du petit côté D, et nous la faisons passer au coin de la taille.

Mais dans le cas où on voudrait porter la matinée sur une tournure, on tiendrait la basque plus large par derrière; il suffirait alors de rejoindre la basque du corsage vers le bas.

Cependant, comme notre petit côté ainsi modifié devient presque toujours trop étroit, nous l'élargissons du côté du dessous de bras E de 1 ou 2 centimètres, afin de lui rendre une largeur convenable, puis nous venons rejoindre la basque du corsage.

TRACÉ DU DEVANT.

Pour tracer le devant, nous indiquons les

contours du devant du corsage, puis nous posons à côté la pièce de dessous de bras. Ce petit côté doit être placé de façon à toucher le devant dans le haut, et à s'écarter de 3 centimètres à la taille *F*. On laissera croiser la basque, ainsi que le montrent les lignes pointées.

Quand le corsage est ainsi indiqué, on tire une ligne droite devant, *J*, depuis l'encolure jusqu'à la largeur de la basque, de manière à supprimer la cambrure de la taille.

On supprime, au-dessous de bras *G*, les 1 ou 2 centimètres qu'on a ajoutés au petit côté (si on en a ajouté) (*E*, fig. 69); puis on trouve la largeur de la basque en posant la règle à la pointe de l'épaule *H*, et en la faisant passer à la taille, ainsi que l'indique la ligne pointée de la figure 70. On ressort un peu de la ligne, en arrondissant légèrement, pour donner la forme des hanches.

Pour mieux cambrer la matinée, on y fait une petite pince de côté de 3 centimètres environ de profondeur, *I*. Cette pince part de l'emmanchure et se termine à l'endroit le plus rond des hanches; elle doit être placée assez loin de la couture du dessous de bras pour former comme un petit côté.

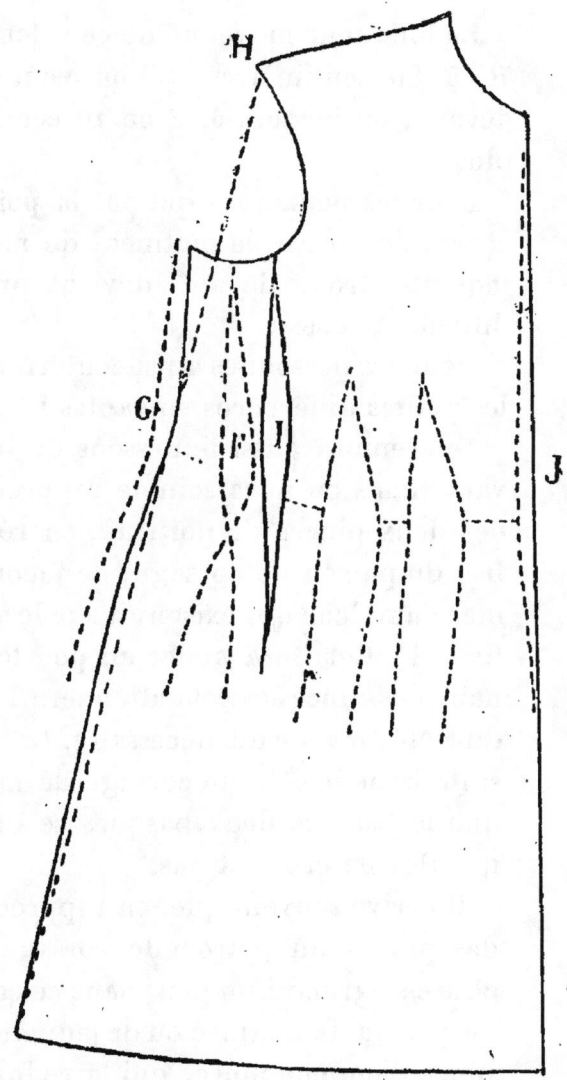

Fig. 70.

La longueur moyenne de ce vêtement est de 70 à 80 centimètres. Si on veut le croiser devant, on laissera 6, 8 ou 10 centimètres en plus.

Pour les personnes qui ont la poitrine forte et peu de ventre, la matinée, de même que la jaquette droite devant, devient un peu plus difficile à réussir.

Pour les personnes ainsi conformées, on fera les petites différences suivantes :

On réunira aussi le dessous de bras au devant, mais on aura soin de rapprocher le bas des deux pinces de poitrine, en réunissant le bas du patron de corsage, de façon à supprimer l'ampleur qui existerait sur le ventre (voir fig. 71). Cela fera goder un peu le patron en haut des pinces et cela atténuera la cambrure du côté, mais c'est nécessaire. On placera ensuite le petit côté du corsage de manière à ce que le bas des deux basques se touche, mais qu'elles ne croisent pas.

Il arrive souvent que, en rapprochant le bas des pinces du patron de corsage, l'emmanchure s'agrandit un peu; dans ce cas, on forme au patron de matinée ou de jaquette une petite pince d'emmanchure, qui la réduit à sa grandeur première, fait redescendre un peu l'épaule et donne du rond au milieu de la

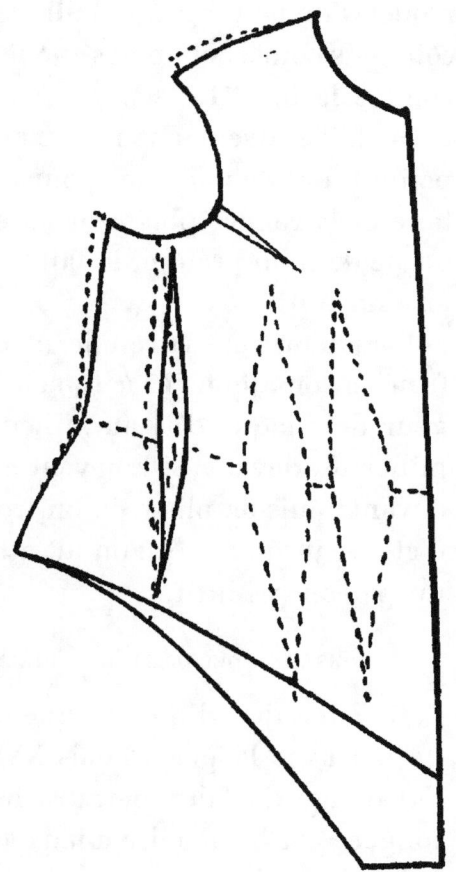

Fig. 71.

poitrine. (On ne fait pas cette pince à l'étoffe ni à la doublure, mais seulement au patron.)

Quand on voudra faire la matinée courte

derrière, comme on le fait souvent pour les modèles de fantaisie, on taille le dos et le petit côté plus courts, et on dessine le bas du devant comme la fig. 71.

On fait souvent aussi la matinée avec une petite pince de poitrine, pour l'ajuster davantage et la rendre plus gracieuse; dans ce cas, on peut, si on préfère, la faire sur la personne en essayant.

Lorsqu'on veut faire une matinée plissée ou froncée, on ajoute 12 à 15 centimètres de largeur de chaque côté au milieu du dos, et au milieu du devant, si l'on veut aussi des fronces devant; puis on plisse ou on fronce ce surcroît d'étoffe, jusqu'à ce qu'on ait atteint la largeur du patron primitif.

CORSAGES DÉCOLLETÉS A PIÈCE LOUIS XV.

On fait aujourd'hui presque tous les corsages de bal avec la pièce Louis XV. Cette coupe a l'avantage de faire paraître la taille plus allongée, et s'harmonise mieux avec les basques à pointes et les paniers ou toutes les draperies bouffant autour des hanches.

Il y a plusieurs genres de décolletés différents, et, quoiqu'ils soient tous également jolis, il est des personnes auxquelles l'un sied beau-

Fig. 72.

coup mieux que l'autre. Cela tient à la conformation des épaules.

Ainsi une personne grasse, dont les épaules sont très arrondies, pourra porter le corsage très bas sur les épaules, l'échancrure laissant presque voir le haut du bras; l'épaulette, retenue par la rondeur du bras, ne retombera pas, si elle est bien coupée (tracé fig. 73 et 75). D'autres personnes, au contraire, devront choisir le décolleté descendant un peu en pointe sur la poitrine et montant bien sur les épaules; ce sont celles qui ont les épaules hautes et maigres. Pour ces dernières, le corsage de bal est toujours un peu plus difficile à réussir; mais avec un peu de pratique, on arrivera quand même à d'excellents résultats.

Le dos est celui d'un corsage ordinaire. On ajoute (seulement si la personne a les épaules bien arrondies) 2, 3 ou 4 cent. de largeur au dos ordinaire, A, selon que celui-ci est déjà lui-même plus ou moins large. La basque ne varie pas; la longueur de la pointe B, et la hauteur de l'échancrure suivent la mode (fig. 73) (1).

Au devant, on ajoute également 2, 3 ou 4 centimètres de largeur, à l'épaule C, c'est-à-

(1) Pour un décolleté moyen, on découpera l'échancrure devant, G, 3 cent. plus haut que la moitié de la longueur comprise entre le cou et la taille. De même pour l'échancrure du dos.

— 173 —

dire autant qu'au dos. On donne environ 5 centimètres de largeur à l'épaulette *D*, puis on vient rejoindre par une ligne le milieu de la

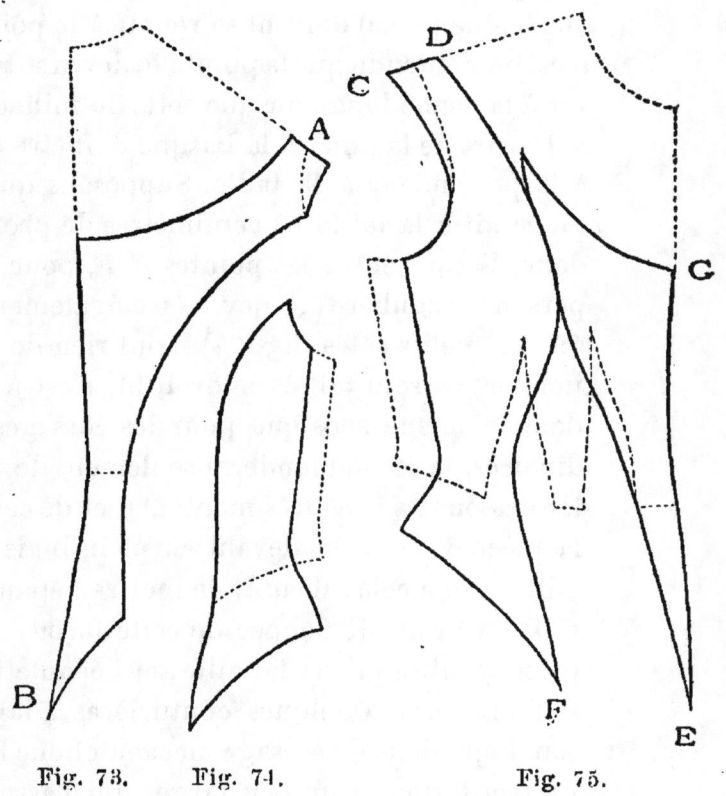

Fig. 73.   Fig. 74.   Fig. 75.

distance comprise entre le haut des pinces. A partir de là, on forme une seule pince de la profondeur qu'auraient les deux ensemble. Cette pince, au lieu de s'écarter dans le bas comme celles des corsages ordinaires, doit venir rejoindre à son extrémité la couture du milieu, ce qui veut dire que les trois coutures (celle du milieu et celle de chaque pince) doivent se réunir à la pointe. Il est bien entendu que la pointe F, devra se trouver à la même longueur que celle du milieu E.

L'écart de la pince à la basque doit être égal à la profondeur à la taille. Supposons que la pince ait à la taille 12 centimètres de profondeur, l'écart entre les pointes $E\ F$, pour une personne régulière (1), devra être également de 12. Les petits côtés (fig. 74) n'ont rien de particulier; ils sont taillés en droit fil, c'est-à-dire dans le même sens que pour les corsages ordinaires. Je recommanderai seulement de tenir les dessous de bras très montants, et de couper la pièce de côté du devant en plein biais à la taille. Pour cela, il suffit de mettre l'épaulette $C\ D$ en droit fil. Coupée de cette façon, cette pièce cambre mieux la taille, et l'épaulette ne s'allonge pas. Quelques couturières adaptent sous l'épaulette du corsage un caoutchouc blanc un peu ferme et un peu large, qui l'assujettit mieux sur le bras de l'épaule. On fera bien, en

(1) Pour les personnes ayant un peu de ventre, on tiendra la pince 1 ou 2 cent. moins creuse du bas.

coupant l'étoffe, de laisser un peu plus de longueur à la pointe F, et de ne la découper à sa longueur et à sa forme définitives qu'après l'essayage; car, s'il arrivait qu'on fût obligée de resserrer un peu le bas de la pince, la longueur de cette pointe F manquerait infailliblement.

Ce tracé, je le répète (fig. 73 et 75), s'applique aux personnes dont les épaules sont bien faites; pour les autres, on devra choisir un décolleté montant bien sur les épaules. Pour cela, il suffira de ne pas ajouter de largeur en haut de l'emmanchure $A C$, et de prendre toute la largeur de l'épaulette sur le corsage lui-même. Pour les personnes qui ont la poitrine très saillante, et qui sont un peu creuses au-dessus, on fera bien de reprendre un peu le haut de la couture de la pièce, de façon à faire bien appliquer le bord du décolleté.

Pour les décolletés carrés, on pourra couper la pièce du milieu de la même manière.

Quand on voudra faire un corsage de bal sans pièce Louis XV, on fera deux pinces comme on le ferait pour un corsage de dessous (voir à la 5° partie).

JUPES.

La coupe des jupes est sujette à de trop fréquentes variations pour que je puisse donner ici les tracés de toutes celles qui ont été faites jusqu'à ce jour. Ces variations existant surtout dans la largeur du bas, on devra s'attacher d'abord à bien étudier les proportions et la forme du haut.

Lorsqu'on saura proportionner le haut des lés de façon à ce qu'ils emboîtent bien les hanches et le ventre, il sera facile de transformer le tracé, de l'élargir ou de le rétrécir, selon que la mode l'exigera.

Nous diviserons les jupes en deux classes : 1° les jupes rondes, c'est-à-dire pour costumes courts; 2° les jupes longues, c'est-à-dire à traîne.

JUPES RONDES.

On fait généralement les jupes très ajustées sur les hanches et devant. (Je ne parle pas ici, bien entendu, des jupes plissées ou froncées autour de la taille, car ce sont des fantaisies qui ne durent le plus souvent que quelques saisons;

d'ailleurs, ces jupes sont presque toujours montées sur un fond de jupe ajusté.) Elles sont tour à tour ou très étroites du bas ou relativement larges. Dans tous les cas, et quelle que soit la mode, la largeur des lés doit être proportionnée à la largeur du tissu qu'on emploie : c'est la seule manière de couper avec économie. Il faut toujours que la jupe soit plus ou moins large en bas, selon qu'elle sera plus ou moins garnie.

C'est uniquement parce que, pendant un temps, on a fait les jupes très garnies qu'on les a portées si étroites.

La largeur moyenne d'une jupe courte, pour la mode actuelle, est de 2 mètres au moins, en bas, si la jupe est garnie de volants ou de plissés qui lui donnent de l'ampleur, ou si c'est un fond de jupe. Un grand nombre de couturières même ont coupé bien longtemps leurs jupes sur $1^m,90$, ce qui ne peut aller que pour les personnes très minces et petites. Si la jupe ne doit avoir ni plissés, ni volants, ni aucune garniture pouvant lui donner un peu d'ampleur, on devra la couper sur $2^m,40$ ou $2^m,50$ au moins, voire même $2^m,60$. Ainsi une jupe ronde tout à fait plate, ornée seulement au bas de tresses, de bandes de velours ou de toute autre garniture également plate, devra, pour ne pas paraître étriquée, avoir 2ᵐ,50 ou 2ᵐ,60 de largeur en bas.

Les tracés que nous donnons ici (fig. 76 et 77) représentent une jupe ou fond de jupe de

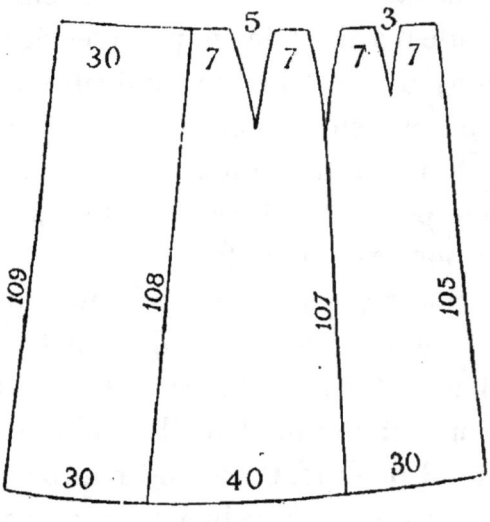

Fig. 76.

2 mètres de largeur, et calculée sur un tissu de 60 centimètres de largeur. La fig. 76 montre la jupe pliée en deux, par le milieu du devant et du lé de derrière, lorsque les coutures sont assemblées.

La fig. 77 la représente lorsqu'elle est seulement tracée sur l'étoffe. On remarquera que le haut du devant, qui doit être creusé ou busqué de 2 centimètres au plus, a, de chaque côté, une petite pince de 3 centimètres environ (on la fait plus ou moins forte selon que la personne a le ventre plus ou moins saillant). Ces petites pinces remplacent les plis qu'on faisait autrefois. Les lés de côté ont également une pince de 5 centimètres de profondeur dans le haut, afin de bien emboîter les hanches. Lorsqu'on l'assemble, on doit veiller à ce qu'il y ait toujours un côté biais cousu avec un côté droit fil ; le biais doit toujours être légèrement soutenu sur le droit fil.

Les écarts qui existent entre les pinces et les coutures, autour de la taille, varient de 7,8 à 9, selon la grosseur de la personne.

Le lé de derrière est droit, c'est-à-dire aussi large en haut qu'en bas.

Dans le cas où le tissu n'aurait que 50 centimètres, ce qui arrive très fréquemment, on devra changer un peu la disposition des coutures ; on mettra alors 50 centimètres au lé du devant, 50 centimètres au lé de derrière, et 50 à chaque lé de côté ; de cette façon, on obtiendra la même largeur du bas, c'est-à-dire 2 mètres.

— 180 —

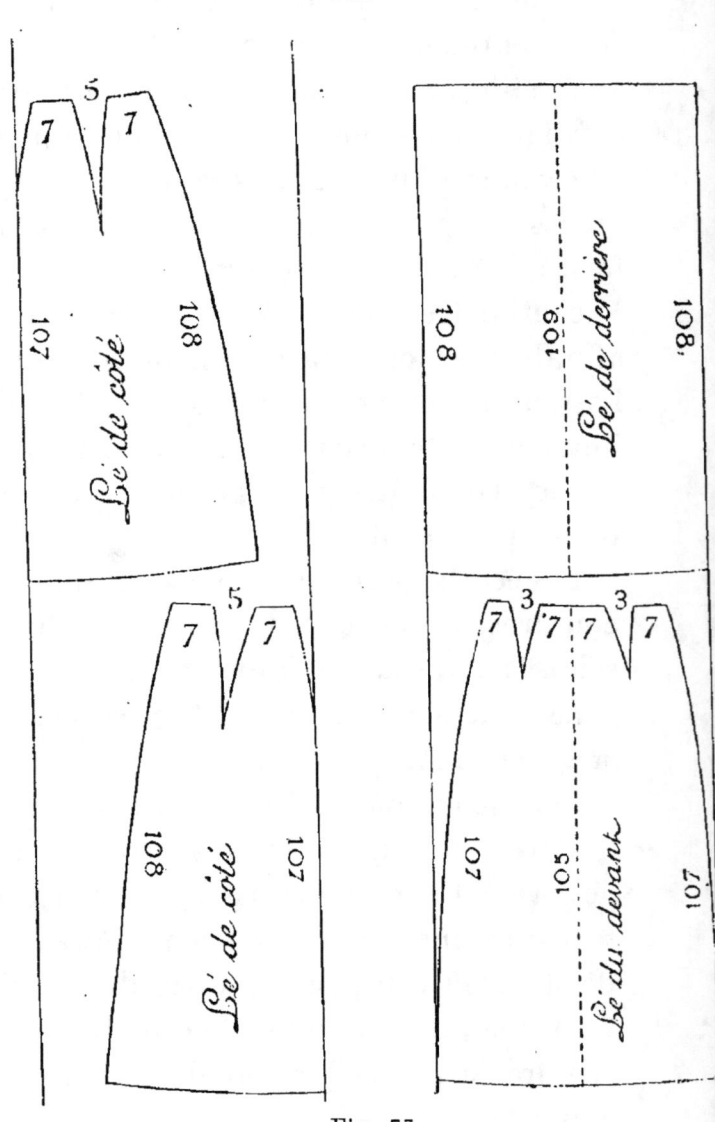

Fig. 77.

Si, avec cette même étoffe, n'ayant que 50 centimètres de largeur, on veut obtenir une jupe de 2^m,50 de tour, on coupera absolument de la manière indiquée, avec cette seule différence qu'on ajoutera un lé de 50 centimètres derrière. La jupe se composera donc alors d'un lé de 50 devant, un lé de 50 de chaque côté, et deux lés de 50 derrière. Nous aurons alors une couture derrière, mais elle se trouvera cachée dans les fronces, les plis ou les draperies et les garnitures plates du bas.

L'arrondi du bas varie selon la manière dont on se juponne. Si on porte de fortes tournures, on devra mettre 5, 7, et quelquefois 10 centimètres de plus derrière que devant; si, au contraire, on n'en porte pas, on devra faire la jupe à la même longueur derrière et devant. (Pour certaines personnes même qui ont le ventre un peu gros, on est obligé de couper la jupe plus longue devant que derrière.) Le côté doit toujours être plus long d'au moins 2 centimètres que le milieu du devant, parce que l'épaisseur de la hanche prend de la longueur.

On se demandera peut-être pourquoi nous n'avons pas entrecoupé nos lés de côté dans la largeur de l'étoffe. C'est pour bien indiquer que cela ne peut se faire que dans les tissus qui n'ont ni envers ni sens montant. Dans les soies légères qu'on emploie généralement pour les fonds de jupe, on peut faire une économie assez sensible en entrecoupant, c'est-à-dire en

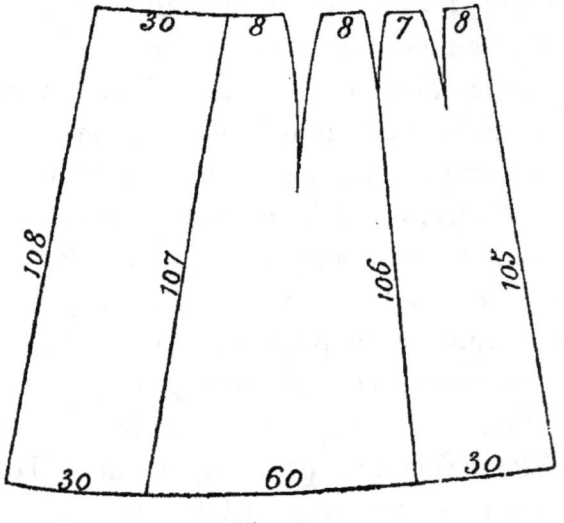

Fig. 78.

plaçant le haut du second lé de côté dans la pointe qui reste du premier, surtout si l'étoffe a 60 centimètres de largeur.

Les fig. 78 et 79 représentent une jupe de largeur moyenne (2^m,40). Ce modèle est adopté lorsque la mode exige qu'on porte peu ou pas

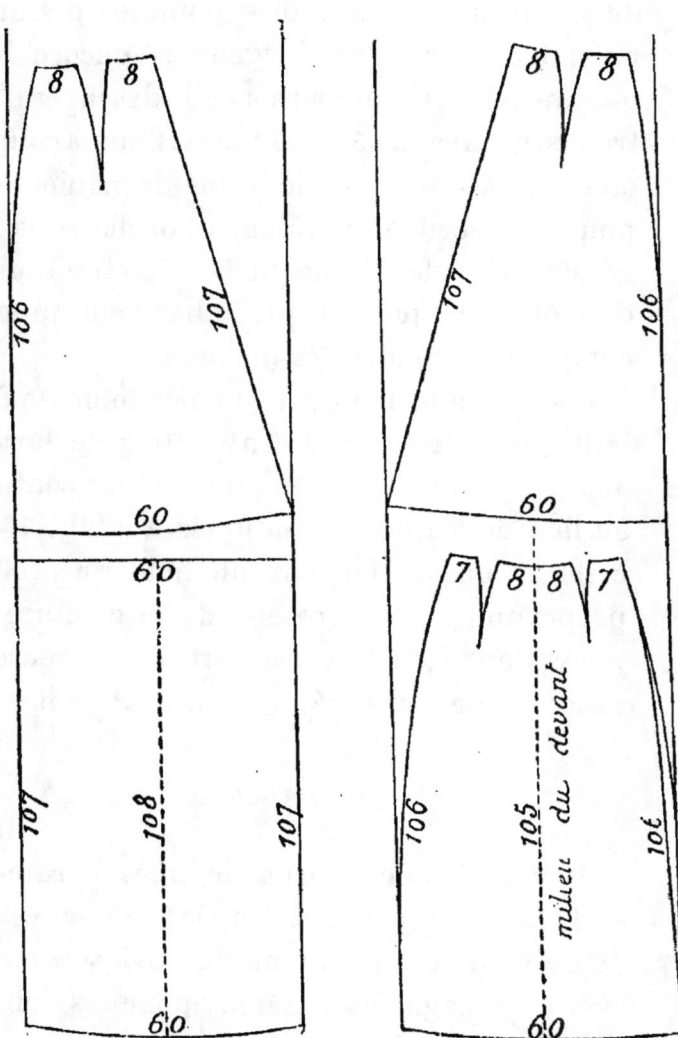

Fig. 79.

de garnitures, c'est-à-dire pour les costumes unis. D'ailleurs, cette largeur est encore bien minime, si on la compare à celle des jupes d'autrefois, qui avaient 5 ou 6 mètres. Pour la couper, on opère absolument de la même manière que pour la précédente; seulement on laisse la largeur entière de l'étoffe (60 centimètres) aux lés des côtés, ce qui fait que le bas de la jupe est composé de quatre lés pleins.

Lorsqu'on coupe pour une personne de forte taille, on laisse 8 à 9 centimètres de largeur aux intervalles entre les pinces et les coutures, au lieu de 7 que j'ai indiqués à la fig. 76; de cette façon, la largeur du haut s'accroît en proportion de la grosseur de la ceinture. On pourra aussi, si le ventre est fort, creuser la pince du devant de 4, au lieu de 3 cent.

JUPES LONGUES.

Il y a plusieurs sortes de jupes à traîne :

1° la jupe garnie et drapée; celle-ci est toujours montée sur un fond de jupe, soit en soie, soit en alpaga, soit même, pour les robes de bal ou de mariée, en mousseline.

2° Les jupes garnies et drapées devant seulement, et à plis droits derrière comme les robes princesses.

3° Les jupes complètement plates, c'est-à-dire droites devant et derrière, celles-là dont

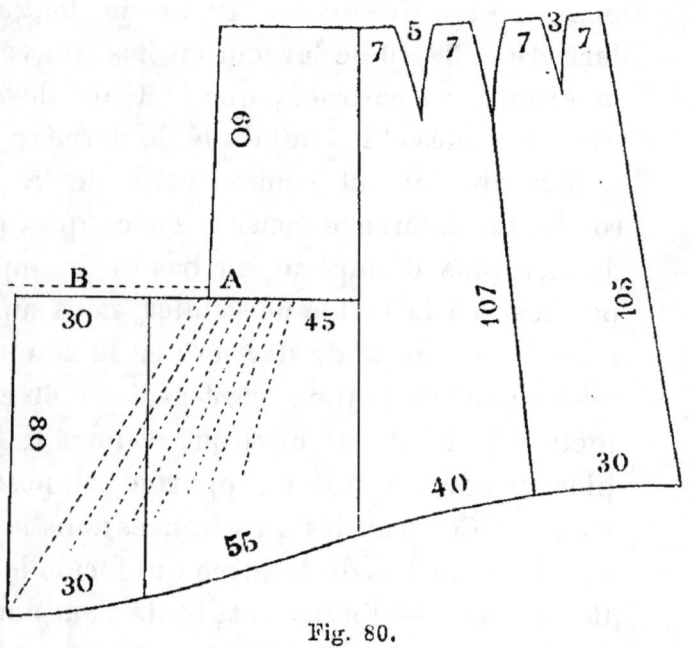

Fig. 80.

la mode revient périodiquement, sont toujours portées pour les grands deuils ou par les personnes très âgées. On les garnit généralement de crêpe anglais posé à plat; ou, si elles ne doivent pas servir pour deuil, on les fait en tissus riches, tels que le velours, les belles soieries de Lyon unies ou brochées, et on les garnit de vieux point, ou de tout autre ornement ayant un aspect tout à la fois riche et un peu sévère.

La fig. 80 représente un fond de jupe demi-long, c'est-à-dire ayant 1^m,40 de longueur derrière et 3^m,10 de largeur en bas. On verra, en examinant ce tracé, que le lé du devant, ceux des côtés et le haut du lé de derrière sont coupés absolument comme ceux de la jupe ronde. La différence consiste en ce que, pour donner plus d'ampleur au bas de la jupe et permettre à la traîne de s'étaler, nous supprimons le bas du lé de derrière en le coupant à mi-hauteur de la jupe, c'est-à-dire à 60 centimètres de longueur environ, et nous le remplaçons par une traîne rapportée composée de trois lés. Ces trois lés sont froncés dans le haut et cousus au bas de la pièce qui forme le haut de derrière. — En un mot, toute l'ampleur du haut de la traîne *B* doit être réduite par des fronces à la largeur de la pièce *A*, avec laquelle elle sera cousue.

La largeur du bas de la traîne varie, bien entendu, selon la longueur qu'on veut lui donner. Si, au lieu de faire une jupe de 1^m,40 de longueur derrière, on veut en faire une de 1^m,60 ou 1^m,80, on devra nécessairement tenir les lés de côté 10 ou 20 centimètres plus larges chacun, et si cette largeur ne suffit pas encore (ce qui arrive pour les jupes de 1^m,80 à 2 mètres de longueur), on ajoute un lé à la traîne.

Pour qu'on puisse toujours bien proportionner les jupes, je donne plus loin un tableau des largeurs comparées aux longueurs, non seulement pour les jupes garnies et drapées, mais pour les jupes longues à traîne.

JUPES LONGUES UNIES, A TRAINE RONDE.

Les fig. 81 et 82 représentent une jupe longue de largeur moyenne. Elle a 1^m,30 cent. de longueur sur 3 mètres de largeur. Elle est destinée à être portée unie, soit comme robe de très grand deuil, soit comme robe d'intérieur pour une personne âgée. On peut la tenir encore un peu plus large étant donnée sa longueur.

On remarquera, si on examine le tracé (fig. 81), que la jupe a deux lés en pointe de chaque côté et que les distances du haut entre les coutures sont de 10 et 12 centimètres, au lieu de 7 et 8 qu'indiquent les tracés précédents. Cette différence tient à ce que la jupe, étant unie jusqu'en haut, a besoin d'un peu plus d'ampleur dans les fronces, qui sembleraient

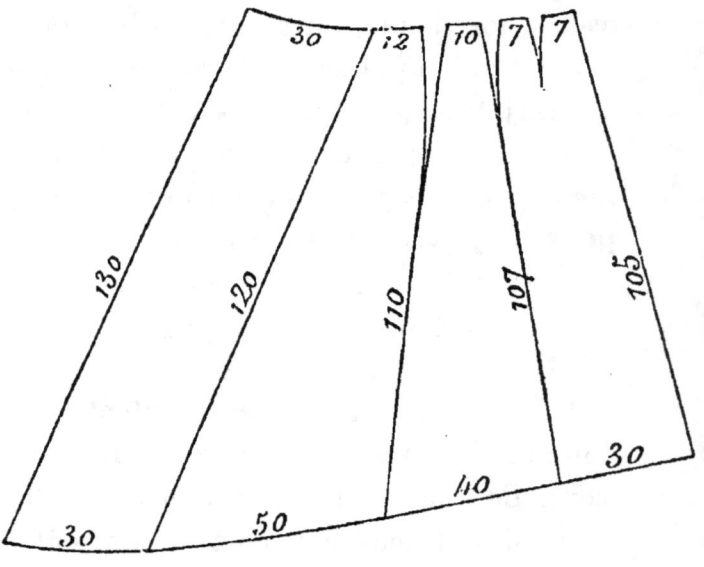

Fig. 81.

étriquées si elles n'étaient pas assez fournies.

Quand on voudra faire cette jupe plus longue, on devra nécessairement lui donner plus de largeur en bas; c'est alors par les pointes de côté (principalement par celles qui tiennent au lé de derrière) qu'on devra élargir.

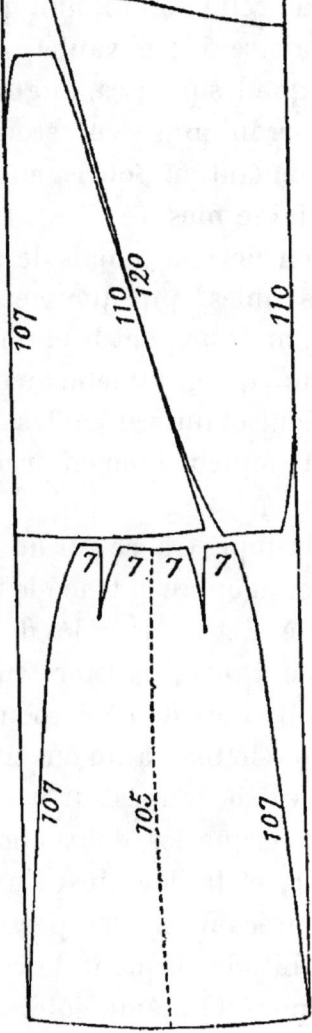
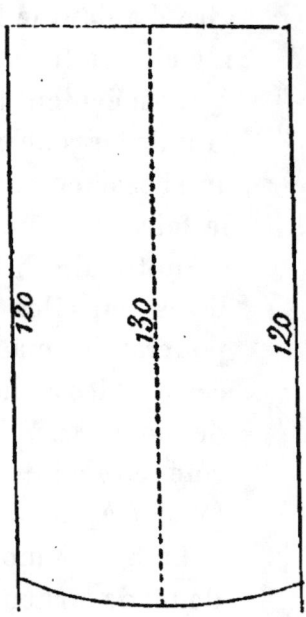

Ainsi, on pourra leur donner 60 cent. au lieu de 50 cent., et, si ce n'est pas suffisant, on mettra 50 ou 60 centimètres à la pointe de devant; mais, dans ce dernier cas, on élar-

Fig. 82.

gira d'autant le haut de cette pointe, afin qu'il n'y ait pas trop de biais vers le devant.

Il est évident alors que les pointes, augmentant de largeur, ne pourront plus s'entrecouper aussi exactement; cependant on pourra encore le faire dans une certaine mesure.

Inutile de dire qu'on ne met jamais de coulisses dans les jupes unies, puisque rien ne pourrait les masquer, mais on peut les remplacer par des caoutchoucs qu'on attache au bord des coutures à l'intérieur et qui relient les deux côtés en maintenant l'ampleur bien en arrière. (Voir *Choses pratiques*.)

La fig. 82 montre la jupe, tracée sur un tissu de 60 de largeur. Lorsqu'on aura tracé le lé de devant, celui de derrière et les deux lés de côté comme l'indique cette figure, il restera encore à tailler les deux autres lés de côté; pour ne pas se tromper, lorsque le tissu a un envers, on devra poser les côtés déjà coupés sur la coupe d'étoffe, de façon à ce que les deux endroits du tissu se touchent, et tailler ainsi l'un sur l'autre. Sans cette précaution, les personnes qui n'en ont pas l'habitude risquent de couper les deux morceaux pour le même côté.

TABLEAU COMPARATIF

DES LONGUEURS ET LARGEURS POUR LES JUPES UNIES.

Longueur 1^m,20, Largeur totale 3^m,10
Longueur 1^m,30. Largeur totale 3^m,30
Longueur 1^m,40. Largeur totale 3^m,50
Longueur 1^m,50. Largeur totale 3^m,70
Longueur 1^m,60. Largeur totale 3^m,90
Longueur 1^m,70. Largeur totale 4^m,10
Longueur 1^m,80. Largeur totale 4^m,30
Longueur 1^m,90. Largeur totale 4^m,50

TABLEAU COMPARATIF

DES LONGUEURS ET LARGEURS DES JUPES GARNIES ET DRAPÉES.

Longueur 1^m,30. Largeur totale 2^m,90
Longueur 1^m,40. Largeur totale 3^m,10
Longueur 1^m,50. Largeur totale 3^m,30
Longueur 1^m,60. Largeur totale 3^m,50
Longueur 1^m,70. Largeur totale 3^m,70
Longueur 1^m,80. Largeur totale 3^m,90
Longueur 1^m,90. Largeur totale 4^m,10

En comparant les différents chiffres de ce tableau, on remarquera que, pour les jupes unies, de même que pour celles qui sont garnies, drapées ou recouvertes d'une jupe flottante, la largeur augmente de 20 cent. par 10 cent. de longueur. Il est bien entendu que ce tableau, étant dressé d'après la mode actuelle, devra être modifié lorsque cette mode changera; pour le modifier, il suffira de prendre pour point de départ la largeur le plus généralement adoptée et d'augmenter cette largeur de 20 à 25 centimètres, à mesure que la longueur augmentera de 10 centimètres.

JUPES DRAPÉES DEVANT A TRAINE CARRÉE UNIE.
(*Explication de la fig.* 83.)

Le devant de cette jupe est taillé absolument de la même manière que les précédentes; seulement les lés de côté ont 80 centimètres de largeur en bas, au lieu de 40. Ces trois lés (celui du devant et les deux des côtés) forment le jupon et entourent bien les hanches jusqu'en arrière; ils sont taillés en doublure et servent à fixer les draperies et les ornements. (Comme le tissu qui sert à faire le fond de

— 193 —

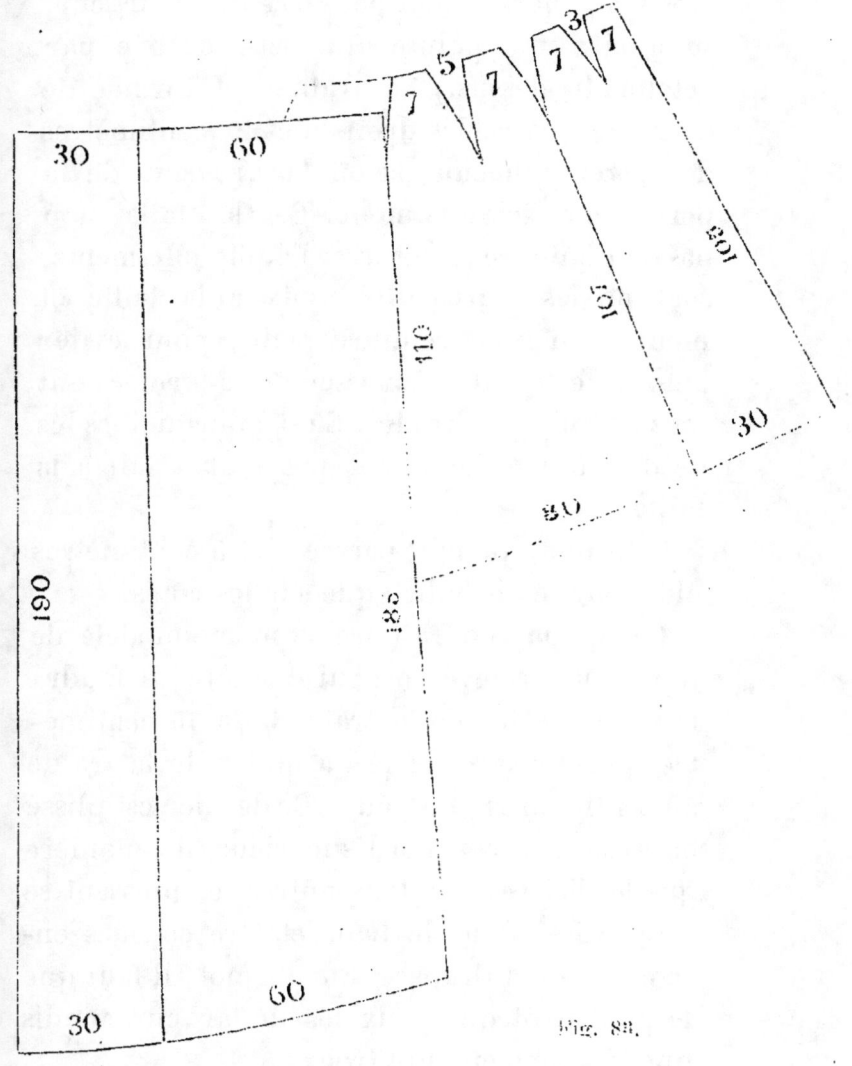

Fig. 88.

jupe n'a généralement pas 80 cent. de largeur, on ajoute une pointe qui sera cachée par l'étoffe du dessus.) La traîne est formée de trois ou quatre lés droits de 60 centimètres de largeur chacun, selon la grosseur de la personne et selon la mode. Ces lés faits, non pas en doublure, mais avec l'étoffe elle-même, sont plissés à gros plis creux à la taille et montés sur une ceinture plate, pour éviter autour de la taille l'épaisseur que formeraient tous ces plis quadruplés. C'est pourquoi les lés de derrière ne montent pas tout à fait à la taille.

La traîne, quoique carrée, est 5 centimètres plus longue au milieu que sur les côtés.

Lorsqu'on voudra faire ce même modèle de jupe, mais relevé en pouf derrière, il faudra tailler les côtés de la traîne 50 à 75 centimètres plus longs et le lé du milieu de la traîne 50 centimètres plus court. Ce dernier est plissé en éventail à son bord supérieur, de manière que les lisières des deux autres lés puissent se rapprocher dans le haut et être cousues ensemble, puis drapées. En un mot, il faut que le pouf n'ait que deux lés de largeur, tandis que la traîne en aura trois.

TRAINES SÉPARÉES SE DÉTACHANT DU COSTUME.

Il arrive bien souvent aussi qu'on voudrait, pour certaines circonstances, pouvoir supprimer la traîne d'une robe habillée afin d'en

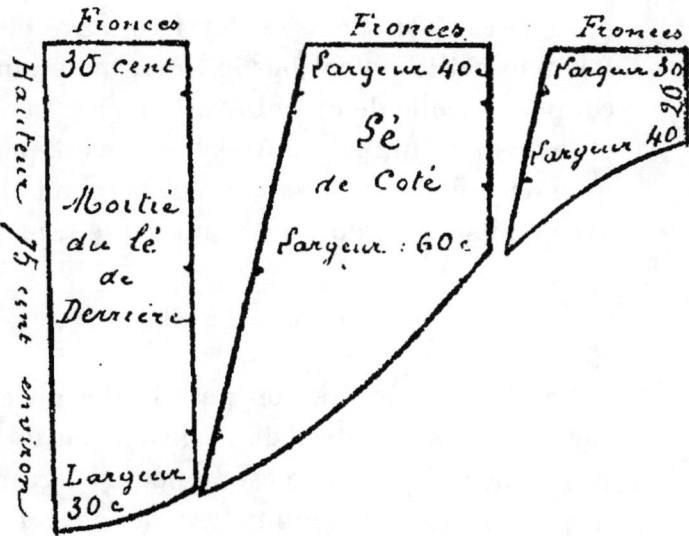

Fig. 84.

faire une toilette moins parée. Dans ce cas, on fait le costume court, et on confectionne à part une traîne coupée comme l'indique la fig. 84. (Voir la manière de fixer la traîne à *Choses pratiques*.)

Robes de chambre.

La robe de chambre se fait généralement droite devant et très cintrée derrière.

Quelquefois on la taille sans petits côtés; dans ce cas, on tient le dos très large et on fait une petite pince sous le bras; mais, ainsi coupée, la robe de chambre est peu gracieuse, et le dos ne cambre pas très bien : c'est pourquoi on préfère presque toujours la robe taillée avec petits côtés, dont je donne ici le tracé.

TRACÉ DU DOS (fig. 86).

Pour tracer le dos, on pose le dos du corsage à 30 centimètres de la lisière ou du pli de l'étoffe (selon qu'elle est en petite ou grande largeur). Ces 30 centimètres donnent l'ampleur nécessaire à la traîne et forment le gros pli du milieu.

On ajoute un peu de largeur à la taille, de façon à ce que le bas du dos ait 4 ou 5 centimètres; ceci, d'ailleurs, doit être proportionné à la grosseur de la personne que l'on habille.

On indique la longueur qu'on veut donner

à la traîne, si on veut en faire une (130 cent. environ à partir de la taille), et on laisse dans le bas toute la largeur du tissu, c'est-à-dire 60 cent. (Dans le cas où ce dernier n'aurait que 50 centimètres de largeur, on tiendrait le petit côté 10 centimètres plus large pour suppléer à la largeur manquant au dos.) Si on préférait ne pas avoir de plis, ce qui se fait rarement, on taillerait en biais comme l'indiquent les lignes pointées, mais en ayant soin de laisser toute la largeur du bas. Si on ne veut pas de traîne, on pourra tenir la jupe un peu plus étroite du bas derrière.

TRACÉ DU CÔTÉ (fig. 87).

On place le côté du corsage à 12 centimètres de distance de la lisière de l'étoffe, et de façon à ce qu'il soit bien dans son droit fil. On supprime à la taille autant de centimètres qu'on en a ajouté au dos; puis, comme ce côté deviendrait par cela même trop étroit, on le rélargit en ajoutant, du côté du dessous de bras, 1 ou 2 centimètres.

On indique ensuite la longueur de la jupe sur le côté, et on donne 40 centimètres de largeur au bas; puis on arrondit la traîne, pour qu'elle fasse suite au bas du dos.

Si on ne veut pas de plis, on supprime la largeur du haut, et on coupe en biais.

TRACÉ DU DEVANT (fig. 88).

On tire une ligne à 5 centimètres du bord de l'étoffe. Ces 5 centimètres serviront à faire l'ourlet des boutonnières et la sous-patte des boutons, s'il y en a.

On place le devant du corsage de manière à ce que l'encolure touche la ligne, et que la taille soit à 1 ou 2 centimètres de distance de cette même ligne, selon que la personne est plus ou moins forte du ventre; puis on rapproche le bas de la basque, afin que les pinces se terminent en pointe.

On pose ensuite le petit côté du dessous de bras, touchant le devant à l'emmanchure et s'écartant de 3 cent. à la taille. Lorsque les patrons sont ainsi placés, on supprime au dessous de bras la largeur ajoutée au côté (fig. 87). On trouve la largeur sur la hanche en suivant la basque du corsage, mais la mesure des hanches doit servir de guide. On

— 499 —

Fig. 85.

— 200 —

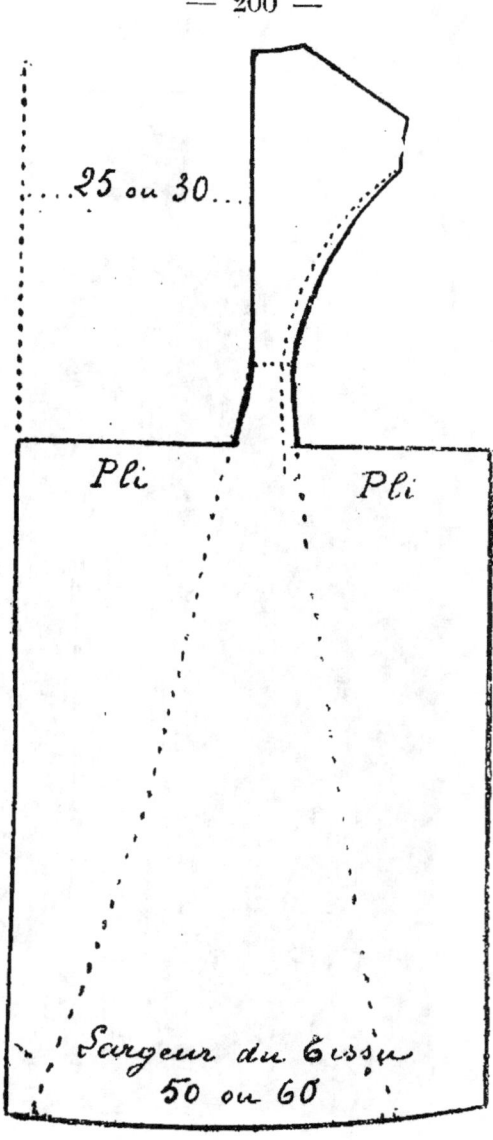

Fig. 86.

— 204 —

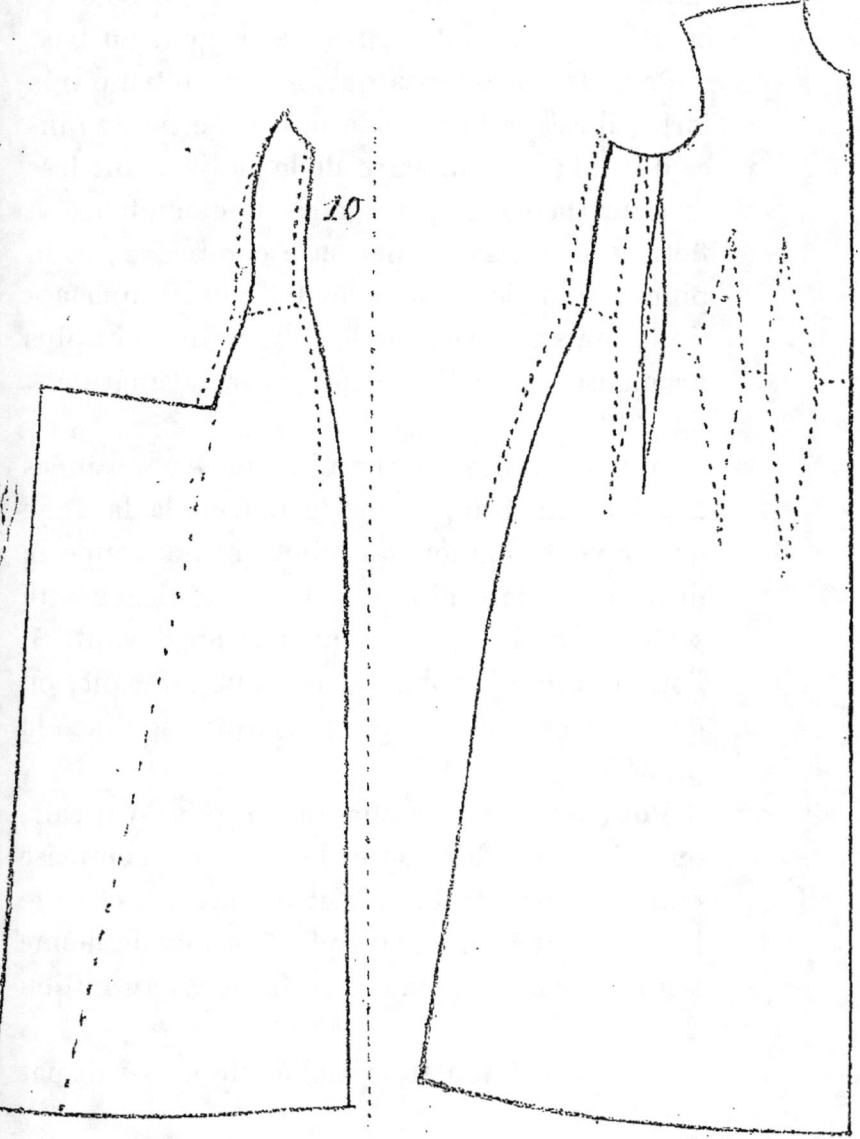

Fig. 87.   Fig. 88.

indique la longueur devant et sur le côté, et on donne 55 centimètres de largeur au bas.

Pour les personnes qui ont la poitrine très forte, il est préférable de faire une petite pince devant; la cambrure de la taille étant très grande, la robe a toujours une tendance à flotter ou à casser dans cette cambrure, et la pince, non seulement évite cette imperfection, mais encore rend la robe infiniment plus gracieuse (voir l'explication de la matinée, fig. 70).

Pour les robes de chambre ou les matinées à gilet, on indique sur le patron la largeur qu'on veut donner au gilet, et on coupe le devant d'autant plus étroit; on taille ensuite séparément la pièce supprimée au devant. Si l'on veut que la robe ajuste un peu devant, on cintre la couture du gilet, ce qui remplace la pince.

Pour les robes de chambre à plis Watteau, on laisse au dos toute la largeur comprise entre le bord de l'étoffe et le patron, et cette largeur sert à former les plis. On fait de même pour les robes de chambre froncées au milieu du dos.

Dans le cas toutefois où l'étoffe ne serait pas

assez large pour opérer ainsi, on ajouterait un lé ou demi-lé dans la couture du milieu du dos.

On rapproche le bas des pinces, pour que leur écart ne donne pas trop de largeur sur le ventre, comme je l'ai dit pour la matinée.

Robes princesses.

La coupe de la robe princesse ressemble beaucoup à celle de la robe de chambre. Toute la différence consiste en ce que la robe princesse, étant complètement ajustée, a des pinces devant et un petit côté de dessous de bras, comme le corsage, tandis que la robe de chambre ou peignoir tombe absolument droite devant.

On peut, pour les personnes minces, ne faire qu'une pince à la poitrine, mais pour les tailles moyennes ou fortes il est préférable d'en faire deux.

TRACÉ DU DOS (fig. 90).

On verra, en examinant ce tracé, que le dos est dessiné comme celui de la robe de chambre. Les proportions de longueur et de largeur de jupe, la profondeur des plis, sont les mêmes; seulement, ici nous conservons au dos sa largeur première, au lieu de l'élargir à la taille comme nous l'avons fait pour la robe de chambre.

Le petit côté est semblable aussi, comme proportions et comme forme de jupe, à celui de la robe de chambre. Cependant le haut diffère un peu, puisque, n'ayant rien ajouté à la largeur du dos, nous n'avons rien à supprimer au petit côté; nous conservons donc le petit côté du corsage tel qu'il est, et nous traçons la jupe à sa suite, dans les proportions indiquées.

TRACÉ DU DEVANT (fig. 92).

Le devant de la robe princesse est plus difficile à réussir qu'on ne pense, surtout pour les personnes qui sont un peu cambrées, c'est-à-dire qui ont la poitrine forte, la taille mince et peu de ventre.

On se rend facilement compte de cette difficulté quand on pense que toute l'étoffe qui, dans un corsage, est prise dans les pinces doit forcément rester dans la robe princesse, puisque ces pinces ne peuvent pas être continuées.

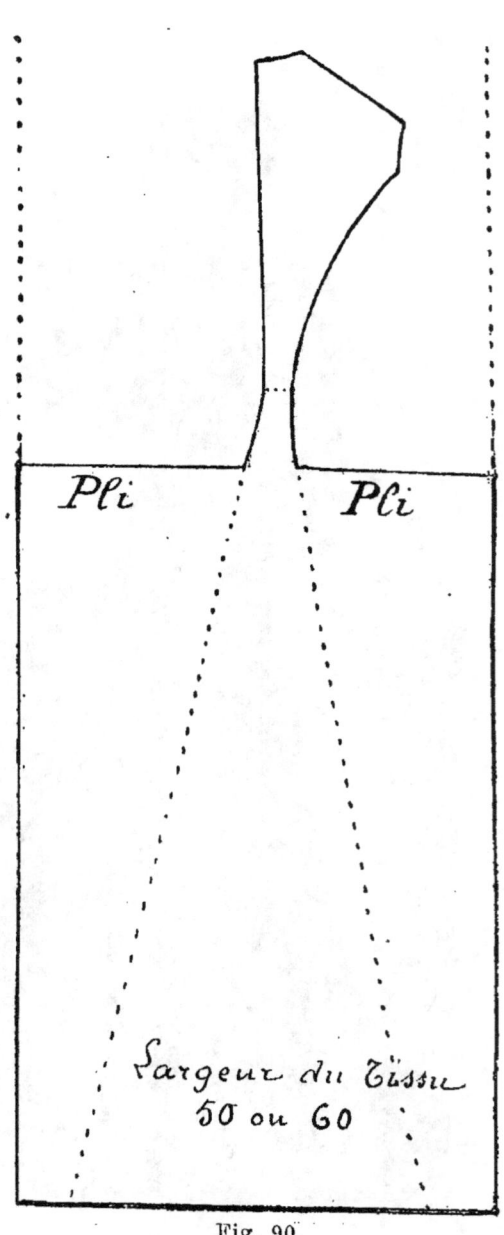

Fig. 90.

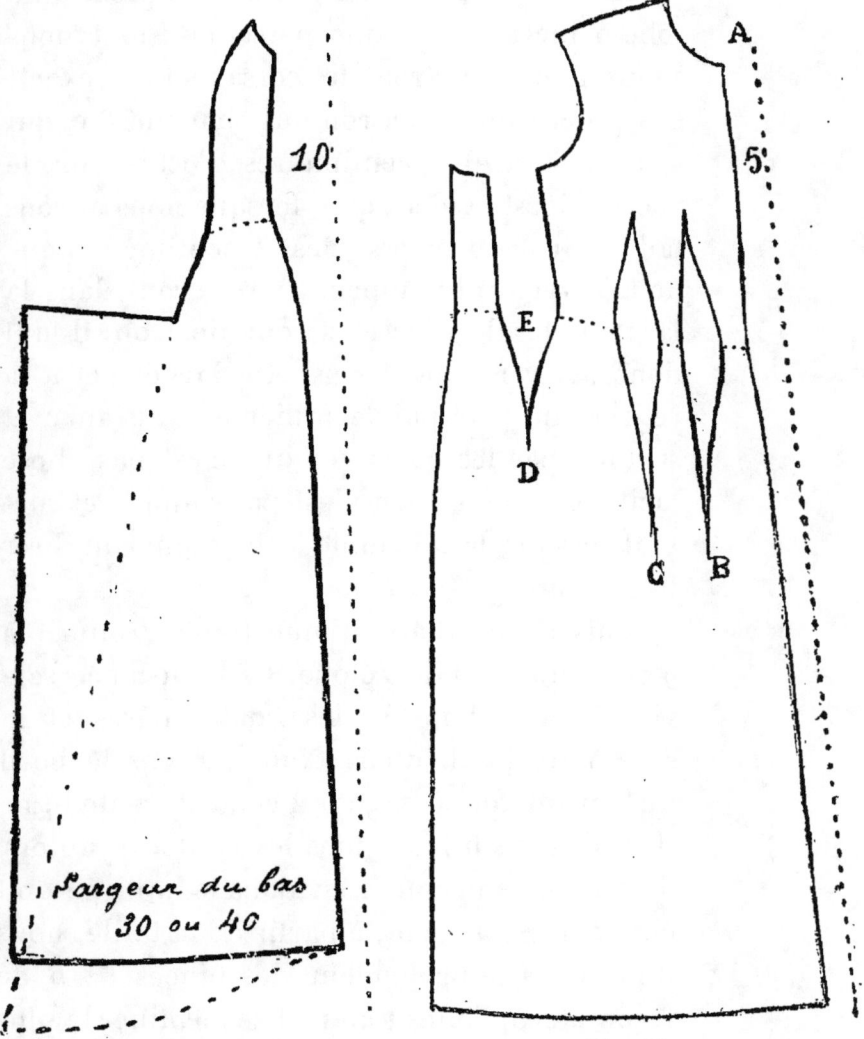

Fig. 91. Fig. 92.

Ainsi, je suppose que nous coupions une robe princesse pour une personne dont nous avons déjà le patron de corsage bien exact. Les pinces de ce patron ont chacune (ce qui n'est pas rare) 7 centimètres d'écart sur le ventre; il est évident que, lorsque nous aurons taillé la robe princesse, les 14 centimètres que nous n'avons pu supprimer resteront dans la largeur des devants et seront de trop. Il faut donc arriver à déplacer cette largeur et à la retirer un peu par le milieu du devant, et surtout par les côtés, ce qui n'est pas chose facile lorsque le tissu n'est pas souple, et surtout lorsque la personne a le creux du bras très accusé.

Nous tirons d'abord une ligne droite A à 5 cent. du bord de l'étoffe. Cette distance servira à faire l'ourlet des boutonnières et la sous-patte des boutons. Nous plaçons le bord du devant du corsage à 2 cent. de cette ligne A, puis nous traçons tous les contours autour du patron, puisque rien dans le haut ne doit changer. Seulement, à partir de la taille, nous diminuons la profondeur des pinces C, B de façon à ce qu'elles puissent se terminer le plus haut possible.

Lorsque, les pinces du corsage étant très creuses, le devant a beaucoup de biais au dessous de bras, en posant le patron, on resserrera le bas des pinces, comme je l'ai expliqué pour la matinée (fig. 70.)

Nous posons ensuite le petit côté de dessous de bras du corsage à 5 centimètres environ du devant E, en veillant à ce qu'il se trouve en droit fil, et surtout à ce que les deux côtés de la pince qui se forme soient d'égale longueur. Cette dernière précaution est très importante, car il arrive quelquefois, si l'on n'y prend garde, que, la cambrure n'étant pas pareille des deux côté, lorsqu'on assemble cette couture, le dessous de bras manque de longueur et n'arrive pas avec le devant à l'emmanchure.

J'ai dit que l'écart entre le devant et le petit côté E doit être de 5 centimètres environ. Il doit, en effet, varier un peu, selon que la personne a les hanches plus ou moins fortes; ainsi, pour quelques personnes on sera obligé de mettre 6 ou 7, tandis que pour d'autres, qui ont les hanches effacées, 4 suffiront. Ici, comme dans bien d'autres circonstances, le coup d'œil doit venir en aide aux mesures; dans tous les cas, la couture qui se termine en pince ne devra pas excéder 20 centimètres de longueur à partir de la taille *D*.

On ne sera pas surprise non plus si parfois, en plaçant le patron, les basques du devant et du petit côté *D* croisent l'une sur l'autre ; cela est naturel, puisque l'ampleur, qui se trouve supprimée à cet endroit, nous est rendue largement par l'excédent des pinces. C'est d'ailleurs aussi la mesure de contour des hanches qui devra nous guider.

Le bas du devant est taillé comme celui de la robe de chambre.

Il est bien entendu que, si on veut faire une robe princesse ou une robe de chambre ronde, c'est-à-dire sans traîne, il faut changer un peu les proportions de largeur du bas. On donnera alors seulement 50 centimètres de largeur au bas du dos, et 30 au bas du petit côté.

On ne supprimera rien au devant ; de cette façon, on obtiendra une robe de $2^m,60$ de largeur au lieu de 3 mètres.

On peut aussi, lorsqu'on veut couper avec une grande économie (pour les robes rondes seulement), prendre le dos et le côté dans le même lé d'étoffe, ce qui donne une largeur de 60 pour ces deux parties ; mais alors il faut laisser au devant également 60 de largeur en bas, de façon à obtenir une robe de 2^m,40 de tour, ce qui est le minimum pour une robe unie.

Polonaises.

La polonaise varie trop, comme forme et comme ordonnance générale pour qu'il me soit possible de donner ici le tracé de chaque modèle; cependant, avec le dessin des figures 93 et 94, on pourra facilement se rendre compte de la manière de couper tous les genres de polonaises, les variations que subit ce vêtement consistant surtout dans la coupe du bas et la façon dont on le drape.

TRACÉ DU DOS.

Le dos est taillé exactement comme celui de la robe princesse, p. 206 (fig. 90); on donne au bas toute la largeur du tissu, c'est-à-dire 60 centimètres pour chaque moitié, ou 50 si l'étoffe est étroite. On laisse le bord du bas droit, à moins qu'on n'ait choisi un modèle de relevé tout spécial.

La longueur varie selon le volume qu'on veut donner au pouf.

Lorsque le tissu qu'on emploie est en grande

Fig. 93.

largeur, on taille de manière à ce que le pli de

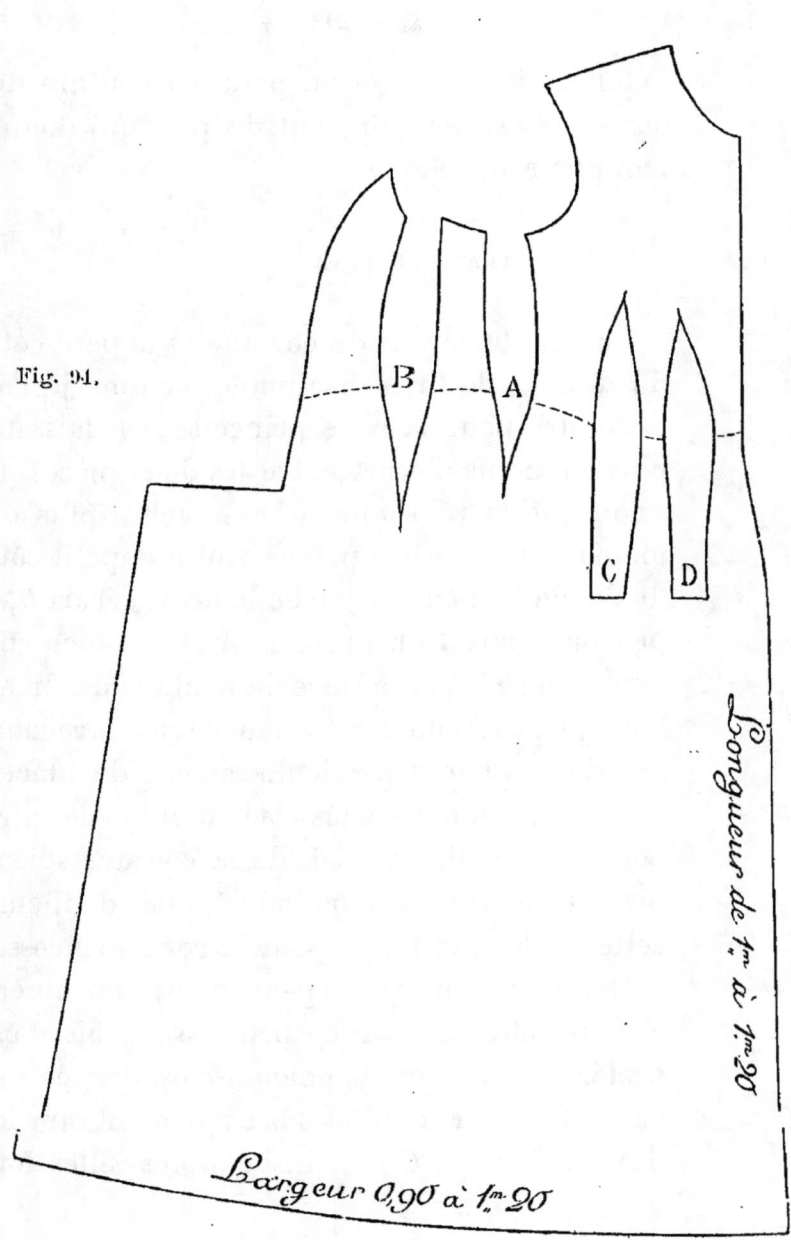

l'étoffe soit au milieu du pouf. La couture du dos s'arrête alors au haut du pli, qui donne l'ampleur au relevé.

TRACÉ DU DEVANT (fig. 94).

On pose le devant du corsage et le petit côté du dessous de bras absolument comme je l'ai démontré pour la robe princesse, en laissant plus ou moins d'écart entre les deux pièces A, selon que la personne a les hanches plus ou moins saillantes. On place ensuite le petit côté du dos de la même façon en laissant l'écart B, à peu près pareil au premier A. Il est bien entendu que c'est la mesure du contour des hanches qui peut seule guider dans ce cas. Je recommande aussi tout particulièrement de placer bien exactement les côtés à la hauteur nécessaire pour que les deux bords de la couture soient bien de même longueur. J'ai déjà fait d'ailleurs cette recommandation pour la robe princesse.

Les pinces du devant peuvent être terminées comme celles de la robe princesse; mais il est préférable, lorsque la polonaise est drapée devant, d'arrêter ces pinces brusquement sans les finir en pointe, $C\,D$. Ainsi cousues, elles forment des plis qui se perdent dans le drapé et lui donnent de l'ampleur.

La largeur à donner au bas et la longueur varient selon le modèle choisi.

J'ajouterai que cette manière de couper la polonaise ne peut être employée que dans des tissus de grande largeur; pour les étoffes de 50 à 60 centimètres de large, on coupe séparément le petit côté du dos.

Je ferai observer aussi que, pour tailler le devant et les petits côtés d'une seule pièce, comme la fig 94, il faut être bien sûre de l'exactitude du patron qu'on emploie, car les retouches, ne pouvant être faites que par le haut, deviennent beaucoup plus difficiles. On devra donc vérifier les mesures avec le plus grand soin et veiller à ce que la cambrure des pinces soit bien appropriée à la personne qu'on habille, si on veut s'éviter des difficultés; il faut, en un mot, prendre toutes les précautions possibles en coupant, et compter moins sur l'essayage que pour les corsages ordinaires.

On fait aussi maintenant beaucoup de polonaises non relevées, tombant droites comme une robe princesse, et dont le devant forme une basque courte. On taille alors le dos comme la fig. 90, puis les petits côtés et le devant comme ceux d'un corsage.

Corsages froncés à empiècement.

Les corsages froncés sont presque toujours

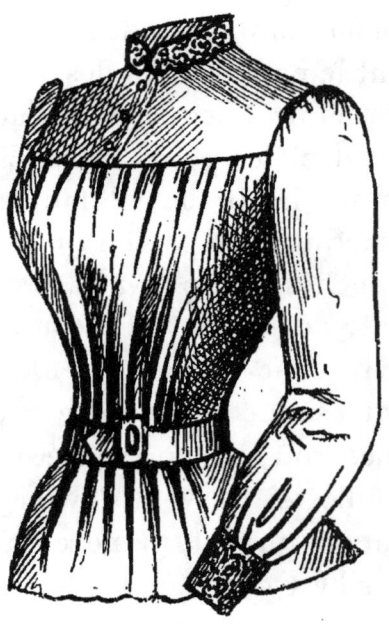

Fig. 95.

montés sur un empiècement ou pièce d'épaules. Pour couper les pièces d'épaules, on se sert du patron de corsage ordinaire, sur lequel on indique la hauteur qu'on veut donner à l'empiècement.

Cette hauteur varie selon le goût ou la mode; comme proportion moyenne, on donne à l'empiècement du dos une hauteur égale au 1/3 de la longueur du dos (fig. 96 et 98).

Pour le devant, on indique la hauteur de l'empiècement égale à celle de l'empiècement du dos mesuré à partir de l'épaule, B (fig. 97 et 99).

Ensuite on coupe le bas du corsage en ajoutant 12 centimètres environ au milieu du dos (fig. 100) et 15 au milieu du devant (fig. 101).

On place le petit côté près du dos, de manière à tailler ces deux parties d'une seule pièce (fig. 100). L'écart existant entre le dos et le petit côté à la taille se trouve resserré par les fronces.

On ne fait au devant qu'une seule pince, celle de côté. La profondeur de l'autre pince (celle de devant), ainsi que les 15 centimètres ajoutés, est coulissée à la taille.

Pour ce corsage, on coupe et on assemble le petit côté du dessous de bras comme pour un corsage ordinaire.

Pour les corsages à fronces sans empiècement, on procède de la même manière, c'est-à-dire qu'on ajoute devant et derrière 12 et

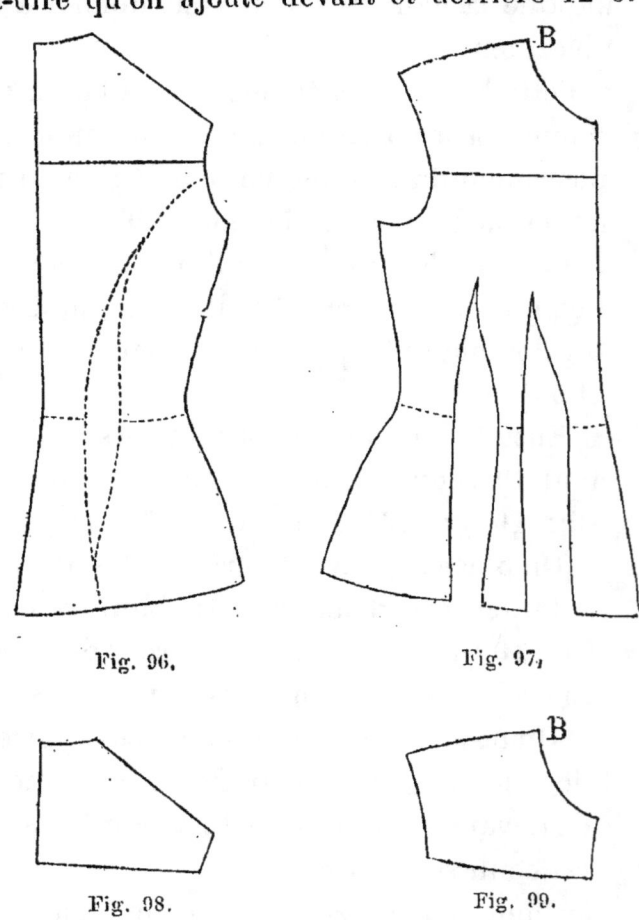

Fig. 96.   Fig. 97.

Fig. 98.   Fig. 99.

15 centimètres au patron ordinaire; mais on se sert du patron entier sans rien supprimer

de la hauteur. On joint toujours le petit côté au dos pour n'avoir pas de couture au milieu des fronces, et on ne fait qu'une pince.

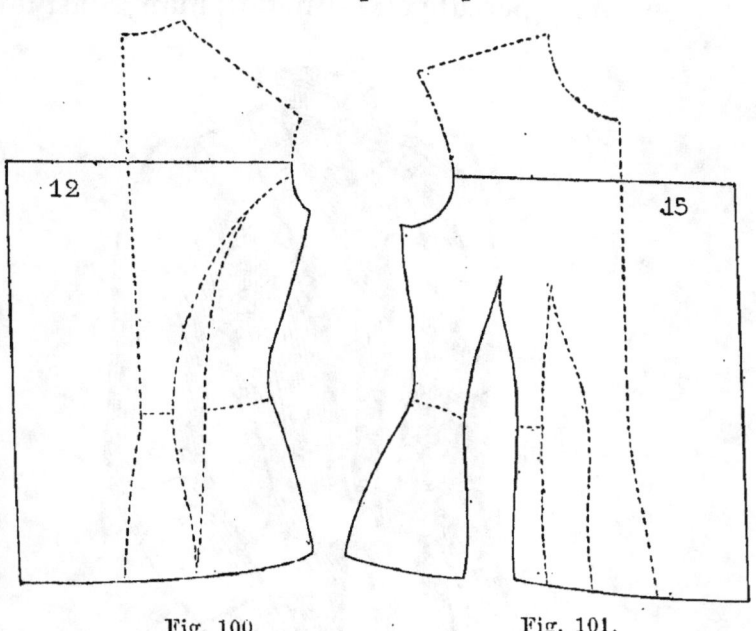

Fig. 100.   Fig. 101.

CORSAGE A PLIS.

Beaucoup de personnes trouvent ce corsage difficile à tailler ou à confectionner, et cependant il offre très peu de différence avec un corsage ordinaire.

Lorsque ce corsage doit servir exclusivement

à un costume de maison et qu'on désire le rendre très léger, on peut ne pas le doubler. On le fait alors soit en soie (foulard ou surah), soit en coton (percale ou satinette); mais, ainsi fait,

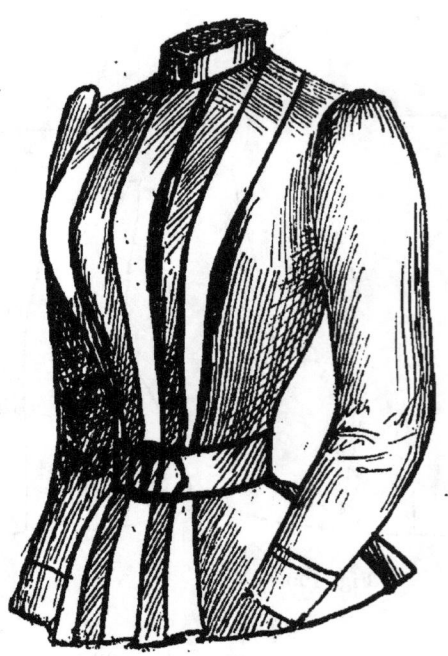

il conserve toujours une allure plus négligée.

Seuls, le tissu jersey et la flanelle peuvent être employés sans doublure, même pour être portés dehors, car ces étoffes s'ajustent mieux et moulent le buste comme ne peuvent le faire les tissus légers.

Il y a trois manières de faire les corsages à plis. La première, celle employée pour les corsages non doublés, est celle-ci :

On forme à l'extrémité de la coupe d'étoffe

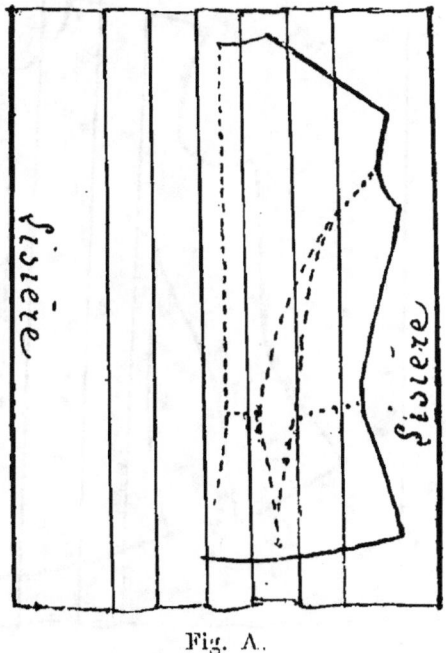

Fig. A.

trois larges plis. Ces plis varient de longueur selon la hauteur que devra avoir le corsage, et aussi un peu de largeur selon la grosseur de la personne. La largeur moyenne est de 4 cent. 1/2 ou 5 cent. 1/2 au plus ; on coud ces plis comme on le ferait pour des plis de lingerie, puis on les ouvre et on les aplanit de manière à ce que la couture se trouve bien au-dessous

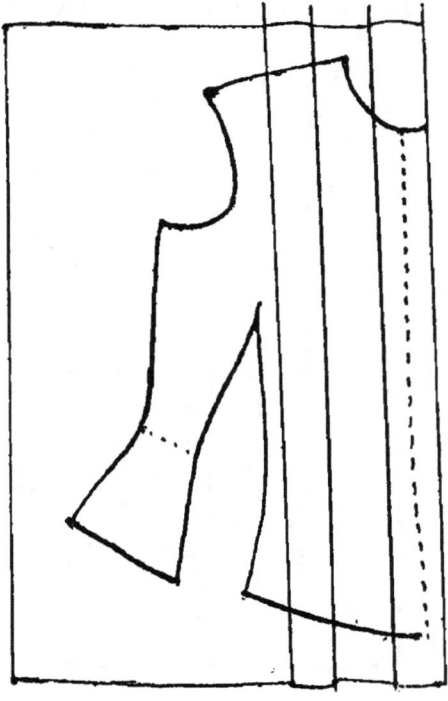

Fig. B.

du milieu. Quand les trois plis sont bien ouverts, on les repasse. Ce morceau plissé servira pour le dos. On préparera ensuite de la même manière deux autres pièces qui formeront les devants, mais on ne fera qu'un seul pli à chacune d'elles. On aura soin pourtant de laisser au bord, du côté de la lisière, une distance assez large pour former ensuite le troisième pli, qui se trouvera au milieu, et qui fera le bord du devant droit.

Les trois pièces étant ainsi préparées, on prend le patron de corsage ordinaire, et, après avoir étendu sur la table le morceau préparé pour le dos, on pose dessus le patron du dos et celui du petit côté (se touchant dans le haut et à la basque), de manière à ce que, lorsqu'on taillera l'étoffe, ces deux pièces soient réunies en une seule (voir fig. A.) On tracera alors les contours du patron à la craie et on fera de même pour l'autre côté, sans s'occuper de la couture arrondie qui n'existe plus. On coupera ensuite en laissant les coutures en dehors du tracé.

Le petit côté du dessous de bras sera taillé à part, comme pour un corsage ordinaire.

Pour les devants on fera comme pour le dos; on placera le patron du corsage sur les morceaux préparés à cet effet, on tracera et on coupera en laissant les coutures, mais on aura bien soin, surtout en posant le patron, de veiller à ce que les plis se trouvent, sur les épaules, à la même distance du cou que ceux du dos, afin qu'ils se rencontrent exactement ensemble quand on assemblera les coutures d'épaules. On taillera et on coudra la seconde pince (celle de côté) comme pour un corsage ordinaire, mais la première pince (celle du devant) n'existera pas, parce qu'elle se trouverait dans les plis.

Pour cambrer le corsage à la taille, c'est-à-dire pour resserrer la largeur qui n'a pu être enlevée par la couture du dos (puisque cette couture a été supprimée) et celle qui n'a pu être prise devant (puisque la première pince n'a pas été faite non plus), on fait, sous chaque pli et de chaque côté, de petites pinces qui se trouvent cachées, et qui, répétées à chaque dessous de pli, resserrent suffisamment le corsage sous la ceinture.

Dans le cas où on voudrait doubler le corsage, on taillerait la doublure comme pour un corsage ordinaire, et on l'appliquerait ensuite à l'envers, où on la maintiendrait par des points sur les coutures, mais dans aucun cas elle ne devra être plissée avec l'étoffe. On aura bien soin surtout de placer le bord du patron, devant et derrière, au milieu d'un pli.

CORSAGES A PLIS RAPPORTÉS.

Il y a une seconde manière de faire le corsage à plis, c'est même la plus facile à exécuter.

On trace le dos avec une couture montante comme on l'a fait pendant quelques années. On divise le haut du dos en deux parties égales par une ligne (A). On supprime toute la partie qui avoisine l'emmanchure (cette partie est indiquée à la fig. B par une ligne pointée) et on ajoute cette partie au petit côté B, absolument comme si on coupait un morceau du dos et que ce morceau soit recollé contre le petit côté (fig. C). La couture arrondie se trouve donc supprimée.

Quand on a ainsi divisé et taillé le dos, on l'assemble en prenant dans la couture une bande d'étoffe coupée en droit fil et un peu plus étroite à la taille. Ces quatre bords étant cousus, la bande forme au-dessus du corsage, à l'endroit, une sorte de tuyau qu'on ouvre et qu'on aplanit bien avec le fer à repasser. On obtient ainsi un pli très net et qui ne paraît nullement rajouté. On opère de même pour les autres plis. Devant, on sépare également chaque côté en deux (fig. D) à partir de la pince, en ayant bien soin surtout de faire rencontrer la couture sur l'épaule avec celle du dos. Sans

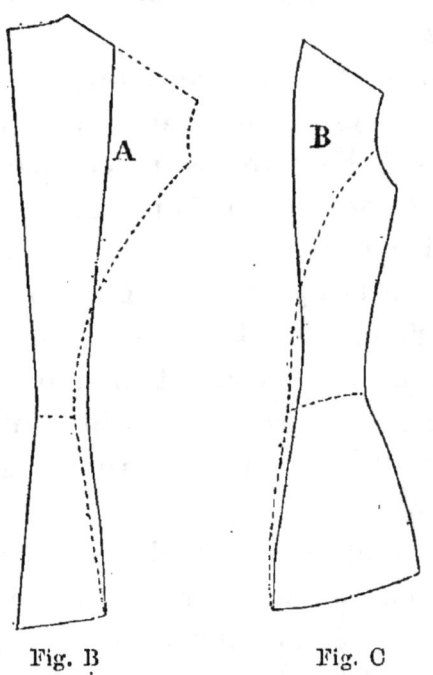

Fig. B   Fig. C

cette précaution, les plis ne se trouveraient pas l'un en face de l'autre. On coupe et on coud la seconde pince comme pour un corsage ordinaire.

Ce procédé a l'avantage de ne former aucune grosseur à la taille et de permettre d'élargir plus facilement le pli vers le haut.

Il est bien entendu aussi que la doublure est

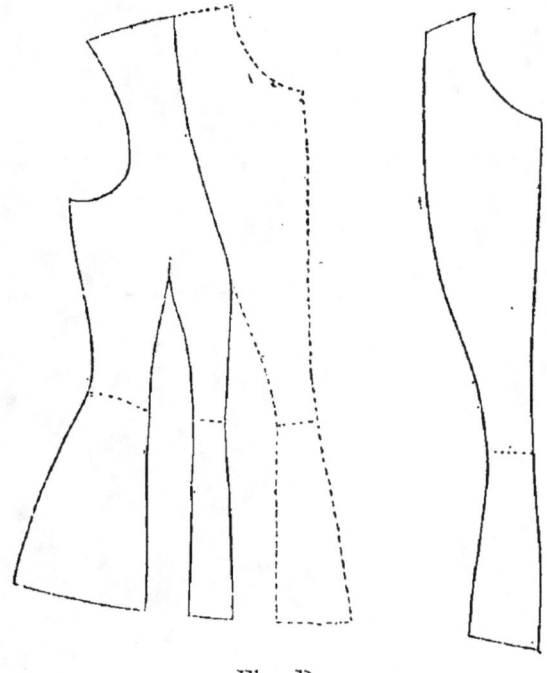

Fig. D

cousue séparément et appliquée à l'intérieur.

Dans le cas où les pinces seraient placées très en avant, il serait nécessaire de les déplacer un peu afin que le pli ne se rapproche pas trop de celui du milieu ; on devra s'en assurer avant de tailler. On pourra aussi, pour les tailles minces, ne faire qu'une pince; celle-ci étant formée par la couture du pli, le corsage paraîtra être fait sans pinces.

QUATRIÈME PARTIE.

VÊTEMENTS POUR ENFANTS.
ROBES ET MANTEAUX DE FILLETTES.
COSTUMES DE PETITS GARÇONS.

QUATRIÈME PARTIE.

VÊTEMENTS POUR ENFANTS.
ROBES ET MANTEAUX DE FILLETTES.
COSTUMES DE PETITS GARÇONS.

CONFECTION POUR ENFANTS.

La confection pour enfants peut se diviser en trois parties spéciales : 1° les vêtements pour petites filles ou fillettes; 2° les vêtements pour petits garçons; 3° la layette et les vêtements pour enfants du premier âge. Cette dernière partie prendra place dans les chapitres spécialement consacrés à la lingerie (5e partie).

Les mesures à prendre pour les petites filles et fillettes sont :

1° Longueur du dos; et longueur totale.
2° Demi-contour de poitrine;
3° Demi-largeur du dos;
4° Hauteur du dessous de bras;

5° Demi-largeur du devant;

6° Longueur de la nuque à la hanche en passant devant dans le creux du bras;

7° Longueur de la nuque à la taille devant;

8° Demi-grosseur de ceinture;

9° Demi-contour des hanches;

10° Tour d'emmanchure.

On ajoutera à ces mesures la longueur de jupe et la longueur de la manche, comme on les prend pour les tailles de femme.

J'ai dit que le point de départ pour tracer les corsages ou robes d'enfants est le même que pour ceux de femmes. C'est, en effet, au moyen du cadre qu'on arrive à établir tous les vêtements pour fillettes, tels que : robes princesses, vestes Louis XV, paletots, etc., et même ceux de petits garçons, dont nous nous occuperons plus tard. Ce chapitre comprendra seulement la coupe des corsages et robes princesses pour petites filles de 6 à 12 ans.

TRACÉ DU CADRE (fig. 102).

Pour toutes les tailles comprises entre les deux âges que je viens d'indiquer, on ajoutera 2 centimètres seulement au demi-contour de

— 233 —

poitrine pour trouver la largeur du cadre, tandis qu'on ajoutera toujours 1 centimètre à la longueur du dos pour la hauteur de ce cadre.

TRACÉ DU DOS ET DU PETIT COTÉ (fig. 102).

On ne supprimera que 1 centimètre au bas

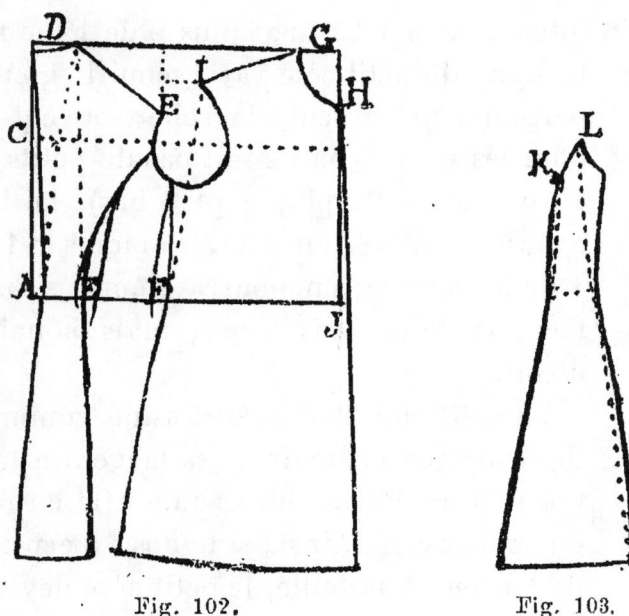

Fig. 102.   Fig. 103.

du dos A, la taille des enfants étant moins cambrée que celle des grandes personnes; pour la même raison, on ne laissera que 1 centimètre de distance entre le bas du dos et celui du petit côté *B*. On trouve toujours la hauteur de la carrure *C* par le tiers de la longueur du dos; on donnera à l'encolure du dos *D*, une largeur égale au tiers de la largeur du dos. Pour placer la pointe de l'épaule du dos *E*, on met au-dessus de la ligne de carrure une hauteur égale à la largeur d'encolure *D* de 2 ans à 8 ans (plus 1 de 8 à 12 ans; plus 2 de 12 à 16 ans) La ligne du petit côté varie selon le goût de la personne qui exécute la robe (souvent même pour les enfants on ne fait pas de petits côtés, ainsi que je l'explique plus bas). Le bas du dos, à la taille, doit avoir au moins le 1/3 plus 1 de la carrure; on pourra même, si on préfère, le faire plus large, mais jamais plus étroit.

Le petit côté doit être dessiné comme ceux des corsages ordinaires; sa largeur à la taille (entre *B* et *F*) doit être égale à la largeur du dos plus 1 cent. Ainsi, si le dos a 5 centimètres de largeur à la taille, le petit côté devra avoir à la taille 6 centimètres. La hauteur du dessous de bras indique la hauteur de l'emmanchure.

TRACÉ DU DEVANT (fig. 102).

On trace le devant en appliquant d'abord la mesure de largeur du devant absolument comme on fait pour tous les autres corsages, puis on marque la largeur de l'encolure G, 2 cent. plus grande que l'encolure du dos D, la hauteur de l'encolure H sera égale à sa largeur G.

La pointe de l'épaule I, doit être placée à 1/3 de la distance comprise entre le point E et la ligne du cadre, exactement comme pour les grands corsages.

Au dessous de bras F, on ne cambrera que de 1 ou 2 centimètres, selon la grosseur de l'enfant, quelquefois même on ne cambrera pas du tout.

Tous les autres points du cadre sont donnés par les mesures, qu'on applique de la même manière que pour les robes de femme.

TRACÉ DES BASQUES (fig. 102 et 103).

Pour tracer la basque du dos, on place la règle partant du coin de l'épaule et de l'encolure et on la fait passer de chaque côté de la taille; la pente indiquée par la règle donne la largeur de la jupe.

Pour le petit côté, on place la règle au quart de la longueur K, et on la fait passer à la taille; puis, cette ligne indiquée, on trace l'autre côté en plaçant la règle du coin du haut L à la taille (fig. 103).

Pour le devant, on fait partir la règle du coin de l'épaule et de l'emmanchure I, passant à la taille du dessous de bras. Pour le milieu du devant, on ressort (à la hauteur de la taille) de 1 centimètre en dehors du cadre J, et on tire une ligne droite partant de l'encolure.

La longueur varie selon la manière dont on garnit la robe. Si on la termine par un volant froncé ou plissé, on supprime de la mesure prise sur la fillette toute la hauteur que devra avoir le volant. Si on préfère laisser la robe entière et l'orner de volants ou de bouillonnés disposés l'un au-dessous de l'autre, c'est la grandeur de l'enfant qui guidera. Il est bien entendu que le tracé des basques que je viens d'indiquer est basé sur des proportions moyennes, c'est-à-dire sur une conformation régulière, mais qu'il est subordonné à la mesure prise sur les jupons. Ces indications devront donc servir de guide; cependant on pourra s'en écarter, si la mesure l'exige.

Lorsqu'on voudra ne pas faire de petit côté, on donnera au bas du dos une largeur égale aux 2/3 ou aux 3/4 de la largeur du dos, selon l'âge de l'enfant; puis on cambrera d'un centimètre cette couture; et on fera une très petite pince de dessous de bras qu'on pourra épingler seulement en essayant.

Les formes les plus adoptées pour petites filles de 4 à 8 ans sont les robes-blouses froncées ou plissées, les costumes composés d'une jupe séparée et d'une veste longue, et les costumes genre marin.

Pour les fillettes un peu plus âgées, on fait aussi des costumes formant polonaise, et bien des formes de fantaisie qu'il m'est impossible d'énumérer ici.

ROBE FRONCÉE OU ROBE-BLOUSE (fig. 404).

La robe-blouse est, comme on le voit, très facile à tailler. On la trace en se servant du patron de robe unie que j'ai expliqué à la fig. 102, avec cette seule différence qu'on taille le dos et le petit côté d'une seule pièce, en supprimant la couture A (fig. 105), et qu'on

Fig. 104.

ajoute 10 cent. de largeur au milieu du dos

(10 cent. pour chaque moitié, bien entendu).

Pour le devant, on ajoute également 10 cent. au milieu et 5 au coin de l'encolure B. Il est préférable de ne découper l'encolure que lorsque les fronces sont faites (fig. 106).

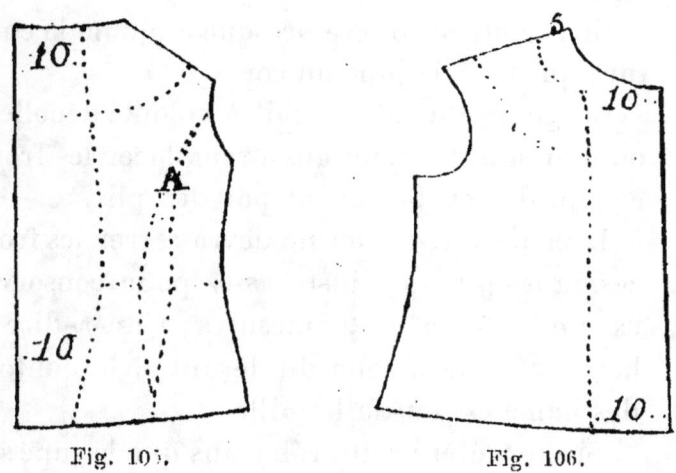

Fig. 105.　　　　Fig. 106.

La robe étant presque toujours boutonnée derrière, on ne fait pas de couture au milieu du devant.

Comme la jupe est habituellement rapportée, on arrête le corsage de 6 à 12 centimètres plus bas que la taille naturelle de l'enfant; je dis de 6 à 12 cent., parce qu'on doit se baser sur sa grandeur et aussi un peu sur la mode, qui veut qu'on allonge plus ou moins la taille.

La jupe est composée d'un volant froncé ou d'un plissé cousu autour du corsage. Quelquefois, quand la fillette est mince et a besoin d'être un peu plus juponnée, on pose un volant par-dessus un plissé.

Une ceinture couvre presque toujours la couture qui relie la jupe au corsage.

Ce genre de robe se fait à volonté décolleté ou montant. On peut aussi remplacer les fronces du dos et du devant par des plis.

Dans tous les cas on ne devra serrer les fronces ou les plis que juste assez pour conserver exacte les 3e, 5e et 9e mesures, c'est-à-dire la largeur du dos, celle du devant et le contour des hanches, ou de la taille.

Si on préfère cette robe sans que la jupe soit rajoutée, on allonge le patron (fig. 105 et 106) en élargissant un peu les côtés vers le bas, comme on le ferait pour une robe princesse; mais alors la jupe a moins d'ampleur que lorsqu'elle est rajoutée.

COSTUMES
COMPOSÉS D'UNE JUPE ET D'UNE VESTE LONGUE.

Pour ces costumes, la jupe se fait à part;

elle est plissée ou froncée et montée au bord d'un corsage de dessous. La veste varie de forme selon le tissu qu'on emploie. En drap, en velours, dans tous les lainages un peu épais,

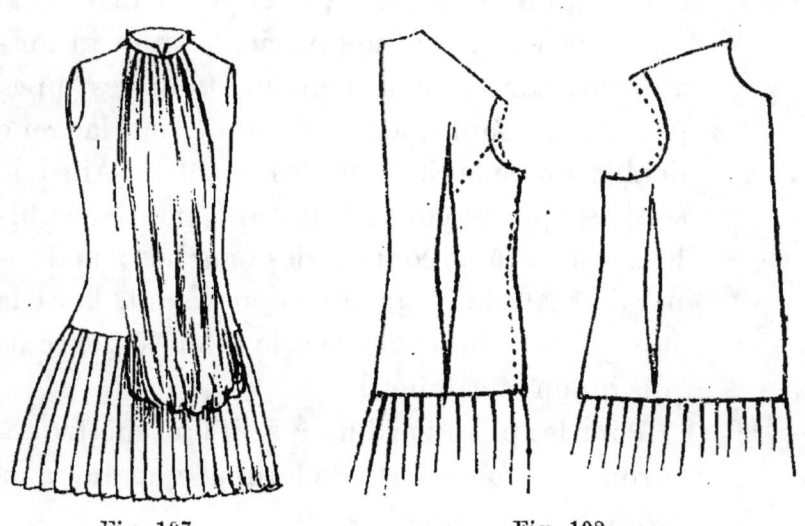

Fig. 107.   Fig. 108.

on fait indistinctement la veste à pattes (comme la fig. 110), ou la veste genre Louis XV (comme la fig. 112). Dans les étoffes légères, on choisit les modèles à plis ou à fronces.

JUPES.

Je l'ai dit (page précédente), la jupe (fig.

107) est montée au bord d'un corsage de dessous. Elle se compose d'un volant froncé ou plissé, en droit fil. On ne met la jupe en biais que lorsqu'on emploie un tissu à grands carreaux qui ne serait pas joli en droit fil.

La largeur de la jupe varie, comme sa longueur, selon l'âge de l'enfant. Pour les jupes froncées, il faut que le volant ait une largeur double de celle du tour des hanches. Ainsi je suppose que je coupe une jupe pour une fillette qui a 70 de contour des hanches : je donnerai 1^m,40 de largeur à mon volant. Pour la jupe plissée, la largeur varie selon le genre de plis qu'on aura choisi.

Pour les plissés ordinaires, il faut mettre environ trois fois autant de largeur que devra en avoir le plissé une fois fait.

On aura soin aussi de faire les plis plus profonds en haut qu'en bas, et derrière que devant, pour que la jupe aille bien en s'élargissant vers le bas, et qu'elle ait plus d'ampleur derrière. Même observation pour les jupes froncées.

On taille le corsage sur lequel la jupe est montée comme la robe princesse, dont j'ai donné le tracé (fig. 102 et 103), avec ces seules

Fig. 109.

différences que la couture arrondie du petit côté est remplacée pour une pince qui se termine à l'omoplate, et que l'emmanchure est beaucoup plus échancrée, afin qu'elle ne gêne pas sous l'emmanchure de la veste (fig. 108).

On peut faire aussi une petite pince de côté pour que le corsage soit plus ajusté (voir fig. 108).

VESTES A PATTES (fig. 110 et 111).

La veste à pattes se taille comme la robe princesse, que j'ai expliquée à la fig. 102; mais on la tient beaucoup plus courte.

On ouvre le devant de manière à laisser voir suffisamment le gilet. La veste peut rester flottante devant; mais alors il faut faire le gilet très large, c'est-à-dire allant au moins jusqu'à l'emmanchure, afin que, si la veste se soulève, on ne voie pas la doublure. Si on préfère que la veste ne flotte pas, on peut faire le gilet plus étroit au-dessous, et alors on boutonne le devant de chaque côté par des boutons de fantaisie, comme la fig. 111.

Les pattes sont rapportées; elles sont carrées (comme celles de la fig. 110), ou bien pointues (comme celles du tracé fig. 111), ou de tout autre forme.

Quelquefois elles sont recouvertes d'une seconde patte découpée de même, mais plus

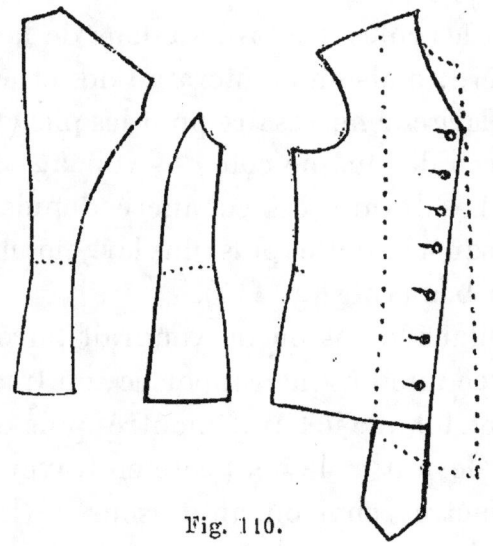

Fig. 110.

petite et ornée d'un bouton. On peut aussi faire la veste avec pattes non rapportées ; on la taille alors comme une veste Louis XV, mais on régularise la distance des coutures afin que toutes les pattes soient d'égale largeur.

VESTE LOUIS XV (fig. 111).

La veste Louis XV diffère peu de la précédente. Elle est plus longue; elle est presque toujours ornée de plis derrière et de poches sur les côtés. On taillera donc de la même manière, mais on ajoutera au dos et au petit côté la largeur nécessaire pour les plis (15 cent. environ de chaque côté, — voir fig. 112 et 113).

Le devant est échancré depuis l'encolure jusqu'à la taille, puis plus largement de la taille au bas (voir fig. 114).

Dans le cas où on voudrait faire cette veste avec une basque rapportée, on tracerait le patron tel que je l'ai démontré; puis on couperait le devant et le petit côté en travers, à 10 centimètres environ au-dessous de la taille. Les deux morceaux de basques réunis par la couture du côté et collés ensemble formeront la basque rapportée (voir la fig. 121).

Il est bien entendu toutefois que le dos restera d'une seule pièce. A moins que ce ne soit nécessité par une fantaisie de la mode, on ne rapporte jamais la basque au dos.

— 247 —

Fig. 111.

POLONAISES.

Pour tailler les polonaises de petites filles, on trace le patron absolument de la même manière qu'on le ferait pour une veste ou une

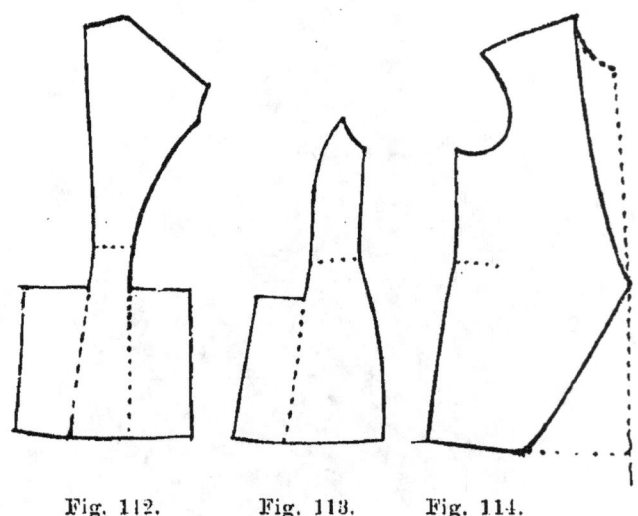

Fig. 112.   Fig. 113.   Fig. 114.

robe princesse; puis, lorsque ce patron est découpé, on taille le dos à part, soit en y ajoutant la largeur nécessaire pour les plis et la longueur voulue pour le drapé, soit comme un dos de corsage ordinaire : dans ce dernier cas on rajoute le pouf, qui souvent se compose d'un large nœud tombant.

Fig. 115.

On réunit ensuite le patron du petit côté à celui du devant, en faisant en sorte que ces deux pièces se rejoignent à la hauteur des hanches et en veillant à ce que le petit côté soit droit fil à la taille. On se fera une idée de la manière de placer les patrons en examinant le devant de paletot fig. 123, mais avec cette différence que pour la polonaise on n'ajoutera pas de largeur au dessous de bras. On supprimera ainsi la couture du dessous de bras, qui sera remplacée par une pince, et le devant et le petit côté seront taillés d'une seule pièce.

La longueur et la largeur du bas varieront selon le modèle qu'on aura choisi.

POLONAISES PLISSÉES ET FRONCÉES.

Les polonaises plissées devant et derrière, ou froncées du genre blouse, ne nécessitent pas de patrons spéciaux; on y ajoute simplement 12 ou 15 centimètres de largeur devant et autant derrière en taillant l'étoffe, et cela au tissu de dessus seulement, mais jamais à la doublure. Il faut, en effet, que la doublure reste plate et que le dessus seul soit froncé; c'est pourquoi la doublure doit être taillée à la grandeur exacte de l'enfant.

— 251 —

Fig. 116.

Pour les robes plissées, il est préférable de plisser d'abord le tissu sur la hauteur nécessaire à même le coupon ; puis, lorsque les plis sont bâtis, on pose le patron dessus absolument comme s'il n'y avait pas de plis, en ayant soin toutefois de veiller à ce que le milieu du dos et du devant se trouvent bien au milieu d'un pli.

COSTUME MARIN.

Le costume marin se fait indistinctement pour petit garçon et pour petite fille, aussi je prie mes lectrices de vouloir bien se reporter aux explications du costume marin pour petits garçons (fig. 138). On taillera exactement comme les fig. 136 et 137 le démontrent ; seulement on se servira d'un patron de petite fille quand on voudra couper une robe de fillette, tandis qu'on prendra un patron de garçon quand on voudra habiller un garçon, mais la manière d'opérer est la même.

MANCHES.

Comme on le verra par la fig. 117, le tracé de la manche pour robes de fillette est exactement le même que celui de la manche genre tailleur que j'ai décrite aux corsages de dames (fig. 12). Je l'explique de nouveau :

A B. Largeur du cadre égale à la moitié du tour d'emmanchure.

C. Ligne perpendiculaire tracée au milieu de la largeur du cadre.

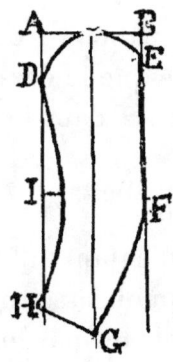 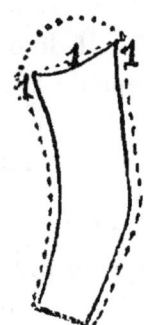

Fig. 117.   Fig. 118.

A D. On abat le devant de la manche d'une hauteur égale à *A C*, c'est-à-dire à la moitié de la largeur du cadre.

B E. Tiers de *A D*.

E F. Longueur de l'emmanchure au coude.

F G. Longueur jusqu'au poignet aboutissant à la ligne du milieu.

G H. On obtient l'abattement du bas en plaçant la ligne *G H* de manière à ce qu'elle forme équerre avec la ligne *F G*.

I. On place alors la hauteur de la saignée en prenant le milieu entre *D* et *H*, puis, une fois cette hauteur indiquée, on creuse de 2 cent.

DESSOUS DE MANCHE (fig. 118).

On taille le dessous de manche 1 centimètre plus étroit de chaque côté que le dessus, et on le creuse de 1 centimètre 1/2 dans le haut.

Pardessus de fillette.

La coupe du vêtement d'enfant diffère peu de celle de la robe, et, quoi qu'on fasse aujourd'hui bien des genres différents de pardessus pour fillettes, c'est toujours la forme paletot, cintré derrière et droit devant, qui est la plus adoptée, parce qu'elle est la plus commode. La fantaisie peut se donner libre carrière dans les ornements, dans la forme de la basque, dans la grandeur du col ou de la pèlerine; mais le fond du vêtement varie peu, ainsi qu'on le verra en comparant la fig. 119, qui est le type du genre, à toutes les fig. suivantes, qui n'en sont que des transformations.

— 255 —

Fig. 119.

TRACÉ DU PARDESSUS UNI.

Les fig. 120 et 121 démontrent la manière de tracer un paletot uni comme la fig. 119.

Quel que soit l'âge de la fillette, c'est-à-dire pour n'importe quelle taille (entre 2 et 14 ans), c'est toujours le patron de robe ou de veste qui servira de point de départ pour tailler le pardessus. (Il est bien entendu que, si on n'a pas un patron taillé spécialement pour l'enfant qu'on veut habiller, on choisira dans la série celui correspondant à sa grosseur.)

On ajoutera à ce patron la largeur nécessaire pour en faire un paletot, comme suit :

1° Au dos, on laissera en plus 1 cent. de largeur (pour chaque moitié, bien entendu); puis on laissera de 10 à 20 cent. à la basque pour les plis; selon qu'on voudra les faire simples ou doubles. Si on ne fait pas de plis, on ne laissera rien vers le côté; mais on gardera à la couture du milieu 4 à 5 cent. pour faire une ouverture, comme on en fait aux redingotes d'homme.

On réunira le petit côté au devant, en laissant en haut et en bas un écart de 2 à 3 cent., selon qu'on fera un vêtement d'été ou d'hiver (ce dernier ayant besoin d'être un peu plus large d'emmanchure et de hanches).

On fera au milieu de cet écart une petite pince de 2 cent. environ, pour cambrer légère-

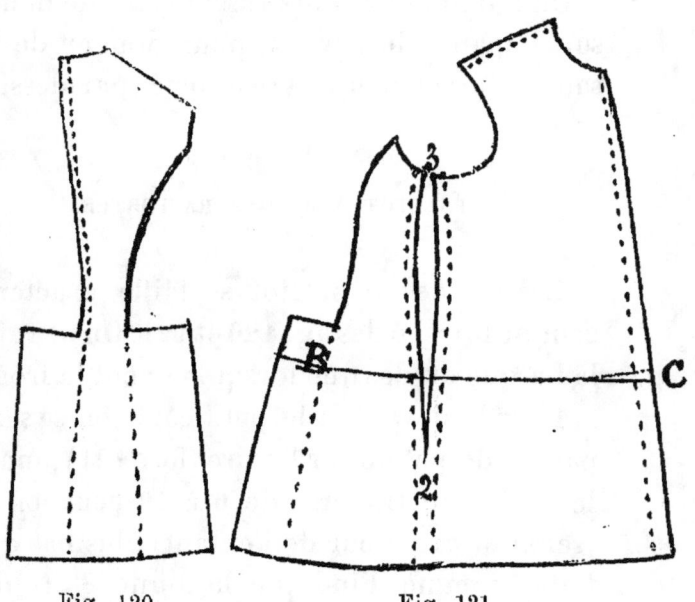

Fig. 120.   Fig. 121.

ment le dessous de bras. De cette manière, le devant et le petit côté sont taillés d'une seule pièce (fig. 121).

Si on veut que le devant soit croisé, comme la fig. 123, on ajoutera 6 à 7 cent. de largeur au milieu du devant, dans toute sa longueur.

Si, au contraire, on préfère qu'il boutonne droit au milieu du devant, on ajoutera seulement 1 cent. de largeur dans le haut et 2 vers le bas (fig. 121).

On ajoutera toujours aussi 1 cent. de hauteur sur l'épaule du devant, pour donner de l'aisance, le vêtement étant porté par-dessus la robe.

PALETOT A BASQUE RAPPORTÉE.

Le dos de ce paletot se taille exactement comme le tracé des fig. 120 et 121. On ne rajoute la basque du dos que lorsqu'on veut la froncer.

Pour le devant et le petit côté, on se sert du patron de paletot ordinaire (fig. 121); mais on le coupe en travers, de 6 à 10 cent. environ (selon la grandeur de l'enfant) plus bas que la taille comme l'indique la ligne $B\ C$ de la fig. 121.

Ainsi séparé, ce patron de devant (fig. 121) forme trois morceaux distincts, le devant, le petit côté et la basque, qui doivent être taillés séparément.

On soutiendra légèrement la basque sur la hanche en faisant la couture en travers, afin d'éviter la petite pince de côté; ceci, bien entendu, pour les basques plates.

Fig. 122.

Dans le cas où on voudrait faire la basque plissée comme celle de la fig. 122, on taillerait une bande droite que l'on plisserait à plis profonds et en serrant davantage les plis vers le haut, afin qu'elle prenne bien la forme du patron, c'est-à-dire qu'elle s'élargisse et s'arrondisse bien vers le bas.

MANCHES DE PALETOT.

La manche doit être taillée sur celle de la robe, avec cette différence qu'on ajoutera 1 centimètre tout autour du dessus et du dessous, afin qu'elle soit 4 centimètres plus large et 2 centimètres plus longue que la manche de robe.

PALETOT AVEC PÈLERINE.

Aux paletots d'hiver on ajoute souvent une pèlerine qui couvre le haut des bras, ou qui descend même quelquefois plus bas que la taille. Cette pèlerine est presque toujours ajustée par deux pinces sur chaque épaule, si la fillette a plus de 8 ou 10 ans, ou par une seule pince, si elle est plus jeune (voir la fig. 123).

Les mesures à prendre pour la pèlerine d'enfant sont au nombre de deux.

1° Le demi-contour des épaules (pris sur le haut de bras);

2° La longueur du milieu de la taille derrière au milieu de la taille devant, passant sur le coude.

On devra prendre ces mesures très large-

Fig. 123.

ment, la seconde surtout, et en veillant à ce que l'enfant écarte un peu les bras du corps, car il faut lui ménager la liberté des mouvements; autrement la pèlerine remonterait infailliblement.

Le point de départ du tracé est le même pour les pèlerines d'enfant que pour celles de dames, ainsi que le démontrent les fig. 124 et 125. La seule différence consiste en ce que les écarts existant entre les lignes de cons-

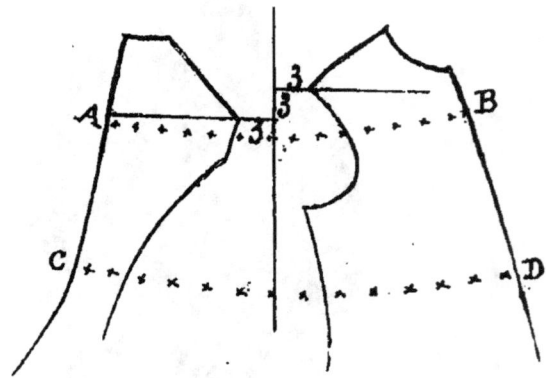

Fig. 124.

truction sont moindres que pour les pèlerines de femme.

On mettra donc 2 centimètres seulement de distance entre les deux lignes horizontales (fig. 124); puis, pour placer le patron, on laissera 3 centimètres environ de distance entre la pointe de l'épaule du devant et la ligne verticale, et autant entre la pointe d'épaule du dos et cette même ligne.

Les écarts du haut seront de 6 centimètres à peu près; je dis à peu près, parce que, pour les enfants comme pour les grandes personnes, ce sont les mesures de contour sur les épaules

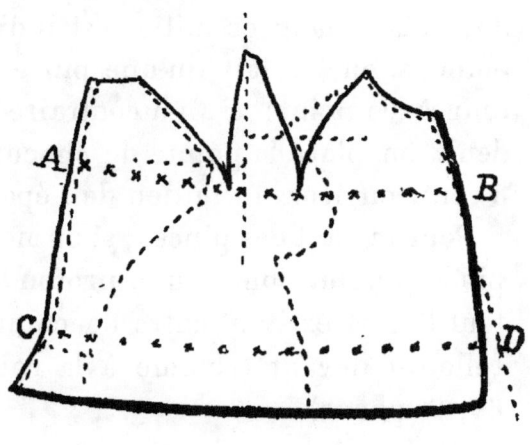

Fig. 125.

et sur les coudes qui indiquent exactement ces écarts.

Lorsque le patron est ainsi placé, et qu'on a vérifié le demi-contour des épaules $A B$ et la largeur de la taille derrière à la taille devant, passant sur le coude, $C D$ (fig. 124), on dessine la pèlerine comme on le ferait pour une pèlerine de femme.

On ajoute 1 cent. de largeur au milieu du

dos, dans toute sa hauteur ; on ajoute 1 cent. de largeur en haut du devant et on décreuse un peu l'encolure.

Ensuite on marque le milieu de l'épaule par la moitié de la mesure A B (mesuré du point A); puis, quand ce milieu est indiqué par un point, si on ne fait qu'une pince, on la fait finir à ce point; si, au contraire, on en fait deux, on place la pointe de chacune d'elles à 3 cent. environ du milieu de l'épaule.

Pour le haut des pinces, si on ne fait qu'une pince, on lui donne une profondeur égale à tout l'écart existant entre l'encolure du dos et celle du devant (comme à la rotonde figure 64, 2ᵉ partie).

Si on fait deux pinces, comme à la fig. 125, on ménage au milieu de l'écart du haut un petit espace de 2 cent. environ qui formera l'entre-pince. L'écart qui subsistera de chaque côté formera la profondeur de chaque pince, qu'on dessinera alors en venant rejoindre le point qu'on aura placé de chaque côté du milieu de l'épaule. (Revoir l'explication de la pèlerine du carrik de dame, s'il est nécessaire, fig. 61.)

On donne ensuite la longueur telle qu'on la

— 265 —

Fig. 126.

désire, soit demi-longue (comme la gravure fig. 123), soit dépassant la taille (comme le tracé fig. 125); puis on abat environ 2 cent. de largeur en bas du devant, pour que la pèlerine écarte légèrement du bas.

Cette pèlerine se place sur l'étoffe, le droit fil devant.

Dans le cas où on n'aurait pas bien saisi la manière de tracer les pinces, on les ferait sur l'enfant en essayant.

Vêtements sans manches, genre carrik.

Ces vêtements ne sont pas autre chose que de nouvelles transformations du paletot avec pèlerine qui a fait le sujet des chapitres précédents.

C'est surtout dans ce genre que la mode et le goût personnel de la personne qui travaille peuvent se donner libre carrière. On fait des carriks qui ressemblent à des visites; mais ils ont le défaut capital d'entraver les mouvements des enfants, et de les obliger à une immobilité des bras qui n'est pas de leur âge.

Pour tailler un carrik avec une basque plissée (comme la fig. 126), on se sert du patron

Fig. 127.

de paletot ordinaire (fig. 120 et 121); mais on le taille seulement jusqu'à la ligne *B C*, puisque le bas est formé par un plissé. On échancre largement l'emmanchure, pour que l'entrée du vêtement soit aisée.

La pèlerine est taillée comme le démontre la fig. 125, mais sa forme devant varie; les pinces des épaules sont remplacées par des fronces, ce qui se fait souvent dans les étoffes légères.

La fig. 127 représente un carrik dont le paletot est droit, c'est-à-dire sans basque rajoutée, mais dont la pèlerine est plissée derrière.

Pour tailler ce vêtement, on se sert encore du patron de paletot ordinaire (fig. 120 et 121), mais en échancrant l'emmanchure beaucoup plus largement.

La pèlerine est taillée comme le tracé fig. 125, mais avec cette différence qu'on ajoute au milieu du dos 12 à 15 cent. pour les plis (12 à 15 cent. pour chaque moitié). On fixe la pèlerine sur le paletot à la taille par quelques points cachés sous les plis, afin de la faire bien cambrer derrière.

VÊTEMENTS POUR PETITS GARÇONS.

Les petits garçons jusqu'à l'âge de trois ou quatre ans sont généralement vêtus de robes ou de blouses comme les petites filles, et jusqu'à deux ou trois ans les vêtements des uns peuvent très bien aller aux autres, étant donné que ces vêtements ne sont pas absolument ajustés. Passé cet âge cependant, la structure de l'enfant se dessine et nécessite une coupe différente. Le petit garçon a les épaules plus hautes et plus carrées, la taille plus longue, la poitrine plus bombée ; ce qui oblige à changer un peu les proportions des épaules et de l'encolure, à adopter, en un mot (si nous employons le terme des tailleurs), une coupe plus renversée. Les mesures à prendre sont les mêmes que celles nécessaires pour les petites filles. Je les indique de nouveau : 1° longueur du dos ; 2° demi-contour de poitrine ; 3° demi-largeur du dos ; 4° hauteur du dessous de bras ; 5° demi-largeur du devant ; 6° longueur de la nuque à la hanche en passant devant dans le creux du bras ; 7° longueur de la nuque à la taille devant ; 8° demi-grosseur de la taille ;

9° demi-grosseur des hanches; 10° longueur de manche.

TRACÉ DU CADRE (fig. 128).

Pour tracer un veston, un gilet ou une robe de petit garçon, on part du même principe que pour les robes de petites filles.

On trace un cadre qui a en hauteur *A C*, la longueur du dos plus 1 centimètre, et en largeur *AB*, le demi-contour de poitrine plus 2 ou 3 centimètres, selon l'âge de l'enfant.

TRACÉ DU DOS (fig. 128).

On creuse l'encolure *D* de 1 centimètre, on cambre le bas de la taille (au coin *C*) de 1 centimètre; puis on tire la ligne de carrure au tiers de la longueur du dos absolument comme on le fait pour tous les autres corsages.

On indique ensuite, sur la ligne de carrure *E*, la largeur du dos, *F*. — On donne à la largeur d'encolure *A H* le tiers plus 1/2 cent. de la largeur du dos *E F*, puis on place la hauteur d'épaule, en mettant au-dessus de *F* une hauteur égale à la largeur d'encolure *A H*. Le point *I* se place 1 cent. plus bas que *F*.

Pour déterminer la largeur du bas du dos, on tire d'abord une ligne droite à la largeur de carrure F, et on place le point J à 3 centi-

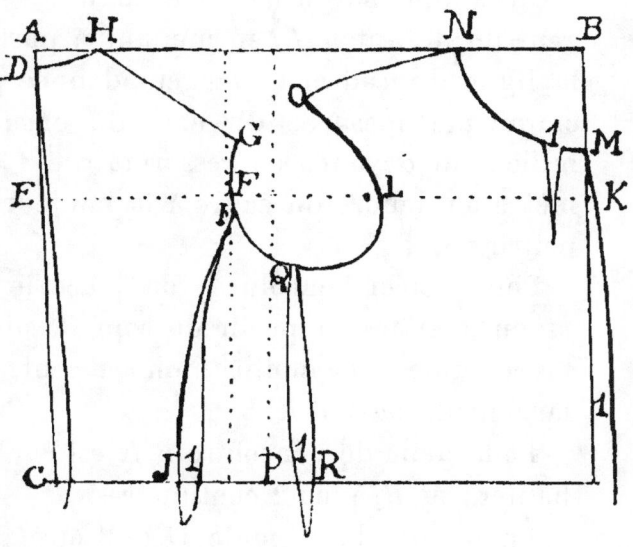

Fig. 128.

mètres environ à gauche de cette ligne (1), tandis que le haut de cette même couture sera placé 1/2 centimètre à droite de la ligne.

---

(1) Je dis « environ », parce que ce point peut varier. On devra toujours, pour la robe, la blouse ou le veston, donner au dos (à la taille) une largeur égale aux trois quarts de la 2ᵉ mesure.

TRACÉ DU DEVANT ET DU COTÉ (fig. 128).

On indique sur la ligne de carrure E la largeur du devant K L, en mettant à partir de la ligne du cadre la largeur donnée par la cinquième mesure. On arrondit ensuite le milieu du devant, en ressortant de 1 centimètre en dehors du cadre à la hauteur de la poitrine.

Pour tracer l'encolure, on place le point M en mettant, à partir du coin B, une distance égale à la moitié moins 1 cent. de la largeur du devant K L.

La largeur de l'encolure B N est égale à sa hauteur M B, plus 2 centimètres.

La pointe de l'épaule O doit être placée, comme hauteur, à la moitié de la distance comprise entre le point G et la ligne du cadre.

La longueur de l'épaule du devant, N O, doit être 1 centimètre plus courte que celle de l'épaule du dos H G.

Lorsque l'épaule et l'encolure sont dessinées, on indique la place de la hanche P en traçant une ligne verticale bien exactement au milieu de la distance comprise entre les points G O, puis on applique la 6ᵉ mesure (longueur de la nuque à la hanche passant devant). On obtient

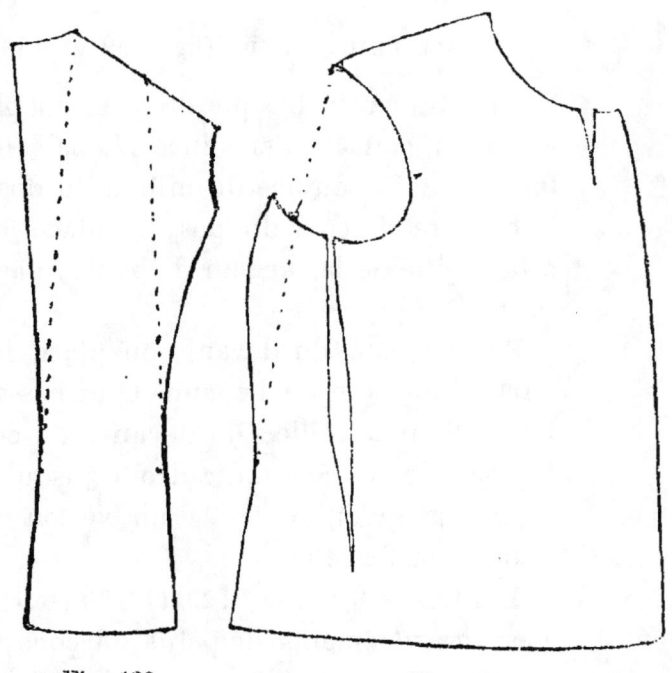

Fig. 129.   Fig. 130.

la profondeur d'emmanchure par la quatrième mesure (hauteur du dessous de bras P Q); il ne reste plus alors qu'à cambrer de 1 centimètre la couture J et à faire une petite pince R.

Je rappelle que les sixième et septième mesures doivent être employées en tenant compte de la largeur du haut du dos, ainsi que je l'ai expliqué pour les corsages de femme.

TRACÉ DE LA BASQUE (fig. 129 et 130).

Pour tracer la basque du dos, on place la règle au coin de l'encolure H, passant à la taille, sur la couture du milieu du dos. Pour la couture de côté du dos, on place la règle à la moitié de la largeur d'épaule, passant la taille J.

Pour le côté du devant, on place la règle partant du coin de l'épaule O et passant à la taille. Pour le milieu du devant, on continue la ligne de poitrine toute droite jusqu'en bas, à moins qu'on ne fasse un veston ouvert, comme la fig. 133.

Les tracés fig. 128, 129 et 130 sont donc la base des vêtements de petits garçons, et servent de point de départ, aussi bien pour les vestes à plis que pour les robes ou les vestons unis.

ROBES

POUR PETITS GARÇONS.

Lorsque l'enfant est trop jeune pour porter

— 275 —

Fig. 131.

la veste et le pantalon, on l'habille en robe,

— 276 —

Fig. 132.

à peu près comme une petite fille ; dans ce cas, on trace et on taille le haut absolument comme je l'ai démontré fig. 128, 129 et 130, puis on ajoute une jupe froncée ou plissée qu'on coud simplement au bas du corsage (comme la gravure 131). Quand on voudra faire des plis partant du haut, on taillera la doublure plate, et on ajoutera 12 ou 15 cent. en coupant l'étoffe, qu'on disposera ensuite sur la doublure comme on voudra.

VESTES PLISSÉES.

Comme je l'ai dit à la page précédente, il faut, pour couper une veste plissée, tailler le patron comme le démontrent les fig. 128, 129 et 130, puis couper la doublure absolument conforme au patron.

Pour tailler l'étoffe de dessus, on forme d'abord les plis à même la coupe d'étoffe, et sur la hauteur qu'on veut donner à la veste. Quand les plis sont faits, on place dessus la doublure (ou le patron, dans le cas où on ne voudrait pas doubler), et on taille comme s'il n'y avait pas de plis ; mais on aura soin toutefois de veiller à ce que les plis du dos et ceux du devant se rapportent bien à l'épaule (ceci est une question de réflexion, une simple précaution à prendre en formant les plis). La ceinture se fait en drap pareil, ou bien on la remplace par une ceinture de cuir.

On ajoutera 6 à 7 cent. à chaque devant pour la croisure.

VESTONS.

Pour faire un veston, on trace toujours le patron comme l'indiquent les fig. 128, 129 et 130, puis on abat un peu le bas du devant, pour que le vêtement boutonne seulement par un, trois ou cinq boutons (voir fig. 133).

Le coin du haut, étant retourné, forme le revers. On y ajoute un petit col rabattu qu'on taille en s'aidant du dos et du devant du patron, exactement comme je l'ai expliqué pour la redingote de dame (2° partie, fig. 44).

La manche doit être tracée comme celle de fillette (fig. 117 et 118), avec cette différence toutefois que la saignée I doit être beaucoup moins creusée (de 1 centimètre à peine) et le bas un peu plus large au point G. Beaucoup de tailleurs même laissent la saignée absolu-

— 279 —

Fig. 133.

— 280 —

ment droite et suppriment la couture. La manche, dans ce cas, est taillée d'une seule pièce, la couture du coude subsistant seule. Pour tous les vêtements de garçon, le dessous de manche doit être aussi large que le dessus.

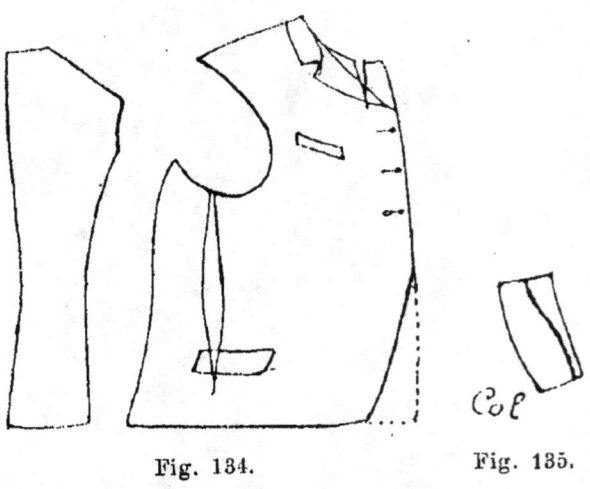

Fig. 134.   Fig. 135.

COSTUME MARIN.

Le costume marin se compose d'une blouse retournée flottant légèrement autour de la taille, et d'une jupe plissée ou d'un pantalon (fig. 136)

La jupe n'a rien de particulier; c'est un simple plissé, qui tantôt est monté au bord

Fig. 136.

d'un corsage, comme je l'ai expliqué pour les costumes de petites filles (dans ce cas, la blouse est séparée), ou bien simplement sur une ceinture à laquelle est fixé aussi le bord de la blouse.

Le premier système est le meilleur.

La blouse est facile à tailler, elle n'a pas de couture au milieu du dos. Elle doit avoir en tout quatre coutures, une sur chaque épaule, et une de chaque côté au dessous de bras. Les fig. 137 et 138 indiquent la manière de transformer le patron pour tailler la blouse. On supprime d'abord au devant la largeur du petit côté, puis on tire une ligne droite à la pince $A\,B$. On indique ensuite la longueur de la blouse 30 centimètres environ plus bas que la taille, et on tire la ligne du bas. Pour que le devant flotte un peu, on l'élargit au milieu de 1 ou 2 centimètres, mais vers le bas seulement.

Pour tracer le dos, on ajoute 2 centimètres de largeur au bas du patron du dos C, puis avec la règle on tire une ligne rejoignant le haut du dos; on place alors le côté (c'est-à-dire la pièce qu'on a supprimée au devant) contre le patron du dos de manière que les deux pièces se rejoignent en haut et en bas, et on tire une ligne droite allant de l'emmanchure au bas *D E*. C'est cette ligne qui, jointe à celle du devant, *A B,* forme la couture du dessous de bras.

On ouvre le haut du devant, ou bien on

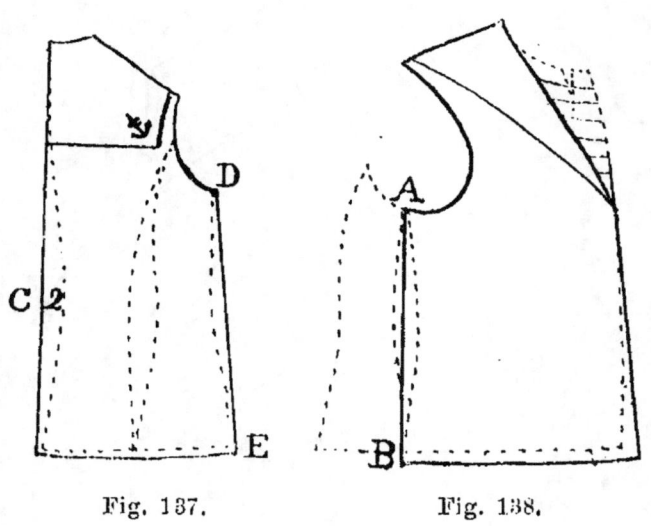

Fig. 137.   Fig. 138.

laisse l'encolure ronde; mais on aura soin, en taillant le col, de tenir compte du plus ou moins d'échancrure qu'on aura donné. Pour maintenir rentré le bas de la blouse, on place au bord un faux ourlet de soie dans lequel on passe un fort caoutchouc. Quelquefois, pour les blouses de toile principalement, on fronce le bord et on le monte sur une bande droit fil, sorte de ceinture ajustée à la taille de l'enfant et boutonnée devant. Il est bien entendu que pour les petites filles on opère de la même ma-

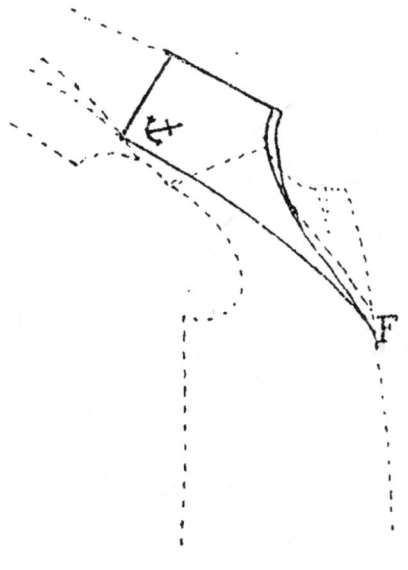

Fig. 139.

nière, mais en employant un patron de petite fille, ou en traçant d'après le cadre qui leur est spécial (fig. 102 et 103).

On trace le col à l'aide du devant et du dos réunis par la couture de l'épaule. On indique la grandeur et la forme qu'on veut lui donner, et on trace le devant plus ou moins échancré, selon qu'on aura plus ou moins ouvert la blouse sur le gilet (fig. 139).

On abat toujours le devant du col de 2 à 3 centimètres, *F*, pour qu'il remonte autour du cou, et on ajoute 1 à 2 cent. derrière pour le pied de col.

Pantalons pour petits garçons.

Les mesures à prendre pour le pantalon de petit garçon sont :

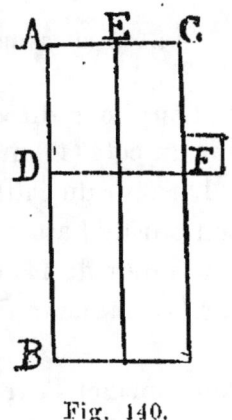

Fig. 140.

1° Longueur du côté ;
2° Longueur d'entre-jambes ;

3° Demi-contour de bassin (pris plus bas que les hanches).

4° Demi-grosseur de taille;

5° Grosseur du genou plié;

6° Grosseur du jarret.

On y ajoute pour le pantalon long la grosseur du mollet.

Les deux premières mesures seront prises jusqu'au jarret, si le pantalon doit être court, comme le portent généralement les enfants; si, au contraire, on veut faire un pantalon long, on prend ces deux mesures jusqu'à la semelle de la bottine.

TRACÉ DU CADRE (fig. 140).

A B. Longueur du cadre indiquée par la longueur du côté (1re mesure).

A C. Largeur du cadre égale à la moitié du demi-contour de bassin.

B D. Hauteur de la ligne de fourche indiquée par la longueur d'entre-jambes (2e mesure).

F. Pour former l'arrondi de la fourche, on fait ressortir du cadre la ligne D de 1/4 de la largeur du cadre, puis on forme un petit carré égal sur toutes ses faces. Ainsi supposons que le demi-contour du bassin soit de 34 : la largeur du cadre sera de 17; le petit carré F, étant égal au 1/4 de la largeur du cadre aura 4 1/4 sur chaque face.

TRACÉ DU DEVANT (fig. 141).

Lorsque le cadre est tracé, on dessine la forme du devant. On rentre de 1 centimètre dans le haut du cadre pour former un peu la hanche; on ne rentre rien sur le ventre, les petits garçons n'ayant pas la taille marquée devant; on dessine la fourche en s'aidant du compas, si on n'a pas le coup d'œil assez sûr pour s'en passer, on place la pointe du compas au point marqué * (1).

Pour terminer, on indique au bas du cadre la largeur du bas du devant égale à la moitié moins 2 de la grosseur du jarret : ainsi, si le jarret a 25 centimètres de circonférence, on mettra 10 cent. 1/2 de largeur au bas du devant, en ayant soin de les mettre bien au mi-

---

(1) On tiendra le devant droit à la pointe de la fourche, 1 cent. plus étroit que le gauche et 1/2 cent. plus creux, on tendra un peu ce côté en assemblant la couture du fond.

lieu, c'est-à-dire par moitié de chaque côté de la ligne d'aplomb E. On arrondit un peu le bas en ressortant de 1 centimètre du cadre, on

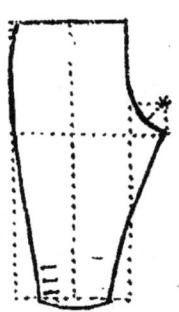

Fig. 141.

creuse très légèrement la couture de l'entre-jambes (de 1 à 2 centimètres au plus), mais on ne creuse jamais celle du côté.

DERRIÈRE DU PANTALON (fig. 142).

Le devant du pantalon sert de guide pour tracer le derrière, on ajoute seulement un peu de largeur (1/5° de la largeur du cadre à la pointe de la fourche G, puis on tire une ligne guide partant de ce point G et allant rejoindre le coin du haut du devant H. On fait alors passer la ligne qui formera la couture du fond au milieu entre la ligne droite et l'arrondi du devant.

On ajoute au milieu de la taille une hauteur égale à 1/3 environ de la largeur du ca-

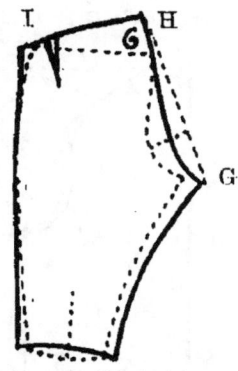

Fig. 142.

dre et 2 centimètres de largeur à la hanche *I*.

On donne au bas la largeur nécessaire pour compléter la grosseur du jarret. On creuse le bord de 1 centimètre.

Lorsqu'on taille pour un jeune homme au-dessus de 8 à 10 ans, on renverse la coupe de la pièce de derrière, en l'élargissant de 2 à 6 cent. (selon l'âge) dans le haut de la couture de côté, et en rétrécissant d'autant le haut de la couture du fond. Au-dessus de 10 à 12 ans, on fait une petite pince en biais en haut de la pièce de derrière. C'est la grosseur de ceinture qui indique la profondeur de cette pince.

GILETS.

Les costumes de petits garçons étant généra-

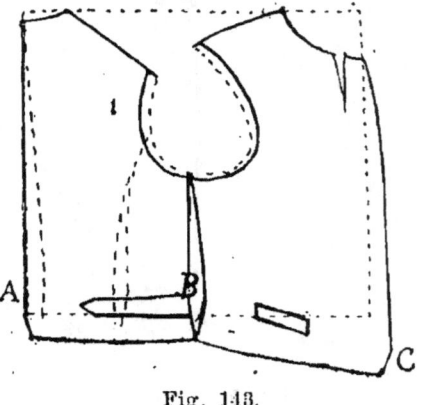

Fig. 143.

lement composés d'un pantalon et d'une blouse plissée ou d'une veste longue, on fait peu de gilets; cependant je donne ici (fig. 143) le tracé du gilet.

Lorsqu'on a tracé le patron à l'aide du cadre comme je l'ai démontré (fig. 128), on dessine la forme du gilet.

On ne cambre pas le dos à la taille A, parce qu'il sera suffisamment resserré par la boucle qui est assujettie aux pattes de taille. Il n'y a pas de petit côté, le dos se terminant au dessous de bras *B*. Le devant a exactement la même forme que le devant de robe ou de veston, seulement il s'arrête un peu plus bas que la taille à la longueur indiquée par la mesure que l'on a prise sur l'enfant, *C*. Cette mesure est prise de la nuque à la taille devant, où on veut que le gilet s'arrête. On fait le gilet montant ou ouvert, suivant la mode.

Lorsque l'on voudra faire pour les petits garçons des vestes à pattes ou des blouses plissées, on se reportera aux explications que j'ai données pour les vestes de petites filles, mais en les appliquant à la conformation des petits garçons.

BLOUSES D'ÉCOLIERS.

La blouse d'écolier se fait tantôt froncée ou plissée avec empiècement d'épaules, et tantôt droite comme la fig. 144; si on veut la faire froncée, on verra la manière de la tailler aux *Tabliers d'enfants*, car, ainsi faite, elle n'est pas autre chose qu'un tablier.

Si, au contraire, on fait la blouse droite, on opère absolument comme je l'ai indiqué pour la blouse du costume marin (fig. **136** et **137**), avec cette seule différence qu'on laisse l'encolure montante tout autour et qu'on ajoute souvent 4 ou 5 cent. au milieu du devant, pour que la blouse puisse croiser. Le bord reste

Fig. 144.

droit et flottant; il est terminé par un ourlet, au lieu d'être retourné comme celui de la blouse marine.

La ceinture fixe la blouse autour des reins. La manche est droite comme celle du veston, ou bien elle est tenue un peu plus large du bas, puis froncée et resserrée par un poignet boutonné.

CINQUIÈME PARTIE.

LINGERIE POUR DAMES.

CINQUIÈME PARTIE.

LINGERIE POUR DAMES.

CHEMISES.

La chemise de dame est sujette, comme tous les autres objets de toilette, aux variations de la mode; mais ces variations ne concernent guère que le haut, la forme et les proportions du bas étant à peu près les mêmes pour tous les modèles. C'est pourquoi nous donnons ici quatre modèles de chemises différents, choisis parmi les plus adoptés.

La fig. 145 représente une chemise de forme classique : elle est finement plissée devant et froncée derrière; l'échancrure se termine par un poignet qui maintient les plis ou les fronces et suit l'arrondi du décolleté. Pour les chemises d'un prix peu élevé, on remplace souvent les plis du devant par des fronces. Les manches sont rapportées.

La fig. 146 indique la manière de tailler ce genre de chemises à l'aide d'un patron de corsage. On trouvera la manière de dessiner les objets de lingerie, sans se servir du patron de

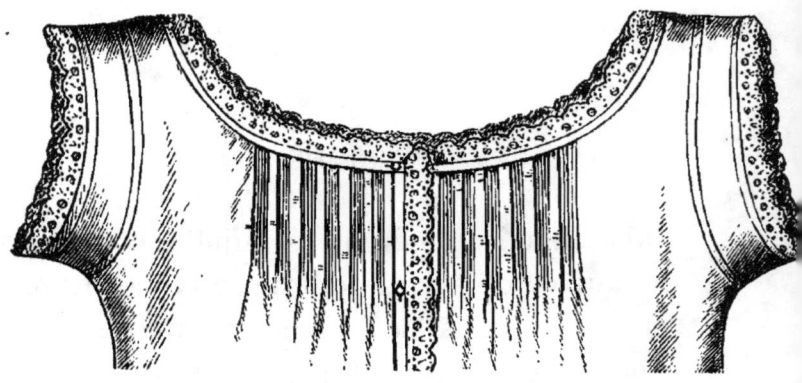

Fig. 145.

corsage, dans le bulletin de mon cours de coupe, qui paraît tous les mois.

Pour toutes les chemises, les mesures à prendre sur la personne sont celles-ci :

1° Longueur totale de la chemise, prise soit à partir du cou devant, soit à partir de l'épaule ;

2° Demi-contour de la poitrine ;

3° Demi-largeur du dos;

4° Demi-largeur du devant;

5° Hauteur du dessous de bras.

Le demi-contour de poitrine sert à choisir le patron type qu'on emploiera pour tailler la chemise.

Les trois dernières mesures servent à vérifier et, au besoin, à modifier ce patron selon la conformation de la personne. Elles servent aussi à vérifier la largeur de la chemise une fois froncée ou plissée, afin que la personne qui la confectionne ne fasse pas entrer dans ces plis ou dans ces fronces plus ou moins d'étoffe qu'il n'est nécessaire, c'est-à-dire qu'on n'en a laissé dans ce but.

Le point de départ est le patron de corsage. Lorsqu'on ne possède pas le patron exact de la personne à qui les chemises sont destinées, on se sert d'un patron choisi parmi la série des patrons réguliers, et proportionné à sa grosseur; mais on a soin toutefois de vérifier les mesures de ce patron, afin de les corriger en taillant, si la personne n'est pas de conformation régulière.

EXPLICATION DES FIG. 146 ET 147.

A B. — *A C*. On tire deux lignes horizontales formant équerre.

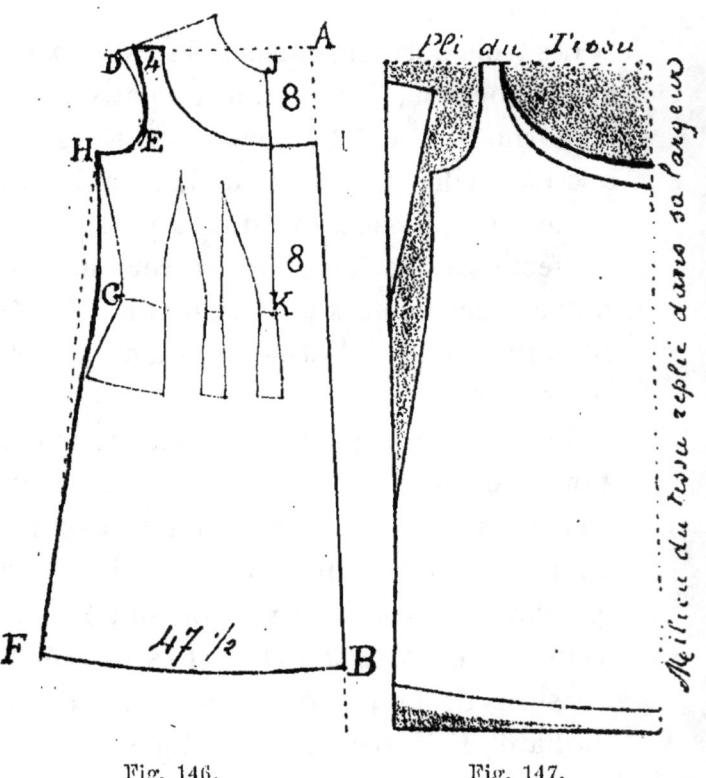

Fig. 146. Fig. 147.

On place ensuite le devant du patron du cor-

sage à 8 cent. environ de distance de la ligne
A B, en veillant à ce que la pointe de l'épaule
se trouve bien exactement sur la ligne *C*.

D. Lorsque le patron est ainsi tracé, on
commence à dessiner la chemise. Pour cela on
abat de 2 centimètres environ la pointe de l'é-
paule *D*, en décreusant d'un demi-centimètre
le bas de l'emmanchure *E*.

On trace l'épaulette toute droite sur la ligne
du haut *A C*, et on lui donne environ 4 centimètres de largeur.

F. On indique ensuite la largeur du bas. La
largeur moyenne d'une chemise en bas est de
1 mètre 90; c'est-à-dire au moins égale à deux
fois le tour de poitrine; comme nous ne dessinons qu'un quart de la chemise, nous donnons au bas de notre tracé le quart de la largeur totale, soit 47 1/2, quart de 1 mètre 90.

G. Pour dessiner la légère cambrure qui
existe au côté, nous tirons d'abord une ligne
pointée allant du coin de l'emmanchure *H* au
point *F*, puis nous creusons (à la hauteur de la
taille) de 2 à 3 cent.

I. Profondeur du décolleté. Quoique le décol-
letage soit absolument facultatif, on échancre
généralement la chemise du 1/3 de la longueur

comprise entre le cou J et la taille K. Ainsi je suppose que le corsage qui nous sert de guide a 33 de longueur du devant du cou à la taille : nous échancrons alors de 11 centimètres.

Derrière, on échancrera moins (2 cent. plus haut que devant). Lorsque, pour une personne forte, le patron de corsage aura 3 petits côtés, on ajoutera la pièce de dessous de bras du devant au devant lui-même pour dessiner la chemise. En résumé, il faut que le patron de la chemise, mesurée dans sa largeur de poitrine au-dessous du point K, ait (sans compter les 8 cent. ajoutés) 2 cent. de plus que la moitié du demi-contour de poitrine.

MANCHE DE LA CHEMISE (fig. 148).

Pour tracer une manche proportionnée à la chemise qu'on a taillée, il faut mesurer le tour d'emmanchure de la chemise par moitié, c'est-à-dire en la contournant depuis D jusqu'à H. C'est cette mesure qui nous servira pour établir la largeur de la manche.

$A\ B\ C$. On tire deux lignes formant équerre.

$C\ D$. On reporte sur la ligne $A\ C$ la moitié du tour d'emmanchure qu'on vient de mesurer sur la chemise, et on tire la ligne *C D* à la distance indiquée par cette mesure.

E C. Abattement du bas de la manche, égal au tiers de sa largeur *A C*.

D F. Distance égale au quart de *A C*.

La longueur de la manche *E F* est absolument facultative, la longueur moyenne pour ce genre de chemise est de 10 centimètres environ.

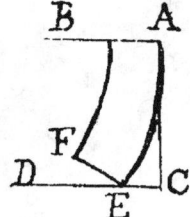

Fig. 148.

La fig. 147 démontre la manière de placer le patron sur le tissu. Comme on le voit, il faut commencer par détacher de la pièce d'étoffe le métrage nécessaire à la chemise, c'est-à-dire 2 fois la hauteur du patron (de l'épaule au bas), plus 7 à 8 centimètres pour les ourlets. L'ourlet tout fait doit avoir environ 3 centimètres.

Lorsqu'on a découpé le métrage nécessaire, on le plie en deux dans le sens de sa hauteur; puis on le replie en deux, mais cette fois dans _e sens de sa largeur, en veillant à ce que les bords soient bien justes ensemble. Ensuite on pose le patron sur l'étoffe quadruplée, comme l'indique la fig. 147. Le tissu étant trop étroit dans le bas pour obtenir la largeur de la che-

Fig. 149.

mise, on ajoute des pointes qu'on coupe dans le haut.

La fig. 149 représente une chemise plate, c'est-à-dire sans plis ni fronces, et sans manches.

Pour la tailler, on se sert du même patron que celui de la fig. 146, mais on supprime 6 centimètres de largeur au milieu du devant et du dos. Ces 6 centimètres doivent être supprimés dans le haut seulement, puis on tire la nouvelle ligne en mourant jusqu'en bas, de façon à ne pas rétrécir le bas de la chemise (fig. 150).

On remarquera que, pour tracer la chemise

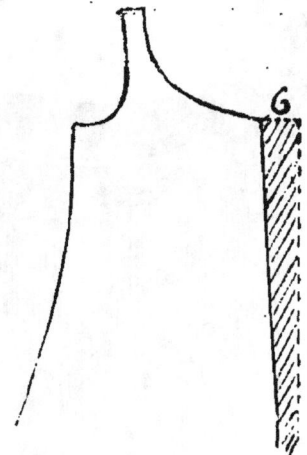

Fig. 150.

plissée ou froncée, nous avions ajouté 8 centimètres de largeur au devant du corsage, tandis que, pour la chemise sans plis, nous ne supprimons que 6 centimètres sur les 8 que nous avions ajoutés.

C'est parce que cette chemise, quoique plate, doit être tenue plus large que le corsage; autrement elle gênerait, et l'entrée en serait très difficile. Le décolleté devient, il est vrai, un peu plus tombant sur les épaules, mais on peut le resserrer par une coulisse ou par un ruban passé dans la garniture.

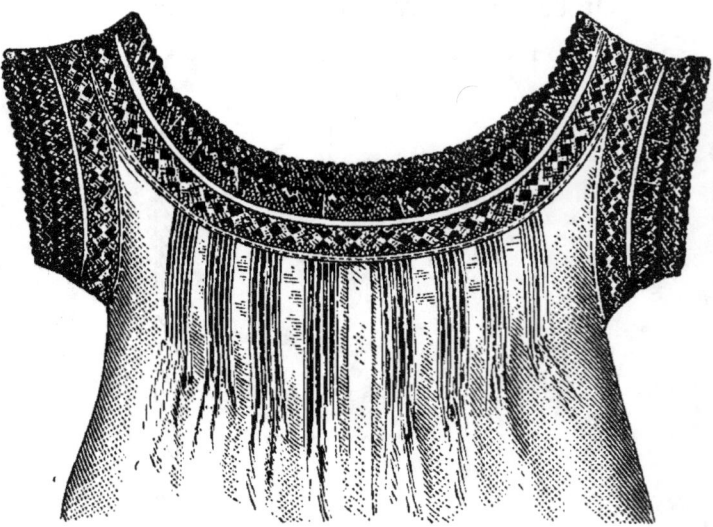

Fig. 151.

Pour placer le patron sur le tissu, on opère comme je l'ai expliqué pour la chemise précédente; seulement, le haut étant plus étroit, on obtient plus de biais à la couture du côté. Les pointes se coupent et se cousent de la même manière.

Ce modèle n'a pas de manche, mais on peut

en adapter une, qu'on taillera comme le montre la fig. 148. Si on n'en met pas, on tiendra l'emmanchure un peu plus montante, en dessinant une petite courbe au dessous de bras, comme à la fig. 149.

DESCRIPTION DES FIG. 151 ET 152.

La fig. 151 représente une chemise dont l'épaulette est formée par la garniture; elle est donc coupée en deux pièces, puisque le dos et le devant sont séparés. Lorsqu'on taille de cette façon, on peut, si on le préfère, tenir le haut du dos un peu plus étroit, ce qui donne moins de fronces, mais le bas ne doit jamais être rétréci. Comme le démontre la fig. 152, on supprime l'épaulette de la chemise; mais on aura soin, en garnissant, que la dentelle, la broderie ou l'empiècement au crochet, fournisse sur l'épaule une hauteur égale à celle de l'épaulette qui a été supprimée.

Pour les personnes qui adopteraient ce genre de chemise, mais qui voudraient que l'épaule soit plus couverte, on peut adapter un petit empiècement qui forme à la fois l'épaulette et la petite manche. Cet empiècement se fait du même tissu que la chemise, ce qui lui donne un genre plus sérieux (voir fig. 155).

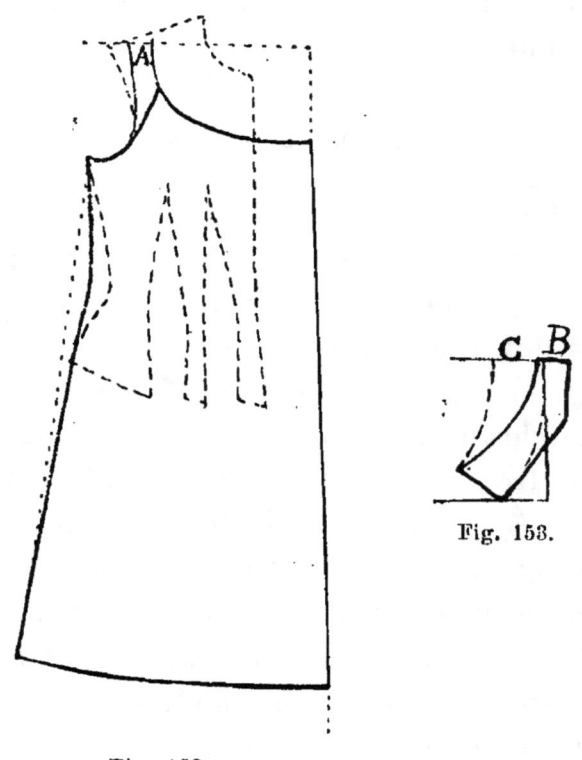

Fig. 152.

Fig. 153.

La. fig 153 représente le petit empiècement d'épaule qu'on peut adapter au tracé fig. 154 pour obtenir une chemise comme la gravure

fig. 155. Cet empiècement est tracé suivant les mêmes proportions que la manche fig. 148, seulement il est beaucoup plus dégagé sur le haut du bras.

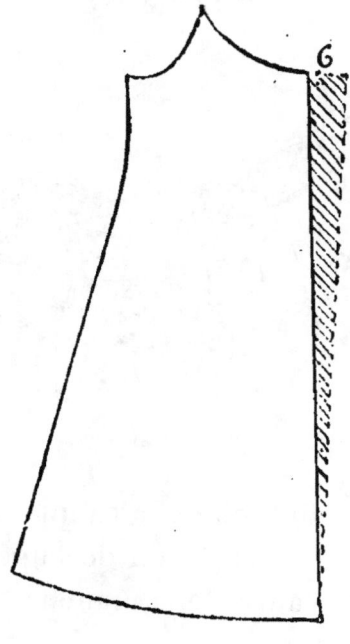

Fig. 154.

Pour le tracer, on forme l'équerre comme pour la fig. 148; on trace le bas exactement de la même manière; mais, pour que le haut du bras soit plus découvert, on échancre jusqu'au coin du cadre, ou jusqu'à 2 ou 3 centimètres du coin. On reporte ensuite en dehors du cadre *B* la partie de l'épaulette *A* qu'on a supprimée à la chemise. La meilleure manière de reporter exactement cette petite pièce est de la relever

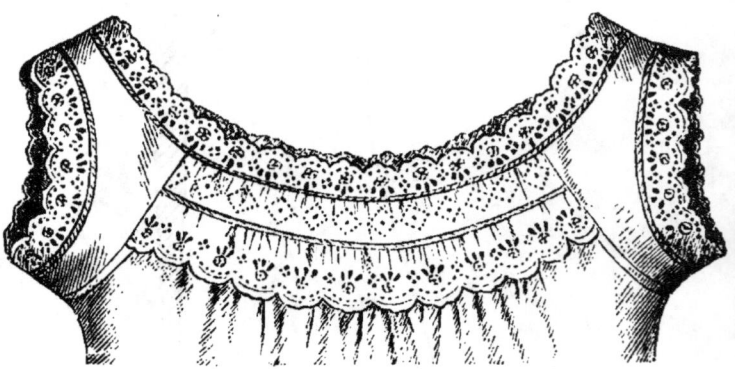

Fig. 155.

à la roulette, ou de la calquer avec du papier léger, et, après l'avoir découpée, de la placer contre le cadre de la manche, où on la relève au crayon.

DESCRIPTION DE LA FIG. 154.

Comme on l'a vu, le tracé fig. 152 (se rapportant à la gravure fig. 151) nous donne une chemise à plis; si on veut faire cette même chemise plate, on rétrécit le milieu du dos et du devant de 6 centim. en haut, ce qui donne une chemise plate.

CHEMISES DE NUIT.

La chemise de nuit, dont nous donnons ici le modèle (fig. 156), est généralement choisie, parce que c'est celle dont la forme se prête le mieux aux ornements.

Les chemises de nuit à empiècement devant ne se font que dans le genre uni.

Le tracé de la chemise de nuit dérive du même principe que celui de la chemise de jour.

EXPLICATION DU TRACÉ FIG. 157.

A B C. On tire deux lignes formant équerre, puis on place le patron du devant de corsage à 10 centimètres de distance de la ligne *A C*, de manière à ce que le coin de l'encolure et de l'épaule *D* touche la ligne du haut.

E. On baisse la pointe de l'épaule de 2 centimètres, pour que la couture soit placée moins en arrière.

F. On ressort du patron de corsage de 1 centimètre au moins, pour élargir un peu l'emmanchure.

Fig. 156.

G. On donne au bas de la chemise 50 centim. de largeur (comme le patron représente le quart de la chemise entière, cette dernière aura, quand elle sera terminée, 2 mètres de largeur comme proportion moyenne).

On tire une ligne pointée de *F* à *G*, puis on cintre la taille de 22 cent.

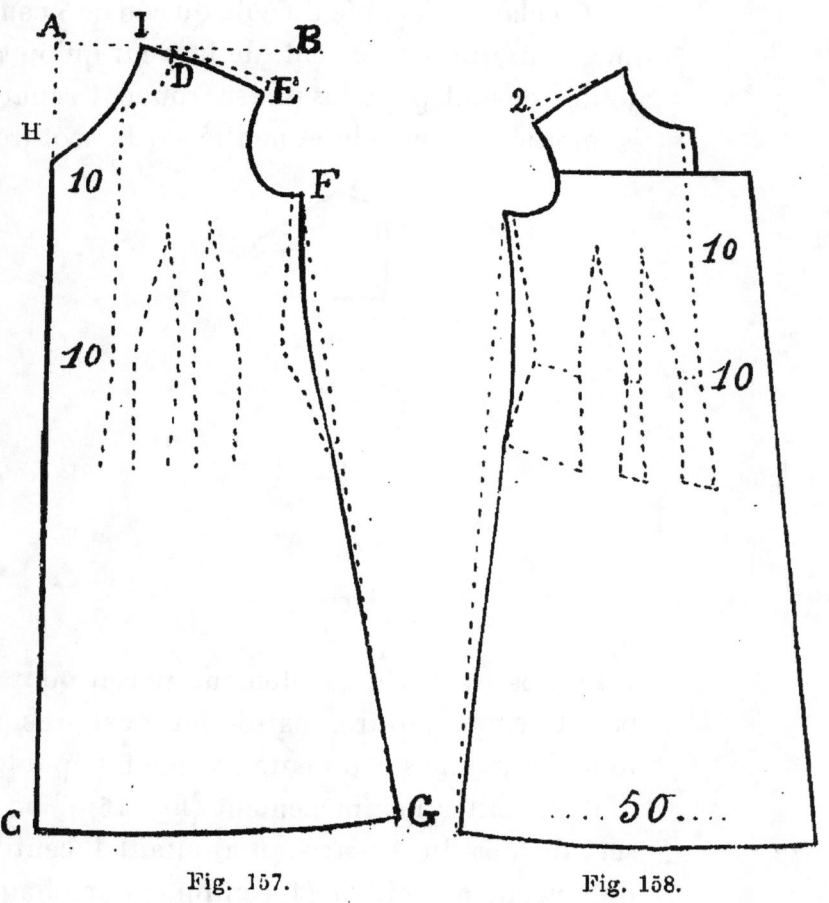

Fig. 157.   Fig. 158.

H. On ouvre le devant autant qu'on le désire, ou bien on laisse l'encolure à la même hauteur que celle du corsage, si on préfère la chemise montante.

I. On élargit l'épaule du côté du cou de 5 centim., afin que les 10 cent. de largeur qu'on a ajoutés devant pour les plis se trouvent répartis, moitié sur l'épaule et moitié sur l'encolure.

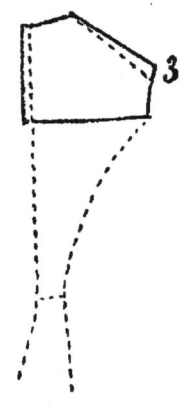

Fig. 159.

Le dos est taillé exactement pareil pour le bas et l'emmanchure, mais le haut est presque toujours monté sur un empiècement d'épaules.

Pour tailler l'empiècement (fig. 159), on se sert du dos du corsage en ajoutant 1 centim. de largeur au milieu (1 centim. pour chaque moitié) et en remontant la pointe de l'épaule de 3 centim. (Nous remontons ces 3 centim. à l'épaule du dos, d'abord parce que nous en avons supprimé 2 à l'épaule du devant pour déplacer la couture, ensuite parce que 1 centimètre de plus est nécessaire, pour donner encore de l'aisance à l'emmanchure, le centimètre déjà ajouté dans ce but au dessous de bras F ne suffisant pas). La hauteur de la pièce pourra varier entre le tiers et le quart de la longueur du dos. On supprimera donc au dos de la chemise la hauteur de la pièce.

L'encolure de la chemise de nuit, de même que celle de la camisole, devra toujours être tenue très libre autour du cou.

Lorsqu'on préfère la chemise attachée de côté, on coupe de la même manière, mais on fait l'ouverture à gauche.

EXPLICATION DE LA FIG. 158.

On fait aussi, comme il est dit plus haut, des chemises de nuit dont le devant est également monté sur un empiècement d'épaules.

Dans ce cas, on se sert du patron du devant de corsage, auquel on ajoute 1 centimètre de largeur au milieu (pour chaque côté) et auquel on supprime 2 centimètres de hauteur à la pointe de l'épaule. On donne à cette pièce la même hauteur qu'on a donnée à celle du dos.

Le corps de la chemise (devant et dos) est taillé comme je l'ai expliqué fig. 157, avec cette seule différence qu'on supprime dans le haut toute la hauteur qu'on a donnée à l'empiècement, ainsi que je l'ai dit pour le dos de la figure précédente.

MANCHE DE LA CHEMISE DE NUIT, FIG. 160 ET 161.

Il y a deux manières de tailler la manche de la chemise de nuit. Celle qui avait été adoptée jusqu'à présent, et qui l'est encore pour la lingerie fabriquée en gros, consiste à tailler la manche droite, comme l'indique la fig. 160.

A B. Largeur du cadre, égale à la moitié plus 2 du tour d'emmanchure mesuré sur la chemise.

A C. Hauteur du cadre, égale à la longueur du bras (moins la hauteur du poignet, si on en fait).

B D. Abattement égal au tiers de la largeur du cadre.

E. On rétrécit le bas de la manche du 1/4 de la largeur du cadre.

F. On biaise le bas, du côté de la saignée, de 2 cent.

Ce tracé donnant la moitié de la manche, on plie le tissu en deux et on place la ligne *A C* sur le pli, de manière à obtenir la manche d'une seule pièce.

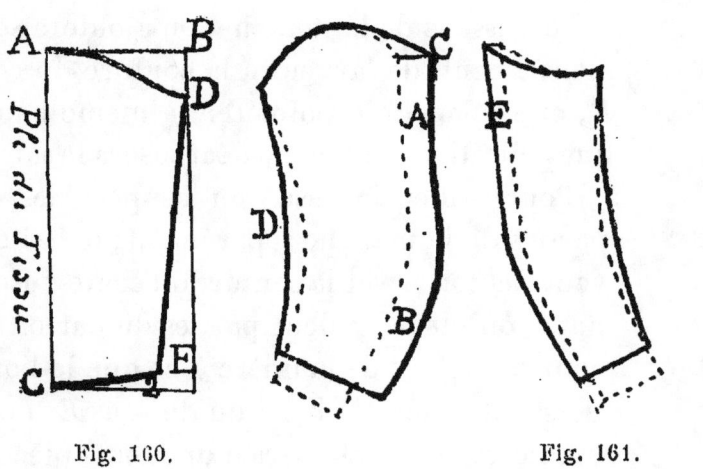

Fig. 160.   Fig. 161.

Les manches qu'on fait aujourd'hui sont basées sur la manche du corsage, ce qui veut dire qu'elles sont plus ajustées.

Voici comment on les taille (fig. 161).

On prend pour base le patron de la manche genre tailleur, on ajoute au dessus, tout le long de la couture du coude *A B*, un cinquième de sa largeur ; ainsi, si le dessus de manche a 20 cent. de largeur dans le haut, on ajoute, tout le long de la couture du coude, 4 cent.

On a soin, en élargissant, de replacer l'abattement du haut à sa hauteur première C, puis on décreuse d'un centimètre au moins la cambrure de la saignée D.

Au dessous de la manche, on ajoutera seulement 2 cent. de largeur à la couture du coude E, on replacera le point D à la même hauteur que primitivement, et on décreusera la saignée.

Pour tailler le tissu, on coupera les deux parties de la manche séparément ; ou, si on ne veut pas conserver la couture du coude jusqu'en haut, on place les deux parties du patron l'une contre l'autre, de manière à ce que le bord du dessus A touche le bord du dessous E. De cette manière, la manche sera d'une seule pièce dans le haut, la couture du coude existant dans le bas seulement et se terminant au coude en forme de pince.

Pour monter cette manche, on froncera le haut du dessus et le bas comme on le fait habituellement.

Les deux tracés de manches, figures 160 et 161, serviront également pour les camisoles.

CAMISOLES.

Le tracé du devant de la camisole (fig. 163) est absolument le même que celui de la chemise de nuit, ainsi que le démontre l'explication suivante :

A B C. On tire deux lignes formant équerre, puis on place le devant du patron de corsage à 10 cent. de distance de la ligne A C, de manière à ce que le coin de l'encolure B touche la ligne du haut.

E. On baisse la pointe de l'épaule de 2 cent.

F. On ajoute 1 cent. de largeur au dessous de bras, et on tire une ligne pointée partant de ce point F et rejoignant la basque du corsage G puis on cintrera à la taille de 2 à 3 cent.

Lorsque les pinces du corsage sont profondes on devra les rapprocher un peu du bas, afin qu'elles ne donnent pas trop de largeur sur le ventre, ainsi que je l'ai expliqué à propos de la jaquette droite.

Pour le dos (fig. 164), on ajoute 2 cent. de largeur à la taille, puis on tire une ligne droite à partir du cou et allant rejoindre la basque. On place ensuite le petit côté à 2 cent. de distance du dos, puis le petit côté du dessous de bras également à 2 cent. de distance du précédent.

En un mot, le dos et les deux petits côtés doi-

Fig. 162.

vent se toucher en haut, tandis qu'il s'écartent de 2 cent. l'un de l'autre à la taille.

Lorsque le patron est ainsi placé, on mesure le tour des hanches afin de s'assurer que la largeur du bas est suffisante; dans le cas où (ce qui n'arrive que bien rarement) cette largeur ne serait pas assez grande, on écarterait un peu plus les petits côtés l'un de l'autre, ce qui donnerait plus d'ampleur sur les hanches.

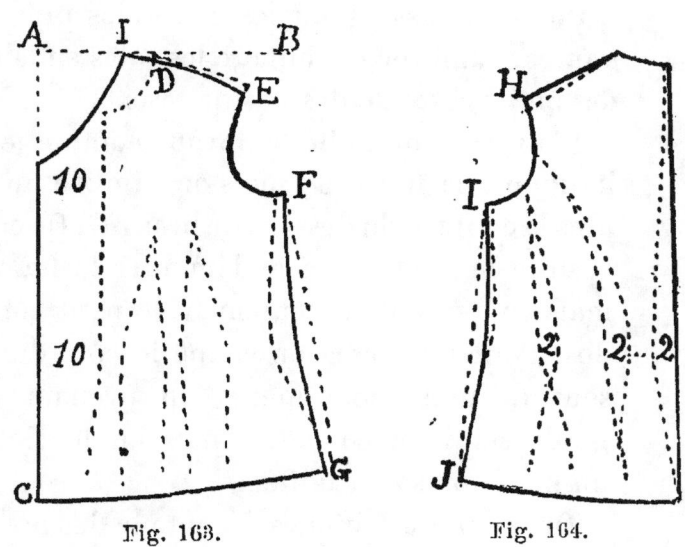

Fig. 163.   Fig. 164.

On remonte l'épaule *H* de 3 cent. pour suppléer aux 2 centimètres qu'on a supprimés à l'épaule du devant. (Ces 2 centim. supprimés devant et ajoutés derrière servent à ramener la couture vers le milieu de l'épaule, ainsi que je l'ai expliqué pour la chemise de nuit. Le centimètre en plus agrandit l'emmanchure).

Pour terminer le côté, on tire une ligne

pointée allant de l'emmanchure *I* au bas de la basque *J*, puis on cintre à la taille de la moitié de la distance comprise entre cette ligne pointée et la taille du corsage.

On peut aussi, pour les camisoles plus élégantes, cambrer davantage les côtés en faisant des petits côtés de dessous de bras.

Pour cela, on taille le devant comme je l'ai indiqué à la fig. 163, mais on cambre un peu plus la couture du dessous de bras *FG*. On coupe ensuite le dos comme le démontre la fig. 164, mais en y ajoutant seulement le petit côté du dos. Pour terminer, on coupe le côté du dessous de bras séparément, en prenant pour guide celui du corsage, mais en le cintrant un peu moins à la taille.

On vérifiera toujours le contour des hanches (manches page 315).

PANTALONS.

Pour tracer un pantalon de lingerie, deux mesures seulement sont nécessaires :

1° La longueur de côté (prise de la taille au jarret);

2° Le contour du bassin, pris à l'endroit le

plus gros du corps. Cette mesure peut être prise sur les jupons, mais alors il faut la pren-

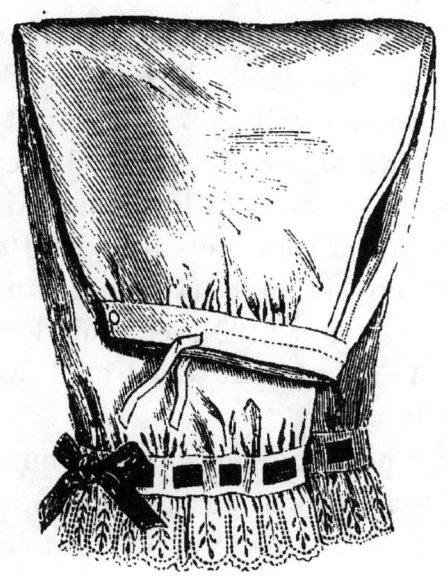

Fig. 165.

dre très serrée; si au contraire on la prend sur le pantalon, il faut la prendre largement.

DEVANT DU PANTALON (fig. 166).

Explication du tracé.

Mesures de la fig. 166 :
1° Longueur de côté : 70 ;

2° Contour de bassin : 108.

A B. — Hauteur du cadre égale à la longueur de côté (70).

A C. — Largeur du cadre (34).

Pour savoir quelle largeur on doit donner au cadre, on voit d'abord quel est le contour du bassin; on prend le quart de ce contour et on l'ajoute au contour lui-même. Ainsi, le contour total de bassin étant ici de 108, le quart est 27; on ajoute 27 (1/4 du contour) au contour lui-même (108), ce qui donne 108 + 27 = 135. Le quart de ce total donne la largeur du cadre.

C'est pourquoi nous avons donné à ce cadre une largeur de 34, quart de 135.

A D. — Hauteur du montant égal à la largeur du cadre *A C*.

E. — On indique la largeur de la fourche *E* en ressortant du cadre de 1/3 de sa largeur. (La largeur du cadre étant de 34, on ressortira ici de 11 1/3).

On rentre ensuite de 2 cent. en haut, au coin *C*, puis on tire une ligne pointée allant de là au point *E*. Cette ligne servira de guide pour dessiner la fourche, qu'on creusera d'un tiers de la largeur comprise entre cette ligne pointée et l'encoignure formée par les lignes de construction.

F G. — Pour donner la largeur du bas, on

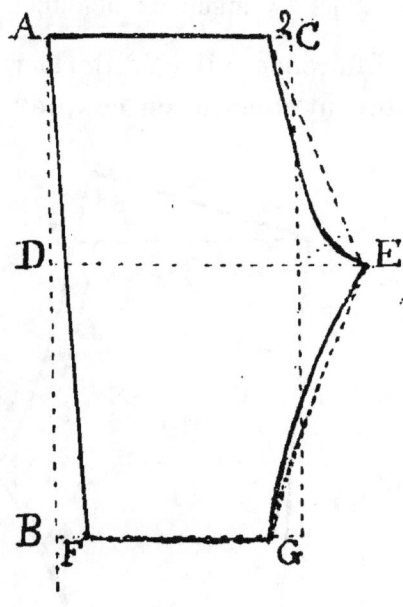

Fig. 166.

rentre au bas du cadre, de chaque côté, de $1/8^e$ de la largeur du cadre.

La largeur du cadre étant ici de 34, on rentrera donc, de chaque côté, de 4 1/4.

Cependant, la largeur du bas étant facultative, on pourra, si on aime les pantalons très larges ou très froncés à la jarretière, ne rentrer du cadre que de 2 ou 3 cent. de chaque côté.

TRACÉ DE LA PIÈCE DE DERRIÈRE (fig. 167).

La différence entre le derrière du pantalon et le devant consiste en ce que :

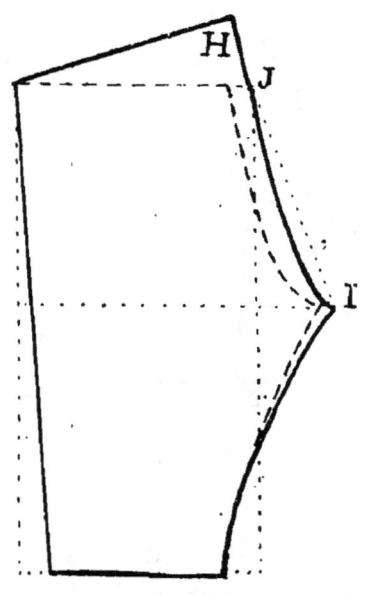

Fig. 167.

1° H. — Le haut du derrière H doit être plus montant que le devant de $1/5^e$ de la largeur du cadre.

2° *I J*. — Le pantalon devant être aussi un peu plus large derrière que devant, on ressort de 2 cent. à la pointe de la fourche *I;* puis, partant de là, on tire une ligne pointée qui va rejoindre le coin du cadre *J*. (Ce coin est indiqué à la fig. 166 par la lettre *C*.)

La ligne pointée *I J* sert de guide pour dessiner la couture de derrière, qui sera creusée seulement de 3 cent. (Pour les pantalons fermés, c'est-à-dire pour ceux dont la couture du fond devra être entièrement cousue, on ressortira de 3 cent. de la ligne pointée. Au-dessus on laissera toute la largeur donnée par la ligne pointée.)

Pour tailler le tissu, on plie son étoffe par le milieu, on trace d'un côté la pièce de derrière, et de l'autre côté celle de devant, en mettant les bords du côté *A F,* bien exactement au pli de l'étoffe, ou bien on relève à la roulette sur un autre papier la pièce de derrière, on colle ensemble les deux pièces du patron et on coupe l'étoffe ouverte, après l'avoir posée double.

Une autre manière de tracer est celle-ci : on dessine la pièce de devant, puis celle de derrière sur le même papier. On découpe en suivant les contours de derrière, c'est-à-dire les plus grands; on indique ensuite la forme du devant en faisant dans le papier, avec des ciseaux, des crans au travers desquels on pourra passer le crayon. Lorsque le tissu est plié en deux, on trace la pièce de derrière en tournant autour du patron, puis on place ce même patron de l'autre côté de l'étoffe et on trace le devant à travers les crans du papier. Cela évite ainsi de faire le patron double.

Le patron, tel qu'il est dessiné figures 166 et 167, montant jusqu'à la taille, on supprimera en haut du devant la hauteur qu'on voudra donner à la ceinture. (On trouvera la manière de tracer cette ceinture page 339, à la description des ceintures de jupons. La seule différence à observer est que, pour les pantalons, on n'emploiera que la moitié du patron de ceinture, c'est-à-dire la partie de devant comprise entre les lettres *D* et *G*. La ceinture de derrière du pantalon est en droit fil, à moins toutefois qu'on n'adopte une forme de pantalon ouvert derrière et sans coulisse, ce qui permettrait alors de mettre la ceinture-empiècement tout autour, comme à un jupon.

GILET DE FLANELLE.

Le gilet de flanelle de dame se fait demi-ajusté. Il n'a pas de couture au milieu du dos, et n'a qu'un petit côté.

Quelquefois même, mais pour les personnes très minces seulement, il n'en a pas.

Le devant est cintré par deux pinces, ou souvent même par une seule; mais si on ne fait qu'une pince, il faut absolument faire un petit côté.

Pour tracer le dos et le petit côté, on place le dos et les deux petits côtés du corsage comme pour la camisole, c'est-à-dire se touchant dans le haut, mais s'écartant de 2 cent. l'un de l'autre à la taille (fig. 168).

On ajoute 1 cent. de largeur au milieu du dos; puis on tire la ligne toute droite, en supprimant l'ampleur de la basque.

On élargit le dos à la taille, de façon à ce qu'il ait au moins 5 cent. pour la moitié.

On dessine ensuite le petit côté, en cambrant la taille de 5 cent.; puis on forme la couture du dessous de bras, en la plaçant au milieu du petit côté de dessous de bras du corsage. On ajoute 1 cent. de hauteur à l'épaule.

Pour le devant, on ajoute 1 cent. de largeur au milieu, et on tire la ligne toute droite (fig. 169).

On tient les pinces un peu moins creuses et

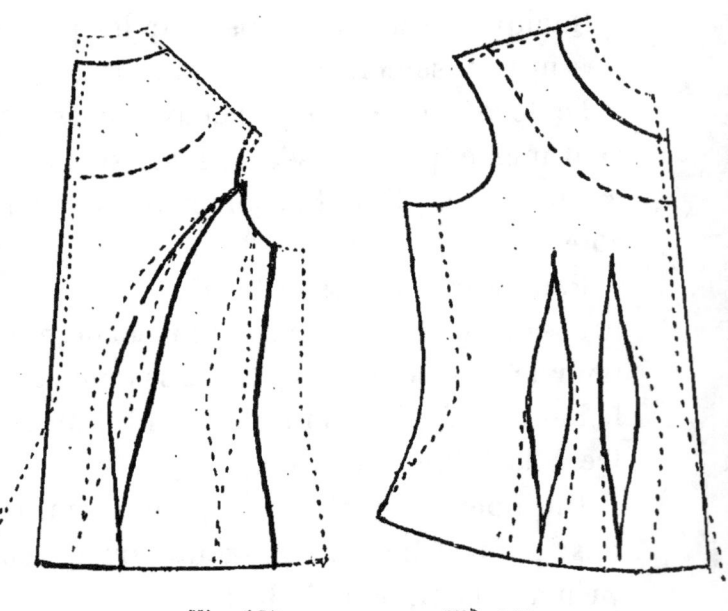

Fig. 168.   Fig. 169.

on les termine en pointe. On ajoute au dessous de bras une largeur égale à la moitié du petit côté du dessous de bras, qui n'a pas été comprise dans la fig. 168, plus 1 cent. qui, avec celui ajouté au dos et celui ajouté au devant, doit parer au rétrécissement de la flanelle.

On remarquera que la largeur que nous ajoutons au dessous de bras ne se continue pas jusqu'au bas de la basque : c'est parce que le gilet de flanelle, étant porté sous le corset, a besoin de moins de largeur que le corsage, puis, parce que la largeur que nous ne donnons pas sur le côté nous est largement rendue par les pinces, qui ne sont pas creusées jusqu'au bas.

J'ajouterai cependant qu'il serait préférable, pour les personnes ayant la poitrine un peu forte, de continuer les pinces (ou la pince) jusqu'en bas et de donner un peu plus de largeur sur la hanche.

Lorsqu'on voudra ne faire qu'une pince, on la placera au milieu de la distance comprise entre les deux pinces du corsage, et on lui donnera comme profondeur à la taille la valeur d'une de ces pinces. Quand on voudra faire le gilet demi-montant, on échancrera seulement de 3 à 4 cent. le tour de l'encolure. Si on le préfère décolleté, on coupera comme l'indiquent les lignes ponctuées des fig. 168 et 169.

CACHE-CORSET.

Le cache-corset est un corsage ordinaire qui est quelquefois montant, mais le plus souvent décolleté, et dont les manches sont courtes.

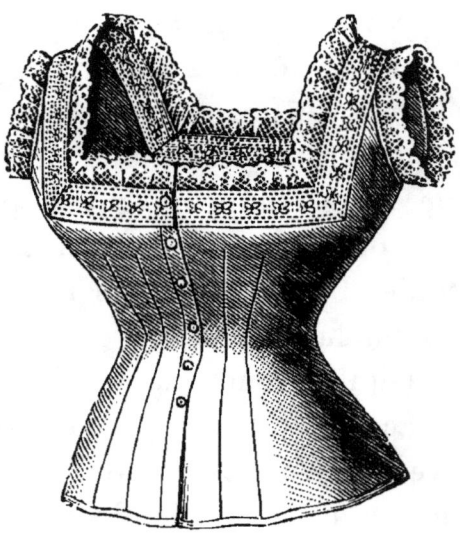

Fig. 170.

Beaucoup de lingères font ce corsage avec un seul petit côté, c'est pourquoi ceux qu'on achète tout faits vont généralement mal. Je conseille donc de tailler toujours le cache-corset sur le patron du corsage ordinaire.

La seule chose à observer, c'est qu'on ne doit pas faire de couture au milieu du dos. Pour cela, on tire la ligne du dos toute droite, en supprimant l'ampleur de la basque *A*; puis, comme le dos semblerait trop large à la taille (puisque, une fois la couture supprimée, il au-

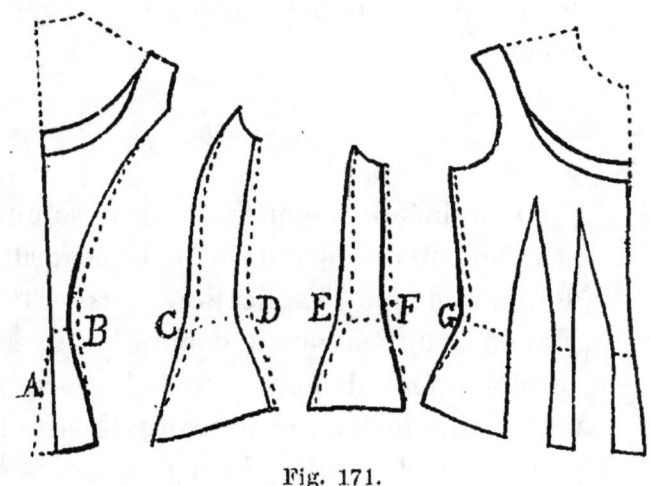

Fig. 171.

rait 6 cent.), on le tient un peu plus étroit, *B*, afin qu'il ait seulement 4 ou 5 cent. de largeur totale.

Il est bien entendu qu'on devra alors tenir le petit côté *C* d'autant plus large qu'on aura taillé le dos plus étroit, afin de conserver la largeur de taille exacte (fig. 171).

Ainsi, si on a supprimé 1 cent. de largeur à la taille du dos *B*, on ajoutera 1 cent. de largeur à la taille, du petit côté *C*.

Le petit côté étant devenu un peu trop large, et par cela même peu gracieux, on déplace un peu les deux coutures suivantes (*D E F G*), afin de conserver aux petits côtés une largeur convenable.

MATINÉES.

La matinée de lingerie se taille absolument de la même manière que la matinée ordinaire, dont j'ai donné l'explication dans la 3° partie (fig. 68 à 70); seulement, comme les tissus qu'on emploie généralement pour la lingerie se prêtent moins bien à la cambrure de la taille, on pourra ajuster celle-ci un peu moins sur les côtés.

Pour la manche, on choisira la forme la moins coudée (manche tailleur, fig. 12, page 30) et on ne fera jamais de fronces au coude. Si l'on veut y faire des plis, on plissera d'abord l'étoffe et on posera ensuite le patron à plat. Si l'on préfère des fronces on ajoute 10 ou 12 cent. de largeur et on ne coupe définitivement l'encolure qu'après avoir préparé les fronces. On y ajoute une ceinture entourant la taille ou partant du dessous de bras.

JUPONS.

Le tracé du jupon diffère très peu de celui de la jupe, que j'ai expliqué page 180, fig. 77; seulement, la largeur des tissus blancs employés pour la lingerie n'étant pas la même que celle des tissus de laine et de soie, on devra changer un peu la largeur des lés de côtés et de derrière. La largeur ordinaire des jupons varie, selon la mode, de $2^m,25$ à 3 mètres. Nous parlons, bien entendu, des jupons ordinaires qui sont simplement garnis d'un volant, comme la fig. 172. Prenons comme largeur moyenne $2^m,60$. Nous composons donc notre jupon comme suit :

1° Un lé de devant, qui, comme celui de la jupe fig. 76, aura 60 cent. de largeur du bas (30 par moitié) et 40 cent. de largeur à la taille (20 par moitié); on ne fera pas de pince, mais on soutiendra un peu l'étoffe à la ceinture.

2° Un lé de chaque côté, qui aura 60 cent. de largeur en bas et 25 cent. de largeur en haut. Ces deux pièces pourront être entrecoupées dans la largeur du tissu; elles n'auront pas non plus de pinces sur les hanches, mais seront légèrement froncées.

3° Un lé de derrière qui aura 80 cent. et sera taillé tout droit, c'est-à-dire aussi large en haut qu'en bas.

Dans le cas où on voudrait que le jupon fût moins bouffant derrière, sur la tournure, on biaiserait aussi un peu le haut du lé de derrière, et on tiendrait le haut des lés de côté un peu plus étroits du côté biais.

Le volant doit être presque plat devant et beaucoup plus fourni derrière.

Lorsqu'on voudra un jupon plus large que $2^m,60$, on tiendra les lés de côté 5 ou 10 cent. plus larges dans toute leur longueur.

Un grand nombre de lingères taillent les jupons en 6 pièces, au lieu de 4; elles font le devant et le lé de derrière moins larges, puis elles mettent deux pointes de chaque côté, ce qui donne des morceaux très étroits et naturellement des coutures très rapprochées. Cette manière de couper n'a aucun avantage; le jupon ainsi fait ne peut pas aller mieux que celui coupé en quatre pièces, et, pour aller bien, il exige autant d'étoffe : car, pour faire une réelle économie de tissu par ce système, il faudrait biaiser beaucoup plus les lés de côté et de derrière, mais alors le jupon aurait trop de biais et, pour la mode actuelle, n'irait plus aussi bien. Cependant, lorsque reviendra la mode des jupes très plates du haut, on pourra, si on préfère, tailler de cette manière.

On pliera le tissu par le milieu, puisqu'on coupe double ; puis on taillera le lé du devant, en lui donnant (pour la moitié, bien entendu) 30 cent. de largeur en bas et 16 à 18 en haut. On creusera ou busquera le haut de 2 cent., comme je l'ai expliqué pour les jupes.

Les pointes qui tomberont du côté de la lisière formeront les lés de côté. Ils seront assemblés avec le devant, en ayant soin de coudre toujours le droit fil de la pointe avec le biais du devant.

On taillera ensuite le lé de derrière pareil à celui du devant, avec cette différence pourtant qu'on ne creusera pas le haut.

Les pointes qui tomberont du côté de la lisière formeront les lés de côté de derrière.

Pour les assembler, on coudra le biais de ces pointes avec le biais du lé de derrière, tandis que le droit fil de ces pointes sera cousu avec le biais des pointes de devant.

En un mot, les deux coutures de derrière seules peuvent avoir le biais des deux côtés.

On obtient ainsi un jupon qui a 2 mètres à 2^m,10 de largeur du bas, et qui ne prend que deux hauteurs d'étoffe ; mais, je le répète, la manière de couper indiquée plus haut est de beaucoup la meilleure, lorsque la mode veut qu'on soit très juponnée.

JUPONS A TRAINE.

Quand on voudra faire un jupon à traîne sans que cette dernière soit rajoutée, on se reportera à la fig. 80, qu'on copiera textuellement.

Si au contraire on préfère que la traîne puisse se supprimer à volonté, on l'exécutera comme l'indique le dessin fig. 173. Pour cela, on taillera trois lés : l'un qui formera le milieu et qui aura toute la largeur de l'étoffe, c'est-à-dire 80 ; sa hauteur sera égale à la longueur qu'on veut donner à la traîne, plus 20 cent. Les deux autres auront 45 à 50 de largeur du bas et 35 de largeur en haut, ils seront donc légèrement biaisés ; on pourra les couper 10 cent. plus

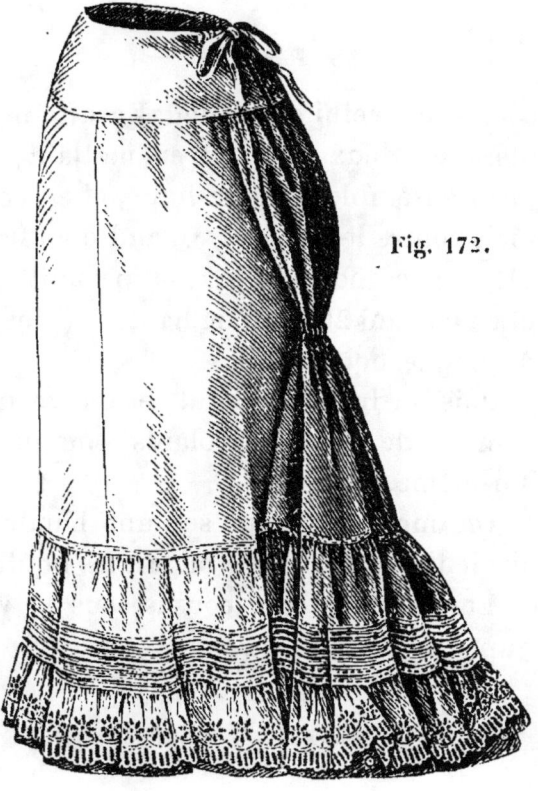

Fig. 172.

Fig. 173.

MÉTHODE DE COUPE.

22

courts que celui du milieu. Ensuite on assemblera les deux coutures en mettant les bords juste ensemble dans le haut, et en cousant le biais contre le droit fil. Quand on aura assemblé, on arrondira le bas, en partant du milieu et en laissant 20 cent. de hauteur (plus l'ourlet) à chaque bout.

Puis on fronce le haut, et on garnit le bas d'un ou de plusieurs volants, comme le jupon lui-même.

On monte le haut sur une bande double, droit fil, dans laquelle on fait les boutonnières.

Les boutons sont cousus sous le volant du jupon à 20 cent. du bord.

CEINTURES PLATES OU EMPIÈCEMENTS DE JUPONS.

On monte généralement les jupons, et souvent même les jupes, sur des empiècements plats, afin de ne pas grossir les hanches. Pour tailler les empiècements, on prend pour point de départ la grosseur de ceinture, ainsi que l'indique l'explication suivante :

A B, A C. — On tire deux lignes formant équerre.

A D. — On indique par un point *D,* à partir

du coin *A*, le tiers de la grosseur de ceinture (ainsi, si la grosseur de taille est de 60, on mettra 20 entre les points *A* et *D*).

A E. — 2 centimètres de moins que *A D*.

Lorsque ces deux points sont indiqués, on forme le rond de la taille à l'aide d'un compas en plaçant le point de centre 2 cent. plus bas que le coin *A*.

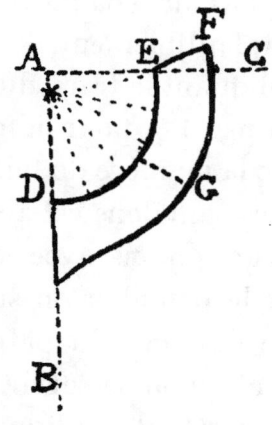

Fig. 174.

F. — Pour donner de l'ampleur en arrière, on ressort du cadre de la moitié de la hauteur de la ceinture; quand on ne porte pas de tournure on ressort seulement de 1/4 de la hauteur de la ceinture, même observation pour les jupons de dessous.

On taille l'empiècement en deux morceaux, en plaçant la couture au milieu du devant.

Dans le cas où on voudrait faire cet empiècement très haut, c'est-à-dire descendant beaucoup sur les hanches, on devrait alors le faire en quatre pièces, afin de pouvoir rétrécir un peu vers le bas aux coutures des côtés ou bien on le taille en deux pièces, mais on fait une pince au bas de chaque côté; autrement, il goderait infailliblement.

En expliquant le tracé du pantalon, j'ai renvoyé à la fig. 174 pour la forme de la ceinture parce que la manière de tailler les ceintures de devant des pantalons est absolument la même que celle des jupons, avec cette seule différence que pour le pantalon on supprimera toute la partie de derrière du patron que je viens de décrire, et qu'on se servira seulement du devant en s'arrêtant à la ligne pointée G, c'est-à-dire au 1/4 plus 2 de la grosseur de ceinture mesurée à partir du milieu D.

Il est bien entendu qu'on pourra donner à cet empiècement la forme qu'on préférera, si on ne veut pas qu'il forme la pointe devant comme la fig. 174.

JUPONS DE DESSOUS.

Le jupon de dessous se fait presque toujours plat, c'est-à-dire sans volants; on le fait en

Fig. 175.

piqué molletonné, en flanelle, en brillanté ou même en soie légère, garni de dentelle. On le coupe de la même manière que la jupe fig. 76 (p. 178); mais on ne fait pas de pinces devant ni sur les hanches, puisqu'on met un empiècement ou ceinture plate.

Si l'on emploie un tissu ayant 80 cent. de largeur, on donnera 50 cent. de largeur au bas du devant (25 par moitié); on donnera au lé de derrière la largeur entière du tissu, c'est-à-dire 80, puis on mettra de chaque côté un lé formé par la pointe qui sera tombée du devant. On obtiendra ainsi un jupon qui aura 1 mètre 80 de largeur totale en bas.

VESTE DU MATIN, OU CARACO.

Le caraco se taille comme la camisole, dont il n'est d'ailleurs qu'une transformation.

Je prie donc mes lectrices de se reporter aux fig. 163 et 164.

Le dos devra être coupé exactement comme le démontre la fig. 164.

Le devant sera tracé comme la fig. 163 ; seulement, comme le caraco se fait plat devant, c'est-à-dire sans plis ni fronces, on n'ajoutera pas au milieu du devant les 10 cent. indiqués, et on conservera l'encolure telle qu'elle est donnée par le patron du corsage.

Pour tailler la manche, on se servira du patron

Fig. 176.

de manche droite (genre tailleur) dont j'ai donné le tracé fig. 12, page 30.

Cols et manches.

FICHU DE COL (fig. 177, 178, 179 et 181).

Pour tailler un fichu de col, on se sert du dos et du devant du patron de corsage. Pour le dos (fig. 179), on ne fait pas de couture au milieu, on rétrécit l'épaule de 1 cent. *D*, et on donne environ 8 cent. de largeur au bas (pour chaque moitié). Pour le devant (fig. 180), on élargit au milieu *A* de la largeur nécessaire pour les plis, si on veut en faire. On rétrécit l'épaule *B* de

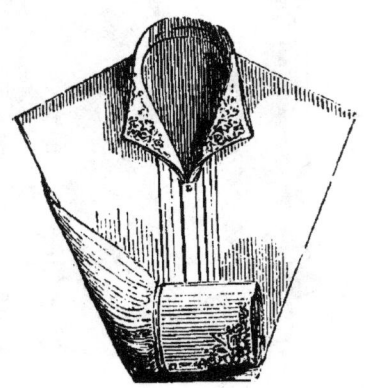

Fig. 177.

1 cent. et on donne au bas *C* 8 à 10 cent. de largeur, sans compter ce qu'on a ajouté pour les plis.

Pour tailler le haut des cols droits, rabattus ou cassés, voyez page 366, chapitre des *Cols de chemises d'hommes*. Quoique les proportions de grosseur soient différentes, la manière de tracer les cols de lingerie pour dames est exactement la même que pour les cols d'hom-

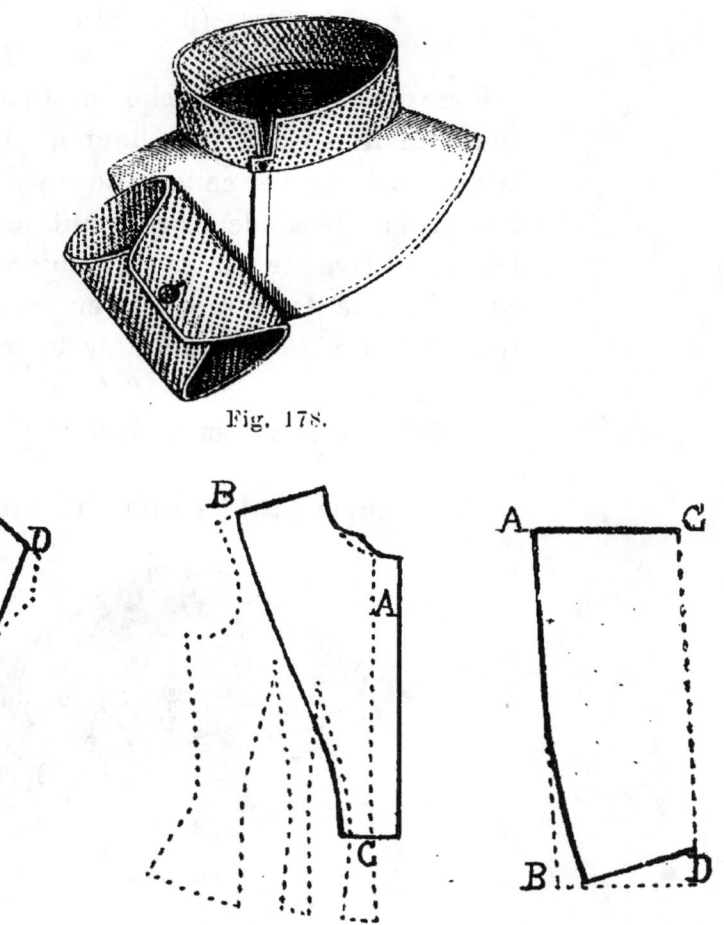

Fig. 178.

Fig. 179.   Fig. 180.   Fig. 181.

mes; on se basera donc sur les explications données pages 366, à 373.

MANCHE (fig. 181).

Pour dessiner une manche, on trace un cadre ayant environ 40 cent. de hauteur *A B,* et une largeur *A C,* égale à celle du devant du corsage. On arrondit le coude en rentrant au coin *B* de 1/4 de la largeur du cadre, puis on abat le bas, du côté de la saignée, en remontant au coin *D* de 1/4 de la largeur du cadre.

Cols rabattus pour enfants (fig. 182).

Pour couper les cols rabattus pour enfants,

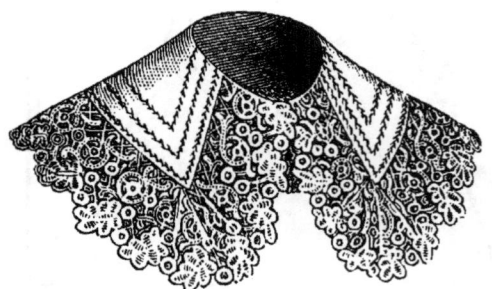

Fig. 182.

on se reportera à l'explication des cols rabattus de confections (fig. 66, p. 150). On place le patron de robe d'enfant comme l'indique le tracé; on abat également le devant de 3 cent., mais on n'ajoute rien derrière, la brisure étant remplacée par un petit poignet rapporté, en droit fil, de 2 à 3 cent. environ de hauteur.

Bonnets.

Je ne m'occuperai pas ici des coiffures du matin, qui pour beaucoup de dames complètent la toilette d'intérieur, et se portent avec la robe de chambre ou la matinée.

Ces coiffures, étant toutes de fantaisie, relèvent plutôt du talent de la modiste que de celui de la lingère. Comme on les fait en foulard chiffonné ou en dentelle, et ornées de rubans, ils ne peuvent pas avoir de coupe spéciale, pas plus que tous ces jolis fichus, nœuds, etc., qui servent de parure aux toilettes habillées, et à la confection desquels peut seul présider le goût naturel de la personne qui les exécute.

Il en est de même des coiffures que portent les dames âgées, et qu'on monte sur une forme en gros tulle maintenue par des laitons.

J'en reviens donc aux bonnets de nuit. La fig. 183 représente un bonnet rond : c'est une des formes les plus adoptées, non pas parce qu'elle est une des plus commodes, mais parce qu'elle est la moins disgracieuse.

Pour le tailler, on opère comme le démontre la fig. 184. On taille, soit en papier (si on veut en conserver le patron) soit avec le tissu qu'on

Fig. 183.

veut employer, une pièce absolument ronde de 35 à 37 cent. de diamètre (selon la grosseu de la tête de la personne); on la trace au com pas. Cela forme le fond du bonnet; on le pli en deux dans le plein biais; une extrémité d pli donne le milieu du devant, l'autre extré mité donne le milieu derrière, c'est-à-dire la nuque.

Lorsqu'il est plié en deux, on prend le 1/3 de la demi-circonférence, qu'on marque de chaque

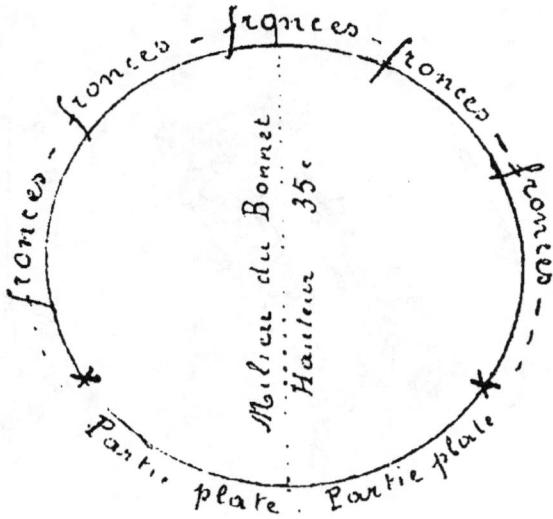

Fig. 184.

côté de la nuque; cela donne derrière une partie plate qui ne sera froncée que par la coulisse. Tout le reste du contour du bonnet sera froncé et maintenu par deux petits biais piqués : l'un qui, placé tout au bord, cache le haut du petit volant brodé qui sert de garniture ; l'autre placé à 3 cent. du premier, mais qui le rejoint sur les côtés, comme on le voit fig. 183.

Derrière, la partie restée plate sera entourée de la même broderie (à peine froncée); puis à l'envers de la couture on posera une petite

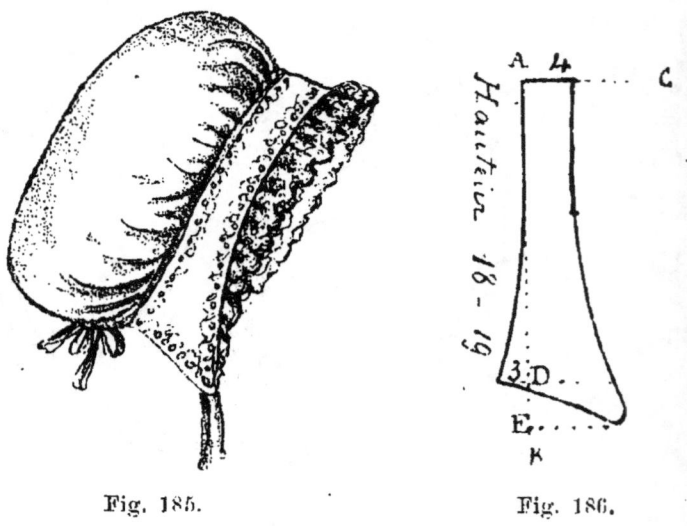

Fig. 185.   Fig. 186.

bande droit fil, sous laquelle glissera la coulisse.

Souvent aussi on remplace les deux petits biais piqués qui fixent les fronces par un poignet en droit fil à petits plis, ou bien par un entre-deux de broderie.

Quelquefois aussi on taille le bonnet 4 cent.

plus grand tout autour; on festonne le bord (ou bien on y fait un très petit ourlet rehaussé d'une fine et étroite dentelle), et, après avoir placé un petit biais tout autour (piqué à chaque bord et ayant 1 cent. 1/2 de largeur), on passe dans ce biais un caoutchouc rond, comme on le ferait pour un filet. — Le bonnet, se resserrant alors tout autour, prend sa forme arrondie; on fixe les brides comme pour un bonnet ordinaire, et on l'orne, sur le dessus de la tête ou de côté, d'un joli nœud.

Pour les personnes qui recherchent avant tout un bonnet commode, qui tienne bien et ne gêne pas les oreilles, il vaudra mieux adopter le modèle de la fig. 185.

Pour cela on rétrécit un peu la pièce du fond (de 2 cent. environ pour chaque moitié), ce qui la rend presque ovale; puis on remplace les biais piqués ou la bande du tour par un empiècement taillé comme suit (fig. 186) :

A B, A C. — On tire deux lignes formant équerre.

A D. — Hauteur de la moitié de la pièce : 18 à 19, selon la grosseur de la tête.

D E. — Abaissement du coin, 5 cent.

On ressort du coin D de 3 cent. pour former

l'arrondi derrière; puis, pour terminer, on ressort de 8 cent. de l'angle *E* pour former le coin auquel sera fixée la bride.

Toilettes de communiantes.

La toilette de communiante se compose habituellement d'une jupe plate ou presque plate devant et sur les côtés, mais très ample derrière; elle a généralement 3 mètres de largeur, de manière à fournir des fronces juponnant bien. Elle est souvent unie et terminée seulement par un ourlet de 25 à 30 cent. de hauteur, ou bien elle est ornée de plusieurs plis au-dessus de l'ourlet.

La jupe de dessous n'est autre qu'un jupon ordinaire complètement uni et fait également en mousseline. Le corsage est presque toujours plissé comme une guimpe d'enfant, ou froncé aux épaules et à la taille; la manche est ou plate ou demi-bouffante. La manière de le tailler est la même que pour le corsage ordinaire, mais on aura la précaution de faire les plis avant de tailler la mousseline.

La basque est très courte et se cache sous la

Fig. 187.

jupe. Une très large ceinture complète le costume.

Le voile est carré devant, arrondi derrière. Il a comme hauteur la largeur entière de la mousseline, et comme largeur 2 mètres à 2^m,10, selon la grandeur de l'enfant.

Pour le tailler, on détache un morceau de mousseline de 2^m,15 environ de longueur; on le plie en deux. Une des lisières formera le devant du voile (le pli se trouvant placé sur le milieu de la coiffure), et les coins de ce côté resteront carrés. L'autre lisière formera le bas du voile; mais, à partir de 30 cent. environ du milieu, on arrondira de manière à abattre les coins, jusqu'à ce qu'on ait rejoint ceux du devant.

En un mot, le voile terminé et déplié doit avoir à peu près la forme d'un demi-cercle.

Depuis quelques années, on a essayé de transformer un peu la toilette de communiante, en lui faisant subir quelques petites variations suggérées par la mode du moment; mais je ne puis que mentionner ces changements, — d'ailleurs très peu importants, — et conseiller la plus grande simplicité dans la forme et les ornements.

Chemise d'homme.

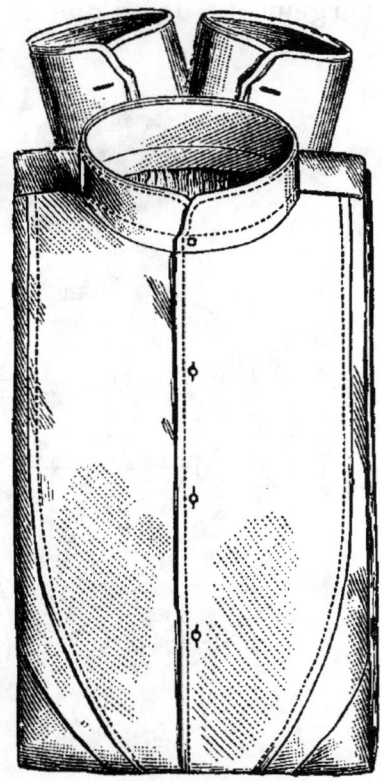

Fig. 188.

Les mesures nécessaires pour couper la chemise d'homme sont celles-ci :

1° Grosseur du cou ;

2° Contour de la poitrine, appelé aussi grosseur du buste ;

3° Largeur du devant d'une aisselle à l'autre ;
4° Largeur du dos d'une épaule à l'autre,

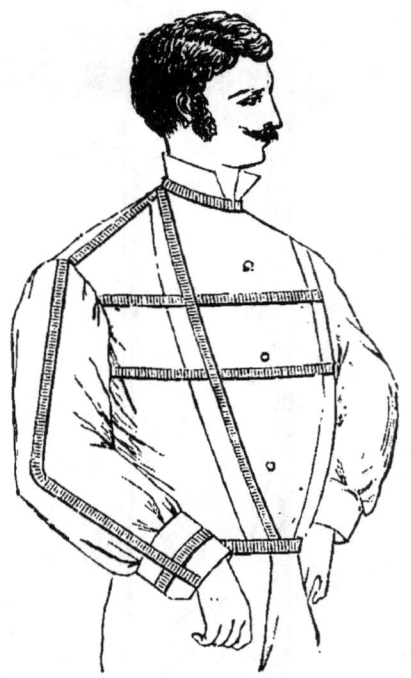

Fig. 189.

prise à environ 5 cent. au-dessous de la naissance du cou ;

5° et 6° Largeur de l'épaulette, prise sur le dessus de l'épaule, du cou à la naissance du bras; longueur de la manche jusqu'au poignet;

7° Grosseur de ceinture (voir fig. 189);

8° Longueur du plastron, depuis l'épaulette jusqu'à la ceinture du pantalon ;

9° Longueur totale, de l'épaulette jusqu'au genou;

10° Largeur du poignet, selon la mode.

Les 1re, 2e, 3e, 4e et 7e mesures seront inscrites par moitié.

MESURE DE LA FIGURE 190.

Grosseur du cou (moitié), 20.
Contour de poitrine, 96, — moitié, 48.
Largeur du devant, 40, — moitié, 20.
Largeur du dos, 42, — moitié, 21.
Largeur d'épaulette, 14 1/2.
Longueur jusqu'au poignet, 78.
Grosseur de ceinture, 84, — moitié, 42.
Longueur du plastron, 43.
Longueur totale, 95.

TRACÉ DU CADRE.

A B. — Largeur du cadre. Pour trouver cette largeur, on prend un quart du contour total de poitrine (2e mesure) et on y ajoute 4 cent.

Ainsi, le contour total de poitrine étant ici de 96, le quart donne 24 + 4 = 28. C'est donc sur 28 que nous basons la largeur du cadre.

A C. — Hauteur du cadre jusqu'à la taille, égale à la longueur du plastron (8° mesure).

TRACÉ DE DEVANT.

D. — La ligne B formant exactement le milieu de la gorge, c'est-à-dire la ligne des boutonnières, il faut ressortir de 1 cent. 1/2 au moins du cadre, afin d'obtenir la croisure, c'est-à-dire la largeur nécessaire entre les boutonnières et le bord.

B E. — Profondeur de l'encolure, égale au 1/6 de la grosseur du cou. Ainsi, la grosseur du cou, pour la fig. 190, étant de 40 cent., la 6° partie de 40 est 6 cent. 6 millim : on échancrera donc de 66 millim. l'encolure *B. E*.

B F. — Largeur de l'encolure, égale à *B E*. On trace le rond au compas.

On dessine ensuite le plastron, en lui laissant environ 3 cent. de largeur en haut, à partir de l'encolure *F*, et en lui donnant en bas la forme qu'on préfère.

G. — Pour les hommes de conformation régulière, on renverse un peu la chemise, en laissant un écart de 2 cent. entre le plastron

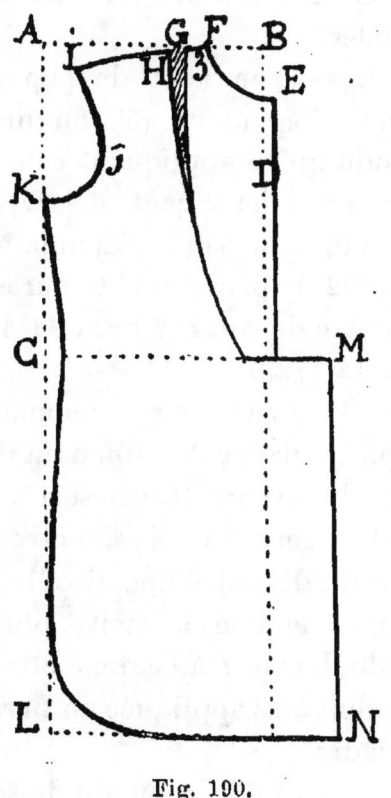

Fig. 190.

et le devant *H* : c'est ce qui fait bomber la poitrine.

I. — Abaissement de l'épaule, égal à la moitié de *B E*. — Pour une taille moyenne, cela fait à peu près 3 cent. au-dessous de la ligne du cadre. Pour les épaules hautes ou basses, les tenues irrégulières, voir les explications spéciales.

F I. — Longueur de l'épaule, égale à la mesure d'épaulette (5° mesure). Il est bien entendu qu'en appliquant cette mesure on ne compte pas les 2 cent. d'écart *G*. Ainsi, à la fig. 190, la mesure d'épaulette étant de 14 cent. 1/2, le plastron *F G* aura 3 cent. de largeur et le devant *H I* aura 11 1/2, ce qui donnera 14 1/2.

D J. — Pour creuser l'emmanchure *J*, on applique, à partir du milieu du devant *D*, la largeur du devant (3° mesure), à laquelle on ajoute 1 cent. (Ainsi, si notre mesure de largeur du devant d'une aisselle à l'autre est de 40, nous mettons la moitié plus 1, c'est-à-dire 21, du devant *D* à l'emmanchure *J*). Cette mesure doit être appliquée au tiers de la longueur du cadre.

A K. — La hauteur du dessous de bras, autrement dit la profondeur de l'emmanchure, s'obtient en mettant, à partir de l'angle du cadre *A*, la moitié plus 1 de la hauteur du cadre.

L. — Lorsque tout le haut du devant est tracé, on allonge le cadre autant qu'il est nécessaire pour obtenir la longueur totale de la chemise (9ᵉ mesure), puis on arrondit légèrement le coin.

M N. — On ressort de 10 cent. de la ligne *B*, afin de donner de l'ampleur au milieu du devant; cette ampleur, lorsqu'on monte la chemise, est retenue en un large pli sous la barrette qui termine le plastron.

TRACÉ DE LA PIÈCE D'ÉPAULE.

A B, *A C*. — On tire deux lignes formant équerre, (Fig. 191).

A D. — Largeur de l'encolure pareille à celle du devant, c'est-à-dire égale au 1/6 de la grosseur du cou.

A E. — Profondeur de l'encolure, 2 cent. de moins que *A D*.

E F. — Hauteur de la pièce au milieu, 5 cent.

F G. — Largeur égale à la mesure du dos (4ᵉ mesure).

H. — Abaissement de l'épaule, 5 cent. pour une conformation moyenne.

D H. — Longueur de l'épaulette égale à la 5ᵉ mesure.

TRACÉ DU DOS DE LA CHEMISE.

J. — Largeur sous le bras. Pour indiquer cette largeur, on met, à partir de la ligne d'équerre *A B*, 4 cent. de plus que le quart du contour de poitrine, c'est-à-dire une largeur égale à celle du devant de la chemise.

J. — Pour la profondeur de l'emmanchure, on mesure la profondeur de l'emmanchure du devant de *I* à *K*, et on fait celle du dos *H J* exactement pareille.

J M. — Comme le dos doit être froncé ou plissé dans le haut, il faut qu'il soit beaucoup plus large que la pièce d'épaules; aussi ressort-on de l'équerre pour donner l'ampleur nécessaire au milieu. On mettra donc de *J* à *M* une largeur égale à la moitié de celle du tissu, soit 40-42. Même largeur en bas de *K L*. On cintre légèrement la couture du côté à la taille.

I. — On arrondit un peu le haut du dos de 2 à 4 cent., selon la conformation. On a bien compris que la fig. 191 réprésente deux tracés réunis, celui de la pièce d'épaule et celui du dos de la chemise. La pièce d'épaules, une fois relevée à la roulette et découpée, suivra les contours indiqués par D E F G H D. Le dos,

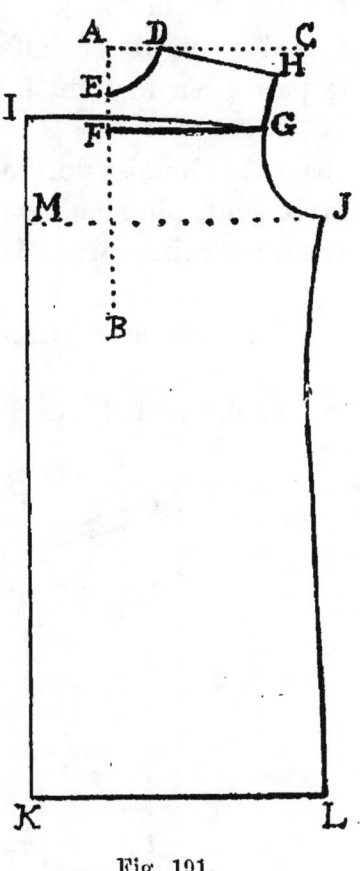

Fig. 191.

au contraire, suit la forme indiquée par I G J L K, revenant à I.

La pièce d'épaules se taille en deux morceaux avec couture au milieu.

Pour le dos, on plie l'étoffe en deux et on place le patron en mettant la ligne *I K* sur le pli.

Le dos de la chemise doit toujours être tenu environ 10 cent. plus long que le devant.

On laisse les coins carrés.

MANCHE DE LA CHEMISE.

Cette manche se taille presque de la même

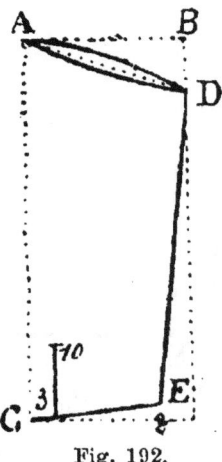

Fig. 192.

manière que la manche de chemise de nuit de

dame (fig. 160, page 315), dont on pourra revoir l'explication.

A B. — Largeur égale à la moitié du tour d'emmanchure, juste (sans y rien ajouter).

A C. — Longueur égale à celle du bras, moins la hauteur qu'on veut donner au poignet.

B D. —Abattement égal au 1/3 de la largeur du cadre.

E. — On rétrécit le bas de 1/4 de la largeur du cadre, puis on remonte de 2 à 3 centimètres.

Pour arrondir le haut, on tirera une ligne pointée allant de *A* à *D*, puis on passera 2 cent. 1/2 au-dessus de cette ligne pour le dessus, et 2 1/2 au-dessous pour le dessous.

La fente se fait à 3 cent. de distance du point *C*; on lui donne environ 10 cent. de longueur.

Modifications à faire pour les conformations irrégulières.

Lorsqu'on taillera une chemise pour un homme ayant les épaules hautes, on remontera d'autant qu'il sera nécessaire, en ajoutant moitié à l'épaulette du devant *I* (fig. 190) et moitié à la pièce d'épaules *H* (fig. 191), mais vers le bras seulement, car il ne faut rien ajouter du côté du cou.

Pour les épaules basses, on fera exactement le contraire ; on baissera moitié sur l'épaulette du devant, moitié sur celle de la pièce d'épaules.

On reconnaît qu'un homme a les épaules hautes lorsque sa mesure de hauteur de dessous de bras est plus longue que la moitié moins 1 de la longueur du dos.

On reconnaît les épaules basses lorsque la hauteur du dessous de bras est plus courte que la moitié moins 1 de la longueur du dos.

On devra donc prendre les mesures de longueur du dos chaque fois qu'au coup d'œil la conformation des épaules paraîtra irrégulière.

Lorsque la tenue sera voûtée, on arrondira davantage le haut du dos I, fig. 191 (de 3 à 4 cent., selon le degré d'inclinaison en avant de la personne) ; on pourra aussi, si cela ne suffit pas, baisser un peu l'épaule et l'encolure du devant aux points F et E, et, lorsque la poitrine n'est pas bombée, on supprime le petit écart de 2 cent. qui existe au devant entre le plastron et le devant, on peut même au besoin creuser un peu (de 1 à 2 cent.) la couture du plastron à la hauteur de la poitrine, afin de faire rentrer la chemise à l'endroit où elle bombe pour les conformations régulières.

Pour les poitrines bombées, pour les tailles minces, pour tous ceux qui portent le pantalon serré à la taille, comme par exemple les officiers, on fait la rectification contraire à celle que je viens d'indiquer. On maintient les 2 cent. d'écart qui existent dans le haut près du plastron, puis on bombe la couture du plastron en arrondissant légèrement les deux côtés; on peut aussi resserrer cette couture vers le bas, de manière à faire rentrer la chemise à la taille ; mais je dois recommander toutefois de ne pas exagérer ces rectifications, car on obtiendra une chemise ballonnant devant du plus disgracieux effet.

Cols et Manchettes.

On devra échancrer l'encolure de la chemise selon la forme du col. Le tracé fig. 190 donne une encolure absolument ronde, emboitant exactement le cou; elle devra rester ainsi pour y adapter les cols droits fermés.

Pour les cols rabattus, on baissera ou on

échancrera un peu le milieu du devant de 1 à 1 cent. 1/2.

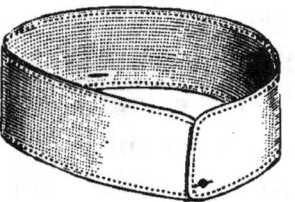

Fig. 193.

Pour les cols à coins cassés qui forment un

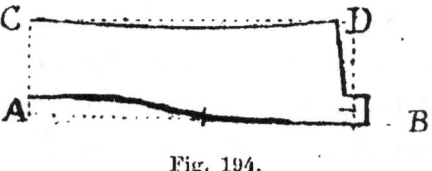

Fig. 194.

écart devant, on taille l'encolure un peu plus

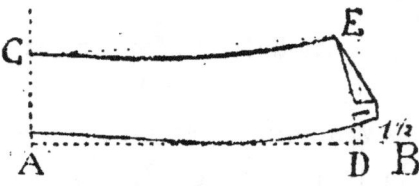

Fig. 195.

carrée au milieu, en laissant une petite distance droite de 2 à 3 centimètres.

La variété de cols ou faux cols adoptés par la mode est trop grande pour que chacun puisse trouver place ici. Je me bornerai donc à décrire la coupe des trois genres qui varient le moins : le col droit, le col rabattu et le col à coins cassés.

Le col droit se fait tantôt légèrement évasé, tantôt au contraire absolument ajusté au cou à son bord supérieur. Le col droit un peu évasé du haut est plus commode lorsqu'on a le cou court et fort, parce qu'il emboîte moins exactement. On le coupe comme le démontre la figure 194 (cette figure représente la moitié du col).

Pour le tracer, on tire deux lignes formant équerre, $A B$ et $A C$.

D. — On indique sur la ligne $A B$ la moitié de la grosseur du cou et on tire une petite ligne verticale D.

On creuse de 1 cent. à 1 cent 1/2 au coin A, et cela en mourant jusqu'à la moitié de la largeur du demi-col.

On indique ensuite sur la ligne $A C$ la hauteur qu'on veut donner derrière (4 cent. environ), et sur la ligne $B D$ la hauteur devant (4 1/2 à 5). On tire une ligne droite $C D$ reliant ces deux points, et on creuse d'un demi-centimètre.

On abat 1/2 centimètre de largeur au coin D.

On ressort ensuite de 1 centimètre 1/2 pour la croisure des boutonnières, à moins qu'on ne rajoute un petit poignet en droit fil, ce qui est moins solide que de faire le col d'une seule pièce et les boutonnières à même.

La fig. 195 donne un col droit plus étroit du haut, c'est-à-dire plus ajusté au cou. La seule différence entre celui-ci et le précédent consiste : 1.° en ce que le coin A n'est pas creusé, ou l'est à peine de 1/2 centimètre, tandis que l'extrémité B remonte de 1 cent. 1/2. Le haut E rentre presque de 1 cent. Ce col se fait généralement croisé; dans ce cas, on ajoute 1 cent. de largeur au bas (c'est là qu'on fera la boutonnière) et un demi-cent. en haut, E. Si on préfère que le col ne croise pas, mais joigne seulement, on coupera comme la seconde ligne.

Le col rabattu se taille en deux pièces. On coupe d'abord un petit col en droit fil comme celui de la fig. 195, mais on ne lui donne que 3 cent. à peu près de hauteur derrière, et 1 cent. 1/2 devant. Ensuite on coupe une autre pièce, également en droit fil (fig. 197).

— 371 —

Pour la tracer, on tire d'abord deux lignes formant équerre, *A B* et *A C*.

A D. — Sur la ligne du haut on indique

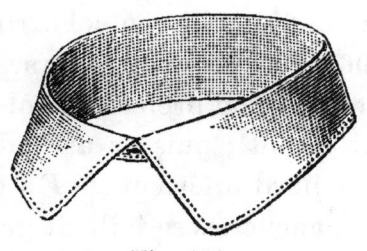

Fig. 196.

une largeur égale à la moitié du tour du cou.

A E. — On creuse le haut de 1/4 de la lar-

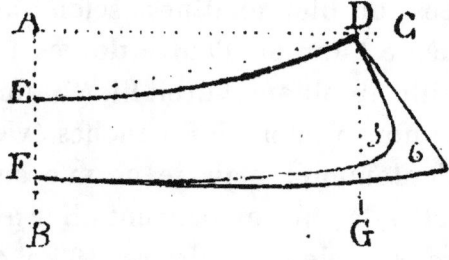

Fig. 197.

geur *A D*, c'est-à-dire de 1/4 du demi-tour du cou. (Ainsi pour une encolure totale de 40 on creusera de 5 cent.)

E F. — La hauteur du col derrière est subordonnée à la mode; on peut lui donner environ 4 cent.

La forme du devant et sa hauteur varient de même. Si on fait un col arrondi (comme la fig. 196), on ressort de la ligne $D\,G$ de 2 cent. seulement. Si on préfère un col pointu, on ressort de 5 cent.; puis on arrondit de 1 cent. à peine le bord inférieur de F à G.

Les manchettes se taillent généralement sur 28 cent. de largeur et 12 de hauteur, si elles ne sont pas à double face. Lorsqu'on veut pouvoir les utiliser aux deux extrémités, on leur donne 15 cent. de hauteur. Leur forme varie selon la mode; on les fait tantôt arrondies, tantôt carrées, ou bien abattues, selon que le col a lui-même l'une ou l'autre de ces formes. On les taille absolument droit fil, à moins que la mode ne nous ramène les manches évasées en forme d'entonnoir; mais je ne m'occupe pas ici de celles-là, qui ne peuvent aller avec les cols de genre sérieux des figures 193 et 196.

La forme du devant étant facultative, on abat un peu les coins, ou on les laisse tout droits.

On taillera exactement de la même manière les cols droits de lingerie pour dames. Pour les fichus de col, voir les figures 179 et 180.

Comme je ne puis donner ici tous les développements que comporterait une méthode spéciale du chemisier, je conseille de tailler d'abord, en mousseline raide, un patron qu'on essaiera et auquel on donnera exactement la forme qu'on désire.

Les cols à coins cassés se taillent de la même manière que les cols droits; mais on les tient un peu plus hauts vers le devant, et on les découpe aux coins de manière à former une distance plus ou moins large, si on veut qu'ils écartent devant.

On laisse subsister le bas du col sur une hauteur de 1 cent. ou 1 cent. 1/2 tout au plus, afin de pouvoir faire les boutonnières, mais qu'elles soient cachées par la cravate.

Caleçon.

Pour tailler un caleçon d'homme, cinq mesures sont nécessaires :
1° Longueur du côté jusqu'à la cheville;
2° Longueur d'entre-jambes;
3° Demi-contour du bassin;
4° Demi-grosseur de ceinture;

5° Grosseur de la jambe à la cheville.

Pour dessiner ce patron, je prie mes lectrices de vouloir bien se reporter au pantalon de petit garçon (fig. 141 et 142, pages 288 et 289).

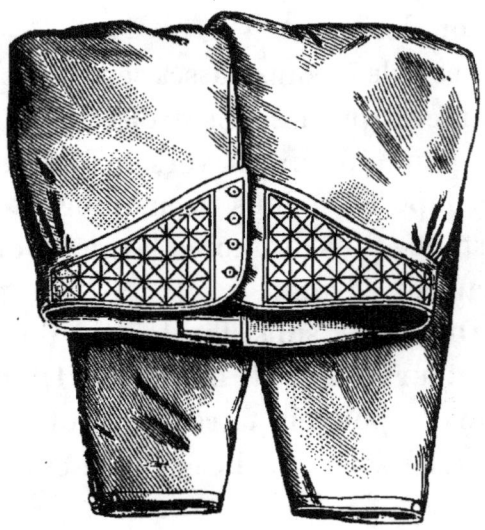

Fig. 198.

La seule différence entre le caleçon d'homme et le pantalon de garçon consiste en ceci :

1° Les mesures de longueur de côté et d'entre-jambes ayant été prises jusqu'à la cheville, le cadre se trouvera proportionnellement beaucoup plus long.

2° On basera la largeur du bas de jambe

du caleçon sur la grosseur de cheville, au lieu de la baser sur la grosseur du jarret.

3° Le bas de la jambe ne sera pas arrondi devant et creusé derrière, mais il sera coupé tout droit.

4° La pièce de derrière sera coupée 4 cent. plus large à la fourche que le devant.

5° On placera une doublure formant ceinture, à laquelle on donnera la hauteur et la forme qu'on voudra, et qu'on piquera sur tous ses contours. Pour serrer la taille, on laissera derrière une petite ouverture dans laquelle on fera des œillets et qu'on serrera avec un lacet, ou bien on mettra des pattes passant l'une dans l'autre et tenues par des boutons.

Dans le cas où l'on voudrait faire des fronces sur les côtés, il faudrait rajouter entièrement la ceinture. Pour cela on dessinera sur le haut du patron la forme et la hauteur qu'on voudra donner à cette ceinture, puis on la relèvera à l'aide de la roulette; ou bien on la détachera du patron. Le corps du caleçon deviendra ainsi d'autant plus court. Pour faire les fronces sur les hanches, on tiendra le haut du patron 4 cent. (pour chaque moitié) plus large que la demi-grosseur de ceinture.

Mais le caleçon plat, dont la ceinture est simplement marquée par la piqûre qui tient la doublure, est le plus généralement adopté.

Gilet de flanelle.

Pour tailler le gilet de flanelle, on prend six mesures :

1° Le 1/2 contour de poitrine ;
2° Longueur du dos ;
3° 1/2 largeur du devant ;
4° 1/2 largeur du dos ;
5° Hauteur du dessous de bras ;
6° Longueur de la manche.

On trace un cadre qui a en largeur 6 à 7 cent. de plus que le demi-contour de poitrine, et en hauteur la longueur du dos plus 1 cent.

On creuse le haut du dos de 1 cent., on dessine l'épaule et l'emmanchure comme je l'explique pour le veston de chambre (fig. 201), en se guidant sur les mesures de largeur du dos et de hauteur du dessous de bras. On dessine ensuite l'épaule du devant, comme l'indique encore la fig. 201, en se servant de la mesure de largeur du devant. Quant tout le haut est ainsi dessiné, on indique, à partir du haut du cadre, une hauteur égale à la largeur de la flanelle et on coupe tout droit en suivant les lignes du cadre, qu'on a préalable-

Fig. 199.

ment allongées. Le gilet de flanelle n'étant cambré nulle part, on plie la flanelle en deux dans le sens de sa longueur et on place le milieu du dos du patron sur le pli. De cette façon, le gilet est taillé d'une seule pièce, et se trouve aussi large en bas qu'à la poitrine. En un mot, à part les coutures du dos et du dessous de bras, qu'on ne fera pas, on pourra tracer comme la fig. 201 (voir l'explication de cette fig., p. 379 et suivantes).

On peut échancrer davantage le tour de l'encolure ; puis, comme le gilet de flanelle se boutonne généralement de côté, on ajoute 8 à 10 cent. de largeur au côté gauche, on l'arrondit gracieusement de manière à ce qu'il forme le plastron, puis on échancre le côté droit dans la même proportion et la même forme.

Pour la manche, on se reportera au tracé de la fig. 204, avec cette seule différence qu'on rétrécira le bas jusqu'a ce qu'il soit 3 ou 4 cent. seulement plus large que le poignet.

Veston d'appartement pour homme.

Pour faire un veston d'appartement, on devra prendre les mesures comme je l'indique, page 268, pour les vêtements de jeunes garçons, mais en y ajoutant toutefois la longueur de la nuque à la hanche derrière (passant sur l'omoplate), comme on la prend pour les dames.

Pour tracer le patron, on part du même

principe que pour les vêtements de jeunes gens, mais avec quelques petites différences de proportions.

Fig. 200.

A B. — Hauteur du cadre égale à la longueur du dos, plus 1 cent. 1/2.

A C. — Largeur du cadre égale au demi-contour du buste (2° mesure), plus 6 cent.

D. — On creuse le haut de 1 cent. 1/2 pour dessiner l'encolure.

D E. — Hauteur égale au 1/3 de la longueur du dos.

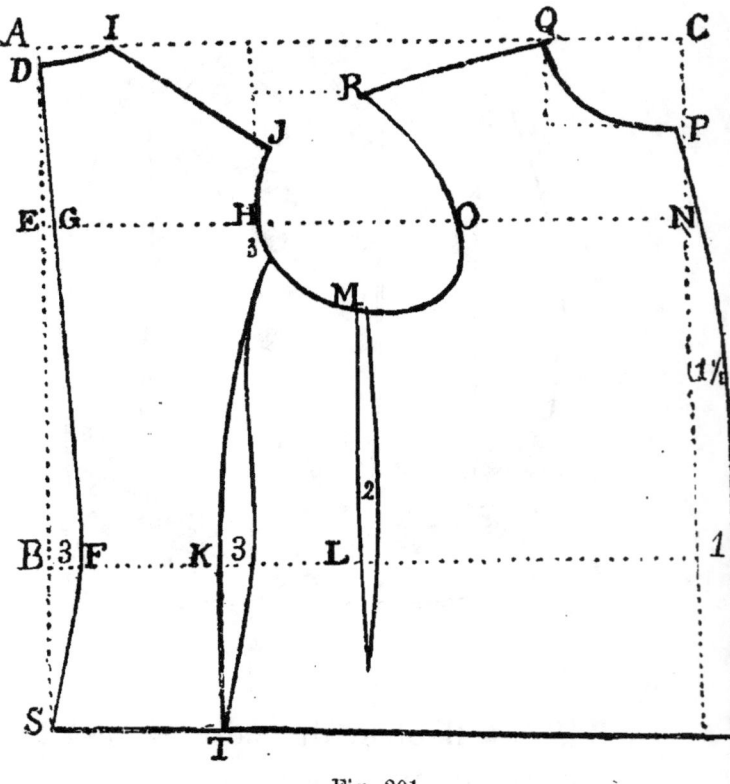

Fig. 201.

B F. — Pour cambrer la taille derrière, on rentre de 3 cent.

G H. — Largeur égale à la demi-largeur du dos (3° mesure).

A I. — Largeur de l'encolure égale à 1/3 plus 1 de la 3° mesure *G H*.

H J. — Hauteur égale au 1/3 de la distance comprise entre la lettre *H* et la ligne du haut du cadre.

F K. — Largeur du dos à la taille égale aux 3/4 de la 3° mesure (demi-largeur du dos).

Après avoir indiqué cette largeur, on supprime encore 3 cent., puis on marque la place exacte de la hanche *L* en mettant, à partir de *F*, le 1/4 moins 4 cent. de la grosseur totale de ceinture; cela est nécessaire pour pouvoir ensuite vérifier exactement la longueur de la nuque à la hanche derrière. Il est bien entendu qu'en plaçant la hanche on ne compte pas les 3 à 4 centimètres qui formeront la cambrure des côtés.

L M. — Lorsqu'on a placé le point *L*, on met, à partir de la ligne de taille, la hauteur du dessous de bras, ce qui donne la profondeur d'emmanchure *M*.

Pour dessiner la couture arrondie du dos et du petit côté, on place un point 3 cent. plus bas que *H* et on vient rejoindre, par une ligne légèrement courbée, d'abord le point *K*, puis celui qui lui fait suite, de manière à laisser tomber, en découpant, la petite distance qui cambre la taille.

TRACÉ DU DEVANT.

N O. — Largeur égale à la demi-largeur du devant (5ᵉ mesure).

C P. — Hauteur de l'encolure égale à la moitié de *C N*.

C Q. — Largeur de l'encolure égale à la moitié de *N O* (demi-largeur du devant).

R. — Hauteur de l'épaule du devant. On l'obtient en mettant, à partir de la ligne du haut du cadre, une hauteur égale à la moitié de la distance comprise entre cette même ligne et le point *J*.

On arrondit le bord du devant en ressortant du cadre de 1 cent. 1/2 sur la poitrine (à peu près à la hauteur du dessous de bras) et de 1 cent. à la taille.

Pour la basque du dos, on allonge la ligne *A B* jusqu'à 25 centimètres environ plus bas que la taille, et on dessine la basque *S* en partant de *F* rejoignant cette ligne.

S T. — Largeur à l'extrémité de la basque : 3 cent. de plus qu'à la taille *F K*.

Pour la basque du devant, on suit la ligne du devant avec la règle à partir de la poitrine jusqu'à la longueur voulue, puis on trace le bas ; pour le côté, on part de la taille et on rejoint le point *T*. On mesure ensuite le demi-contour de hanches, et si la largeur du patron n'est pas suffisante, on ajoute un peu de largeur au côté *T*. Dans le cas où le ventre serait fort, on élargirait aussi devant, mais on placerait toujours le bord du patron sur le droit fil du tissu.

On fait souvent aussi au dessous de bras une petite pince de 2 cent. environ de profondeur, qui se termine dans la poche et qui rend le veston un peu plus ajusté.

Il est bien entendu que, si la conformation de celui à qui le veston est destiné était irrégulière, on devrait modifier le patron comme je l'ai expliqué pour le corsage de dame.

Ainsi, si la tenue était voûtée, on raccourcirait le devant autant que le commanderait la mesure (de la nuque à la hanche devant) en baissant l'encolure *P* et *Q*.

Si les épaules étaient hautes, on ajouterait la

hauteur nécessaire à l'épaule *R* en mourant jusqu'à l'encolure *Q*. (Un homme bien proportionné doit avoir le dessous de bras égal à la moitié moins 1 cent. de la longueur du dos).

Dans le cas où la longueur de la nuque à la hanche (4ᵉ mesure) serait plus longue que le patron, cela indiquerait que le dos est rond ou l'omoplate forte; on ajouterait alors un peu de rond à la couture arrondie du dos (un peu de chaque côté de la couture), mais surtout par le petit côté.

MANCHE DU VESTON (fig. 202).

Pour tailler cette manche, on se reportera à l'explication de la fig. 10, page 31; on dessinera tout le haut exactement de la même manière, mais à partir du coude on fera les différences indiquées fig. 204.

1° On laissera la saignée complètement droite sans aucune cambrure, puis on indiquera la longueur du bras au poignet sur la ligne *C G*.

2° On donnera au bas du dessus de manche une largeur égale aux 3/4 de sa largeur en haut.

3° Le haut du dessous sera tracé de la même manière que la fig. 10; mais on ne supprimera pas de largeur du côté du devant *D*, puisqu'il n'y a pas de couture. Du côté du coude on ré-

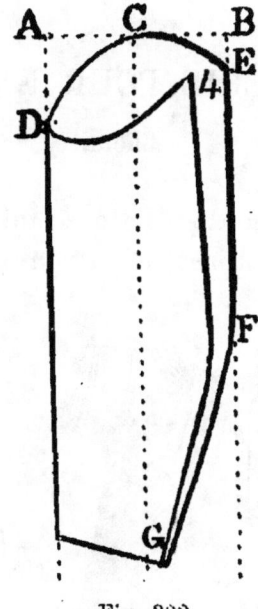

Fig. 202.

trécira le haut, mais vers le bas on laissera la même largeur au dessous qu'au dessus.

LINGERIE POUR ENFANTS.

Chemise.

La chemise de fillette se taille comme celle de dame, d'après le patron du devant de la

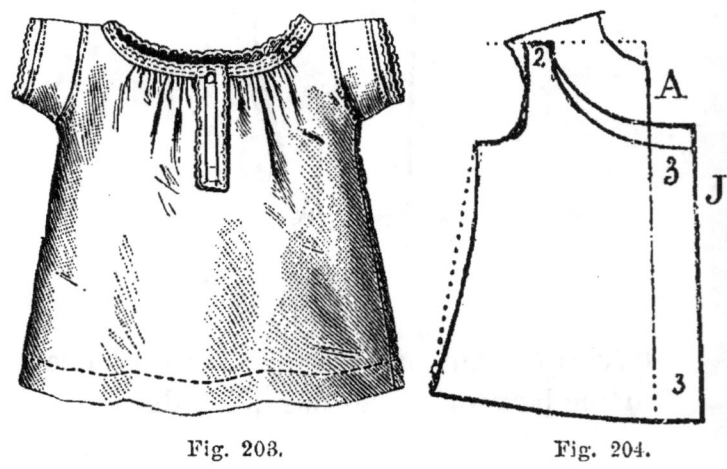

Fig. 203.   Fig. 204.

robe. La seule différence à observer est que pour les enfants on ajoute moins de largeur au milieu. On se reportera donc au tracé de la fig. 146, seulement on ne mettra que 3 cent.

de distance entre la ligne du cadre *A* et le devant *J*, pour les enfants de 2 à 5 ans; — 4 cent., de 5 à 8 ans; — 5 cent., de 8 à 11 ans; — 6 cent., de 11 à 14 ans, et 7 cent., de 14 à 16 ans; passé cet âge, on mettra 8 cent. La largeur totale du bas diminuera de 7 centimètres pour chaque année (prenant pour point de départ la taille de femme, fig. 148).

La gravure fig. 203 représente la chemise d'un enfant de 4 à 5 ans, et la fig. 204 montre la manière de la tracer; on verra que c'est absolument la répétition de la chemise de femme (fig. 148).

Pantalon.

Le pantalon d'enfant se taille absolument de la même manière que celui de dame (fig. 166 et 167); seulement, les enfants portant le pantalon beaucoup plus court, et ayant besoin de beaucoup plus de longueur du fond, on ne s'étonnera pas de voir que le pantalon, dessiné d'après les indications des fig. 168 et 169, et d'après les mesures prises sur l'enfant, n'aura presque pas de longueur de jambes, tandis que la hauteur du fond sera relativement énorme, ce qui est nécessaire. La seule différence consiste en ceci : 1° on pourra ne pas rétrécir le bas *F*, ce qui donnera plus de fronces dans la jarretière ; 2° on ressortira du cadre, au point *G*, de 2 centimètres (revoir

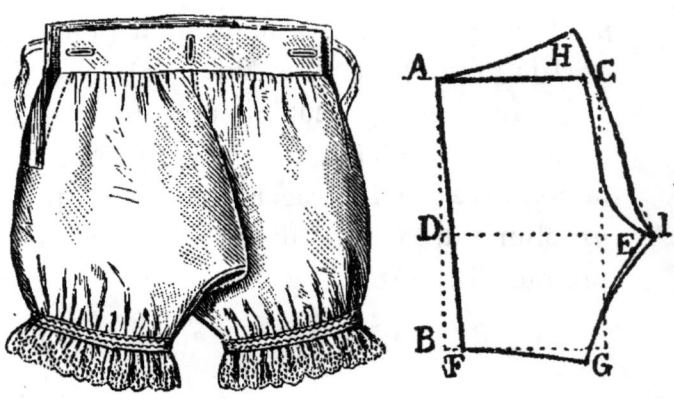

Fig. 205.   Fig. 206.

l'explication page 319 et la comparer à la fig. 206).

Je recommande de prendre la mesure du contour de bassin excessivement aisée.

On devra aussi, pour les pantalons fermés (ce sont ceux-là qu'on met de préférence aux fillettes), donner un peu de rond derrière, à la couture du fond.

Jupons.

Le jupon d'enfant varie de largeur selon l'âge, et aussi un peu selon la mode.

Lorsqu'on habille les enfants un peu « BOUF-FANT », on fait les jupons larges.

Comme proportion moyenne, un jupon ou

Fig. 207.

une jupe froncée pour enfant (de 2 à 14 ans) doit avoir une largeur du bas égale à deux fois le contour total des hanches plus 10 cent.

Ainsi pour une fillette de 3 à 4 ans, qui a environ 65 de contour de hanches (mesuré à l'endroit le plus fort), nous donnerons au jupon 140 de largeur totale. Cela paraît large au premier abord, comparé à la largeur des jupons de femme, mais cette largeur est absolument nécessaire pour les enfants de cet âge.

Lorsque le jupon est monté sur un corsage de dessous, comme la fig. 107, on taille le corsage comme je l'ai indiqué fig. 108, page 241. Quelquefois aussi, lorsque la fillette est mince,

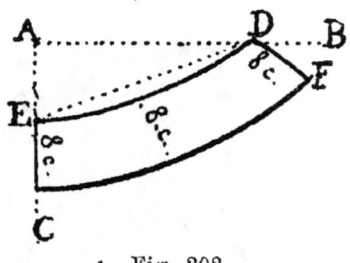

Fig. 208.

on ajoute derrière deux ou trois volants en forme de tournure.

Quand on ne veut pas faire le jupon avec corsage, on le monte sur une ceinture plate. Cette ceinture se taille comme le démontre la fig. 208.

A C, A B. — On tire deux lignes formant équerre.

A D. — Distance égale à la moitié moins 3 de la grosseur de ceinture.

A E. — Distance égale au 1/4 moins 3 de la grosseur de ceinture.

D F. — On indique la hauteur de la ceinture (8 cent. environ tout autour), puis on descend au-dessous de la ligne *D* de la moitié de la distance comprise entre les points *A* et *E*. C'est ce qui donne la hauteur du coin *F*.

Ce tracé (fig. 208) servira pour les enfants de 2 à 10 ans. Au-dessus de cet âge, on fera la différence suivante : on mettra entre *A* et *D* la moitié moins 5 de la grosseur de ceinture, puis entre *A* et *E* le 1/4 juste de la grosseur de ceinture; le coin *F* sera placé 5 cent. environ plus bas que la ligne *A B*. Les autres points ne varient pas.

CHEMISE DE NUIT.

La chemise de nuit d'enfant doit être tracée et taillée comme je l'ai expliqué pour celles de dames; la seule différence à observer, c'est qu'on ajoute moins de largeur pour les plis du devant et pour les fronces derrière. On n'ajoutera donc au patron du devant de robe que 7, 8 ou 9 cent., selon l'âge de la fillette. On ramènera aussi la couture d'épaule sur le milieu de l'épaule, comme je l'ai expliqué à la fig. 160. En un mot (à part la différence de largeur à ajouter), on opère comme pour une taille de femme.

Si on fait la chemise de nuit à empiècement

Fig. 209.

devant et derrière, comme la fig. 209, on donne à cet empiècement le tiers de la hauteur du dos, et on fait celui du devant de même hauteur que celui du dos.

Lorsque l'empiècement existe devant et derrière, le corps de la chemise est taillé (dos et devant) comme le démontre la fig. 210.

La largeur du bas diminue de 6 à 8 cent. pour chaque âge, c'est-à-dire d'année en année. Il sera donc facile de calculer la largeur à donner en bas, en prenant pour point de

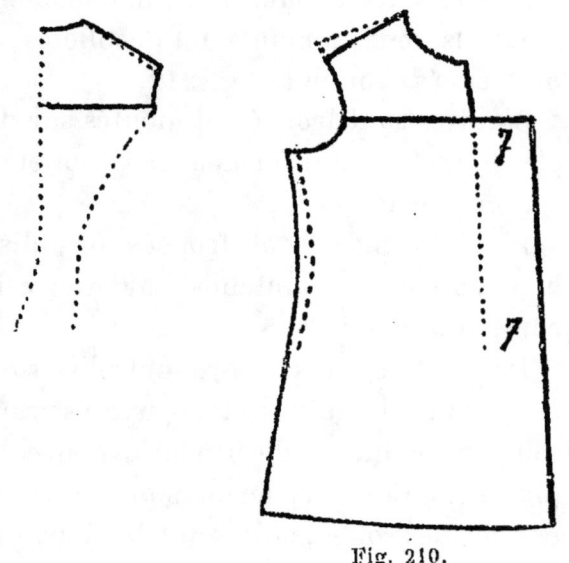

Fig. 210.

départ la taille de 16 ans, qui devra avoir 2 mètres de largeur en bas, et en diminuant de 7 cent. pour chaque année.

La manche est taillée comme l'explique la fig. 162.

TABLIERS.

Il existe bien des formes différentes de tabliers d'enfant. Les uns sont montés sur des empiècements d'épaules, comme la chemise de nuit; ils sont montants ou décolletés, plissés ou froncés comme la fig. 212.

D'autres sont froncés et montés sur de simples barrettes, qui forment le décolleté carré, comme la fig. 213.

D'autres enfin sont froncés ou plissés du haut en bas et maintenus par une ceinture, comme la fig. 216.

De plus élégants encore sont plissés ou froncés jusqu'à la taille, et la jupe est rapportée sous une ceinture de broderie nouée derrière (fig. 211). Ces deux derniers genres sont taillés comme des robes, tandis que les deux premiers dérivent plutôt de la coupe de la *chemise* et de la chemise de nuit.

TABLIERS A CORSAGE.

Pour reproduire la gravure fig. 211, on taillera d'abord dans le tissu la hauteur du corsage du tablier (depuis l'épaule jusqu'à la ceinture); puis on fera les plis par petits grou-

Fig. 211.

pes de 3 ou de 5, et on disposera les entre-deux comme on le voudra, jusqu'à ce qu'on ait obtenu la largeur nécessaire pour le devant.

On préparera de même les deux morceaux nécessaires pour le dos, qui sera, bien entendu, en deux pièces, puisque le tablier s'attache derrière.

Fig. 212.

Lorsque ces trois pièces sont ainsi préparées, on plie celle du devant en deux, en veillant à ce qu'un entre-deux ou un groupe de plis forme bien exactement le milieu ; puis on place dessus le patron du devant de robe, en mettant le bord du devant à 1 cent. environ du pli afin que le tablier soit un peu plus large que la robe. On trace alors et on coupe comme on le ferait pour une robe plate, seulement on cambrera un peu moins la couture du dessous de bras à la taille.

Pour le dos, on fera de même, on épinglera le patron du dos sur les pièces préparées à cet effet. Si l'on se sert d'un patron de robe qui a un petit côté séparé, on placera le patron du petit côté contre le dos, comme je l'ai expliqué pour la blouse marine (fig. 139), puis on taillera comme s'il n'y avait pas de plis.

On tiendra aussi le dos 1 cent. plus large au milieu, et on décolletera en rond ou en carré.

La jupe est composée d'un volant en droit fil, froncé et monté autour de la ceinture.

Si l'on veut y ajouter une manche, on la taillera comme celle de la chemise de nuit (fig. 161).

TABLIER A EMPIÈCEMENT (fig. 242).

Ce tablier se taille exactement de la même manière que la chemise de nuit expliquée fig. 210. On se sert du haut du devant et du dos du patron de corsage pour tracer l'empiècement ou pièces d'épaules.

Pour le corps du tablier (dos et devant), on taille comme l'indique la fig. 210, en ajoutant au devant et au dos du patron de robe de 6 à 10 cent. de largeur, selon l'âge de l'enfant et suivant qu'on veut plus ou moins de fronces. Seulement, pour le tablier, on laissera l'ouverture derrière ; pour cela on fera le dos en deux pièces.

Une ceinture arrête les fronces devant.

Si on fait des manches, on les taille comme celles de la chemise de nuit (fig. 161).

TABLIER A PIÈCES DROITES (fig. 213).

Le corps de ce tablier (devant et dos) est taillé exactement comme celui du tablier précédent, c'est-à-dire comme l'indique le tracé de la chemise de nuit (210).

Les fronces du dos et du devant sont montées sur de petites pièces droites qui ne sont que des bandes droit fil doubles, ou même des bandes de broderie.

La meilleure manière de tailler ces bandes et de les assembler, c'est de se baser sur un patron d'empièccment ordinaire qu'on aura

Fig. 213.

préalablement taillé en papier, comme l'indique la fig. 210, et sur lequel on aura tracé au crayon la hauteur qu'on veut donner aux bandes, et celle de l'épaulette (5 à 6 cent.).

Lorsque ces bandes seront ainsi dessinées, on les découpera et on jettera la partie qui ne doit pas servir (fig. 215), C. La pièce A don-

Fig. 214.

nera la moitié de la pièce d'épaule, et le morceau B donnera la moitié de la bande du devant et du dos.

Il est bien entendu que la bande du devant sera taillée d'une seule pièce, c'est-à-dire sans couture au milieu ; tandis que celle de derrière sera taillée en deux pièces, et un peu plus longue pour le croisage de la boutonnière. Quand on fait ces pièces en étoffe, on place le haut de l'épaulette A sur le droit fil, et on ne fait pas de couture sur l'épaule (chaque épaulette devant être taillée d'une seule pièce); si on les fait en broderie, on donne la forme

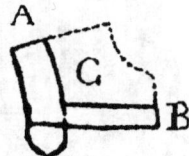

Fig. 215.

du patron, en faisant de petites pinces de place en place afin de bien emboîter l'épaule. On peut aussi dans ce cas tailler l'épaulette un peu plus longue et la faire croiser sur le tablier, où elle retombe en forme de petite patte arrondie, comme la fig. 214.

TABLIERS PLISSÉS (fig. 246).

Pour tailler ce tablier, on détache d'abord la hauteur de tissu nécessaire pour le devant, depuis l'épaule jusqu'au bas. On plisse ce morceau d'étoffe comme on le désire, en y ajoutant même des entre-deux de broderie, si on veut en faire un tablier très élégant ; puis on place le

Fig. 216.

patron de robe dessus, en mettant un pli ou un entre-deux bien juste au milieu. On taille alors comme le patron de robe, en ajoutant seulement 1 cent. de largeur (pour chaque moitié). On fait de même pour le dos, puis on décollète en rond ou en carré, et on fixe une ceinture devant pour maintenir les plis.

(Si l'on se sert d'un patron de robe ayant un petit côté séparé, on place ce petit côté contre le dos, comme je l'ai indiqué pour la blouse marine et pour le tablier à corsage).

Layette ou vêtements d'enfants du premier âge.

La toilette du nouveau-né se compose :
1° D'une petite chemise en toile fine, avec manches pour la plus petite taille, ou sans manches lorsque le bébé est un peu plus grand ;
2° D'une brassière de flanelle légère, puis le plus souvent d'une seconde brassière en piqué, le tout ne descendant que jusqu'aux reins.

Je ne m'occupe pas pour le moment du maillot, qui se résume, comme on sait, en un carré de toile qu'on nomme couche, et en langes de laine et de coton.

Quand le bébé quitte le maillot, on le revêt d'une sorte de culotte de flanelle ou de piqué molletonné, nommée culotte anglaise.

Au-dessus, l'enfant porte une sorte de jupon ouvert devant et une longue robe qui recouvre le maillot; ou, lorsqu'il a quitté le maillot pour prendre la culotte, on lui met une robe demi-longue, qui est taillée soit en forme de blouse froncée aux épaules et à la taille, soit plissée de haut en bas et maintenue par une ceinture,

CHEMISE ET BRASSIÈRE.

Fig. 217.   Fig. 218.

La chemise de nouveau-né se taille en trois grandeurs différentes; la première grandeur lui servira de 1 à 4 mois, la deuxième de 4 à 8 mois, et la troisième de 8 mois à 1 an.

On met 4 cent. de différence de largeur entre chaque grandeur (2 pour la moitié, puisqu'on ne trace que la moitié du patron).

Je donne d'abord les mesures et le tracé de la première grandeur, c'est-à-dire de la chemise ou de la brassière qui serviront pour la première période :

1° Longueur totale de la brassière (jusqu'au milieu des reins), 23;

2° Demi-contour du buste, 23 ;
3° Demi-largeur du dos, 9 1/2
4° Demi-largeur du devant, 9 1/2
Longueur de la manche (côté du coude) 18.

EXPLICATION DU TRACÉ (fig. 220).

A O. — Hauteur du cadre : 23 cent.
A C. — Largeur du cadre : 23 cent.
A D. — On creuse l'encolure du dos de 1 cent.

B E F. — On divise la hauteur du cadre en quatre parties égales. La première E, nous donne la hauteur de la carrure; la seconde ligne, F, marque la hauteur du dessous de bras.

La ligne B indique la hauteur de la taille. Cette ligne n'a pas d'utilité pour la brassière, mais elle est nécessaire lorsqu'on veut transformer le patron de brassière en robe à corsage. Ainsi, à la fig. 220, la hauteur du cadre étant de 23 cent., la distance entre la ligne A et la ligne de carrure E est de 5 3/4, et la distance entre E et F est également de 5 3/4.

E G. — Largeur du dos ou de carrure (3° mesure), 9 1/2.

H. — Hauteur de l'épaule, 3 cent. au-dessus du point *G*.

Fig. 219.

A I. — Largeur d'encolure pour le dos égale à la moitié de la largeur du dos *E G*.

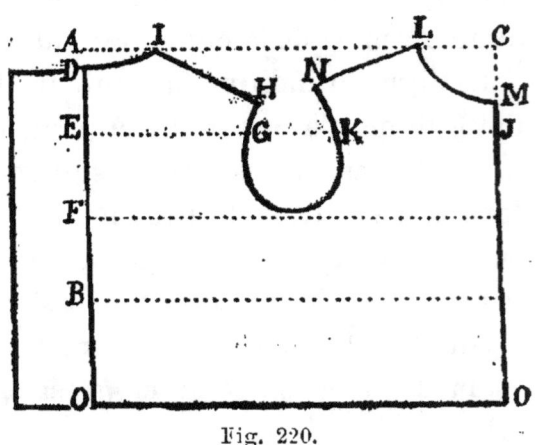

Fig. 220.

J K. — Demi-largeur du devant, 9 1/2.

L C. — Largeur d'encolure pour le devant, égale à la moitié de la largeur du devant *J K*.

C M. — Hauteur de l'encolure égale à sa largeur *L C* moins 1 cent.

N. — Hauteur de l'épaule du devant, 1 cent. plus haut que *H* (c'est-à-dire 4 cent. au-dessus de *K*).

La ligne *A B* donne exactement le milieu du dos; mais comme il faut que la chemise croise derrière d'au moins 7 cent., on ajoutera au milieu du dos 3 cent. 1/2 pour chaque côté. La brassière doit être taillée d'une seule pièce.

Les brassières de piqué ou de flanelle se taillent exactement sur le même patron; seulement, pour celles de flanelle, on ajoutera 1 cent. de largeur devant, 1 cent. derrière, et 1 1/2 sur chaque épaule, afin de parer au rétrécissement que subit presque toujours ce tissu.

MANCHE (fig. 221).

On trace la manche dans un cadre.

A B. — Haut du cadre (22 environ).

A C. — Largeur du cadre égale à la moitié du tour d'emmanchure mesurée sur la chemise ou la brassière.

A D. — Abattement du haut de la manche égal au 1/3 de la largeur du cadre *A C.*

B E. — On rétrécit le bas de la manche du 1/4 de la largeur du cadre.

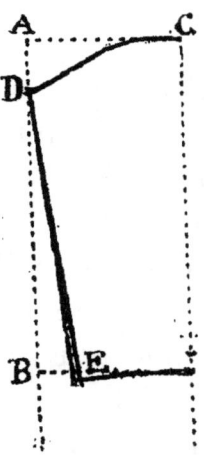

Fig. 221.

Pour monter la manche, on place le point C 1 centimètre en arrière de la couture d'épaule de la chemise, ce qui fait que la couture de la manche se trouve placée un peu en avant du milieu du dessous de bras.

CHEMISE ET BRASSIÈRE DE SECONDE TAILLE.

Les chemises et brassières de deuxième taille

qui servent généralement de 4 à 8 mois, doivent être tracées absolument comme je l'ai expliqué aux pages précédentes (fig. 220 et 221); seulement, l'enfant étant plus grand et plus fort, on se basera sur les mesures suivantes :

Longueur totale, 25;
Demi-contour du buste, 25;
Largeur du dos, 10 1/4
Largeur du devant, 10 1/4
Longueur de manche, 19 1/2.

Pour la troisième taille, on mettra :
Longueur totale, 27;
Demi-contour du buste, 27;
Largeur du dos, 11;
Largeur du devant, 11;
Longueur de manche, 21.

Ces mesures servent indistinctement pour les chemises de toile et pour les brassières de piqué. Les brassières de flanelle seules pourront être taillées un ou deux centimètres plus larges, parce que les fréquents lavages qu'elles subissent les font toujours un peu rétrécir.

Il est bien entendu que les chemises ou les brassières ne doivent pas avoir d'autres coutures que celles des épaules et des manches, le corps de la brassière étant coupé d'une seule pièce.

ROBE-BLOUSE, OU CACHE-MAILLOT.

Cette robe se fait longue, et avec empiècement d'épaules; pour la tailler, on commence par tracer un patron de brassière, exactement comme je l'ai indiqué fig. 220. (Dans le cas où on aurait déjà en sa possession un patron de brassière, on le relèverait simplement au crayon ou à la roulette sur un autre papier, afin de pouvoir le découper).

On dessine sur ce patron la hauteur qu'on veut donner à l'empiècement. C'est presque toujours, pour le devant comme pour le dos, le 1/3 de la hauteur du cadre (voir fig. 223). Quand les deux pièces A et B sont découpées, on forme la couture du dessous de bras en coupant le bas du patron en deux (au milieu de l'emmanchure D). On aura ainsi 4 pièces A, B, E et F. Les deux pièces du dos A seront coupées séparément. La pièce du devant B sera taillée double, mais d'une seule pièce, car il ne faut pas de couture devant.

Pour couper le corps de la robe, on détache d'abord la hauteur nécessaire pour le devant.

A l'une des extrémités de ce morceau d'étoffe, on fronce sur une largeur de 15 cent. environ; puis on épingle l'empiècement, et on mesure la hauteur de la taille où devra se trouver la ceinture. Là on froncera encore, en faisant quatre ou cinq rangs superposés.

Fig. 222.

Quand les fronces sont faites, on place dessus le devant du patron F, en veillant à ce que le bord se trouve bien juste au milieu des fronces, et on trace les contours du patron (fig. 224). Pour donner la largeur du bas, on tire avec

— 412 —

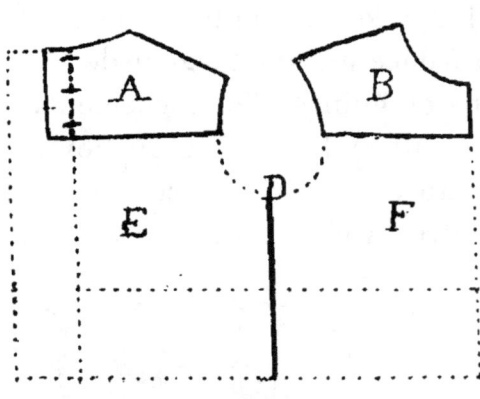

Fig. 223.

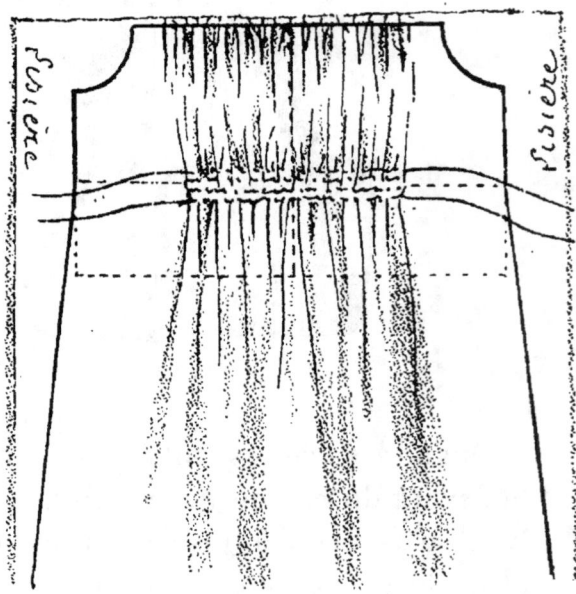

Fig. 224.

une règle une ligne partant du dessous de bras
D et rejoignant en bas la lisière de l'étoffe.
Lorsqu'on a tracé un côté, on plie en deux et
on coupe double.

Pour le dos on fait de même, mais on ne
laisse que 2 cent. de croisure.

L'ouverture se fait derrière sur une longueur
de 25 cent. à partir de l'empiècement. Une
ceinture est fixée aux fronces du devant et se
noue derrière. Lorsqu'on voudra faire cette
même robe plissée, on opérera absolument de
la même manière, mais on fera des plis en
haut et à la taille du dos et du devant, et lorsque ces plis seront arrêtés, on posera le patron
et on taillera absolument comme je l'ai expliqué plus haut.

ROBE A CORSAGE (fig. 225).

La robe à corsage est plus habillée que la
précédente. Pour tailler le corsage on se sert
toujours du patron de brassière ; mais comme
on ne fait pas d'empiècement, on se contente
de le séparer au dessous de bras pour la couture D (fig. 226), et de le raccourcir en coupant
toute la longueur qui dépasse la taille.

On coupe ensuite dans le tissu la hauteur

nécessaire pour le corsage, jusqu'à la taille seulement, c'est-à-dire 18 à 22 cent.; on fait des plis, soit réguliers, soit séparés par petits groupes de 3 ou de 5, ou bien on fronce en haut et en bas, ou encore on coud des entre-

Fig. 225.

deux; puis, lorsque le morceau d'étoffe est ainsi préparé, on pose le patron du devant dessus et on trace. Pour terminer, on plie en deux bien exactement, de manière que les plis se trouvent bien juste les uns en face des autres, et on coupe double (fig. 227).

On fait de même pour le dos, avec cette différence toutefois que chaque moitié du dos sera coupée séparément.

On ajoutera les coutures et les ourlets en taillant, car ils ne sont pas compris dans la grandeur du patron.

La jupe est composée de deux lés et demi de

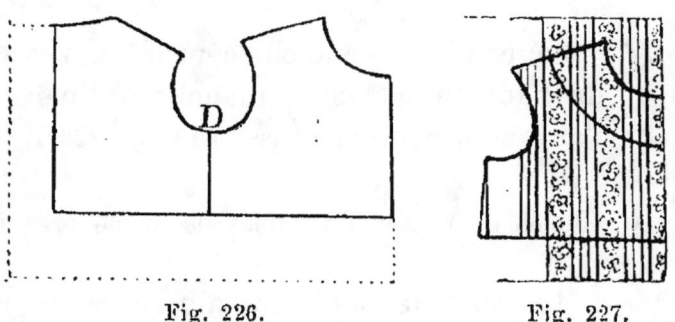

Fig. 226.　　　　　　　Fig. 227.

tissu, ce qui lui donne 2 mètres à peu près de largeur. Elle est complètement droite, ce qui veut dire que, n'étant biaisée nulle part, elle est aussi large en haut qu'en bas.

On la fronce régulièrement tout autour de la taille du corsage. Sa longueur est de 60 à 70 (mesurée de la taille).

En la taillant, on ajoutera la longueur nécessaire pour l'ourlet, qui doit toujours avoir au moins 6 à 7 cent. de hauteur, et pour les plis qui garnissent le bas si on veut en faire.

Comme la taille du corsage est généralement tenue très large (puisqu'elle doit être mise par-dessus le maillot, qui est toujours un peu épais), on la double d'une bande droit fil, ou d'un large ruban de percale, dans lequel on passe deux petites coulisses qu'on serrera au besoin derrière.

Pour tailler la manche courte, on se servira du haut du patron de manche ordinaire que j'ai donné pour la brassière (fig. 221).

Robes de baptême et robes de forme princesse.

La robe de baptême, ainsi que les robes très élégantes, se fait souvent avec un devant taillé d'une seule pièce, tandis que les côtés et le dos forment le corsage à la taille.

Quand on fait cette robe en piqué, comme la fig. 229, on la garnit de volants de broderie anglaise et de petits galons « cache-points » en coton. Si on veut la rendre plus habillée, on taille la pièce de devant 20 à 25 cent. plus courte, et on l'allonge avec une garniture composée d'entre-deux et de volants de broderie.

Si on la préfère encore plus élégante, on fera le devant tout entier en broderie. La robe

Fig. 228.

de piqué se fait généralement montante avec manches longues.

La robe de baptême, qu'elle soit en batiste ou en mousseline, est presque toujours garnie de valenciennes; le devant est souvent entière-

Fig. 229.

ment bouillonné, comme la fig. 228, avec application de fines broderies. On la fait quelquefois décolletée, à manches courtes. Le bord de la jupe est orné de plis. On la fait généralement un peu plus longue que la robe de piqué.

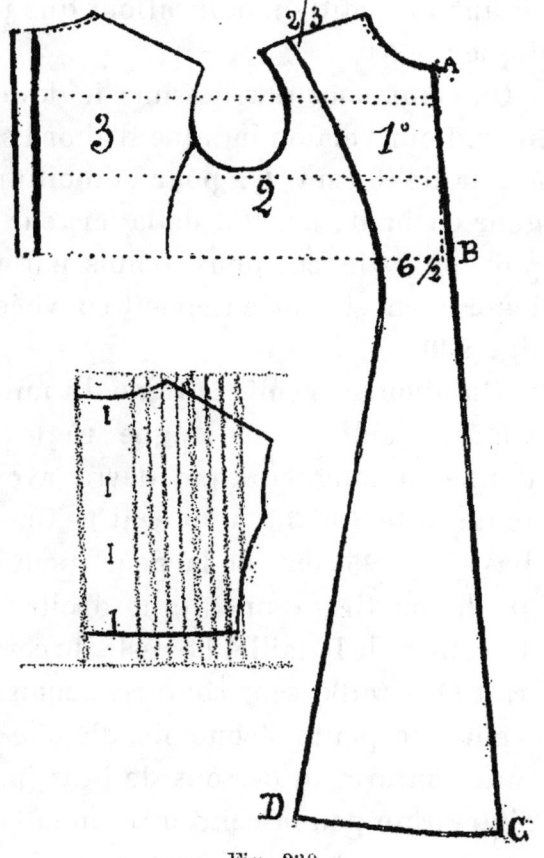

Fig. 230.

Quels que soient le tissu qu'on emploie et la manière dont on la garnit, cette robe devra toujours être taillée d'après le patron de brassière dessiné seulement jusqu'à la taille, en y faisant les petites modifications que je vais indiquer.

On commence par dessiner le devant, ou tablier. Pour cela on indique d'abord sa largeur à la taille (6 cent. 1/2 pour la moitié) et sa largeur en haut, aux 2/3 de la largeur d'épaule; puis on relie ces deux points par une ligne légèrement et gracieusement courbée (pièce 1, fig. 230).

On allonge ensuite la ligne du milieu du devant à l'aide d'une longue règle, et on lui donne la longueur que devra avoir la robe toute faite (de 75 à 90 cent.). On mettra au bas, D C, 25 cent. de largeur (pour la moitié). De là on tirera une ligne droite rejoignant la courbe de la taille. Le reste du corsage pourrait être taillé sans coutures, mais on a souvent une petite économie d'étoffe en faisant une couture au dessous de bras (puis on peut élargir un peu la ceinture); on la fait alors un peu en arrière de l'emmanchure. On obtient ainsi un patron composé de trois pièces : 1° la moitié du devant ou tablier, 2° une pièce de côté, 3° la moitié du dos.

Pour tailler le devant ou tablier, on plie le tissu en deux et on pose le patron dessus en mettant la ligne *A B* sur le pli. Si on fait le devant bouillonné ou en broderie, on bouillonne d'abord l'étoffe, on assemble les entre-deux; en un mot, on forme un tissu composé des garnitures qu'on a choisies, et lorsque la pièce de devant est ainsi préparée, on la plie par le milieu, on place le patron, et, après avoir tracé, on coupe double.

La pièce de côté n'a rien de particulier, on la taille en droit fil. Le dos, s'il est en piqué ou en brillanté, se taille plat et en droit fil ; on laisse en plus derrière la largeur nécessaire pour la croisure des boutonnières. Si la robe est en batiste, en mousseline, nanzouk, etc., on fait le dos plissé comme une guimpe. Dans ce cas, on fait d'abord les plis sur la hauteur nécessaire, en réservant au milieu du dos une largeur de 2 cent. complètement plate (plus l'ourlet pour faire les boutonnières et poser les boutons); puis, quand l'étoffe est plissée, on pose dessus le patron du dos et on coupe double (voir la fig. 230).

La jupe est taillée complètement droite (aussi large en haut qu'en bas);elle se compose de deux lés, c'est-à-dire de deux largeurs d'étoffe (en 80 centimètres de large). Si la robe est en piqué, on monte la jupe à plis creux autour du corsage ; si elle est en étoffe légère, on la fronce.

On laissera en plus la hauteur nécessaire pour l'ourlet et les plis du bas, si on en fait.

BAVETTE.

Pour tailler la bavette, on se base sur la grosseur du cou (c'est généralement, pour la plus petite taille, 22 cent. et pour la plus grande 25). On tire deux lignes formant une croix ; AB et CD fig. 232).

On indique le point E en mettant au-dessus du centre de la croix F le 1/5ᵉ moins 1 cent. de la grosseur du cou (3 cent 1/2). On donnera la largeur G en mettant, toujours à partir du centre F, la même distance plus 1/2 cent. (4). La profondeur H s'obtient en mettant, à partir du point central F, 1/5ᵉ juste de la grosseur du cou soit 1 de plus que EF (4 1/2) (fig. 233). La forme et la grandeur de la bavette varient selon la manière dont on la garnit. On lui donne généralement de 11 à 12 cent. de hauteur devant, du point *H* au bord, sans compter la garniture. Si on n'en met pas, on lui donne 13 ou 14.

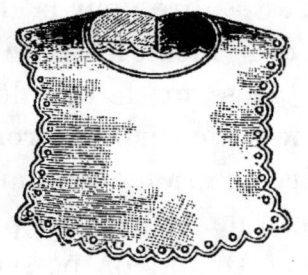

Fig. 231.

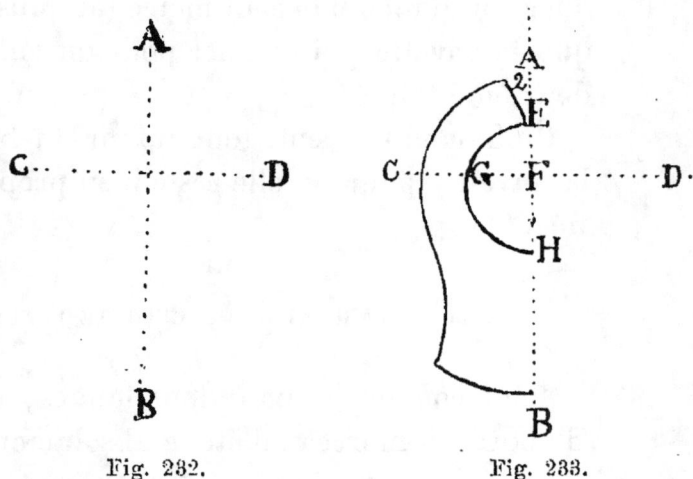

Fig. 232.   Fig. 233.

La largeur du côté (de *G* au bord) et la hauteur derrière (de *E* au bord) sont de 4 cent.

environ. On abat le milieu du dos de 2 cent. pour que la bavette ne gode pas sur les épaules.

Pour tailler la bavette pour un enfant plus gros, c'est-à-dire pour la deuxième taille, on tracera de la même manière, mais on se basera sur une grosseur de cou de 23 1/2 et pour la troisième taille sur une grosseur de 25, ce qui est l'extrême grandeur; mais il n'est pas même nécessaire de tailler un patron pour chaque grandeur. Quand on possède le plus petit, il suffit de recouper l'encolure tout autour d'un quart ou d'un demi-centimètre (au plus) pour que la bavette puisse aller pour un enfant de deuxième taille.

On ajoutera 1 cent. tout autour du bord de la bavette, pour qu'elle reste bien proportionnée.

CULOTTE ANGLAISE, OU CULOTTE-LANGE.

Pour couper des pantalons-langes, on taille d'abord un morceau d'étoffe absolument carré (comme une serviette) ayant 70 cent. de longueur sur chaque face (*A B C D*). On partage ensuite ce carré en deux parties égales, en le coupant en biais d'un coin à l'autre *B C* (fig.

235); chaque morceau donnera un pantalon.

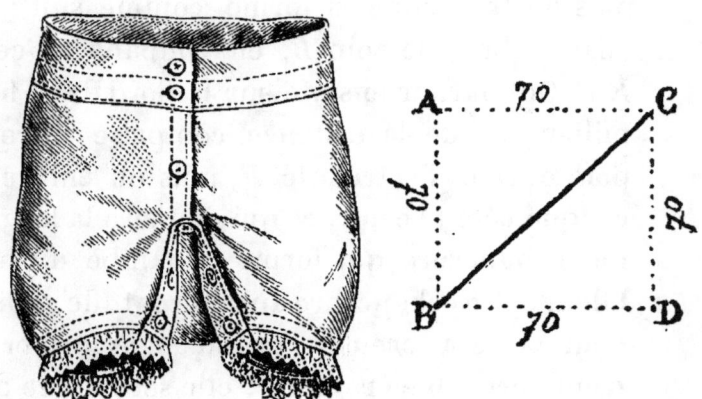

Fig. 234.   Fig. 235.

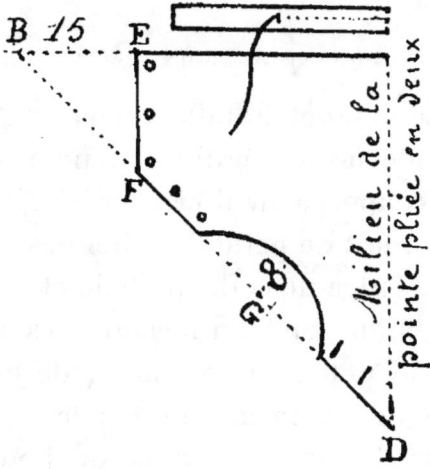

Fig. 236.

On prendra alors un des morceaux, on le

pliera en deux, de manière que les deux pointes se trouvent l'une sur l'autre (voir la fig. 236). puis on lui donne la forme comme suit : on abat d'abord le coin *B*, en coupant 15 cent. *E F*. On marque ensuite sur le bord droit fil le milieu, *G*, de la distance comprise entre la pointe *D* et l'extrémité *F*; puis on enlève de chaque côté 11 cent., ce qui donnera la largeur de l'échancrure qui forme la jambe du pantalon. Cette échancrure aura 8 cent. de profondeur et sera creusée de façon à former un demi-cercle bien régulier; elle sera ornée d'un petit volant brodé. La ceinture est droite, avec coulisse intérieure.

BONNET A TROIS PIÈCES, OU BÉGUIN.

Le bonnet habillé qu'on met aux enfants par-dessus le béguin n'a, pour ainsi dire, pas de coupe particulière, puisqu'il est généralement fait de petits bouillonnés de mousseline, ou d'entre-deux de dentelle et de broderie disposés en rond ou formant des rayons autour d'une petite pièce ronde, de manière à bien prendre la forme de la tête.

Je donne ici le tracé du bonnet de batiste qu'on appelle serre-tête, ou béguin.

Pour couper les pièces de côté, on forme d'abord un carré ayant 11 cent. sur chaque face, A B C D (fig. 238). On tire ensuite une ligne traversant ce carré en biais (B à C). On supprime 2 cent. 1/2 au coin B et on arrondit. On fait de même au coin C. Au coin A on ressort du cadre de un 1/2 centimètre en hauteur et un 1/2 centimètre en largeur.

Pour bien faire appliquer le bord du bonnet derrière vers la nuque, on rentre de un 1/2 centimètre au coin D.

Pour couper la pièce du milieu (fig. 239), on mesure le contour de celle de côté (fig. 238) depuis A jusqu'à D (en passant vers le coin B). Cette longueur, à laquelle on ajoutera 1 centimètre 1/2, servira à établir la longueur de la pièce du milieu (fig. 239). On donnera 6 cent. de largeur en bas, B D, et 7 en haut A C. On arrondira ensuite chaque côté de un 1/2 centimètre.

On laissera en plus la largeur nécessaire pour l'ourlet et pour les coutures, qui doivent être très petites et très finement rabattues.

Ce bonnet est tracé pour une taille moyenne; pour en faire un autre un peu plus petit, on taillerait de même, mais on n'ajouterait rien pour les coutures, qui seraient alors prises sur la largeur des morceaux. Pour en faire un un

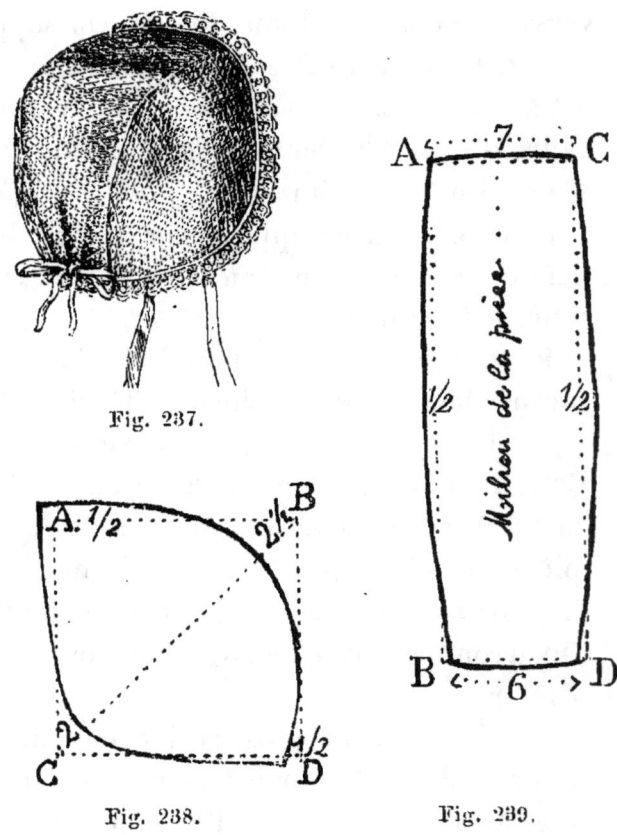

Fig. 237.

Fig. 238.   Fig. 239.

peu plus grand, on laisserait en plus un demi-centimètre tout autour des pièces de côté et

1 cent. de longueur à chaque extrémité de la pièce du milieu.

PELISSE.

La pelisse se compose d'une sorte de grand

Fig. 240.

pardessus recouvert d'une longue pèlerine. Ce pardessus est taillé soit avec empiècement d'épaules et plissé devant et derrière, soit plat comme un paletot ordinaire. La pèlerine, elle, est toujours taillée de la même manière.

Si on choisit la forme avec empiècement, on opère absolument comme si on voulait tailler une robe-blouse ou cache-maillot, c'est-à-dire

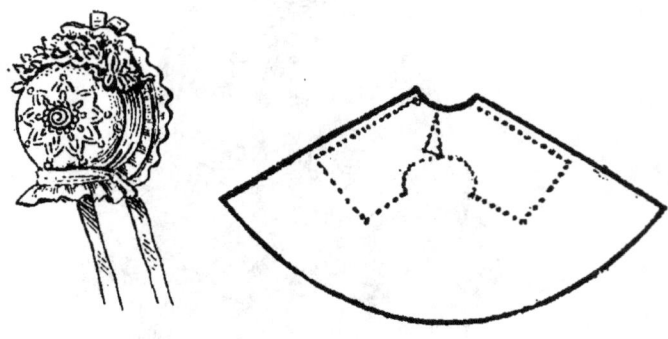

Fig. 241.   Fig. 242.

qu'on se guide sur un patron de brassière ou de robe (voir pages 411-412, fig. 222, 223 et 224); seulement on tiendra compte des différences suivantes :

1° On ajoute 1 cent. de largeur au milieu de l'empiècement (pour chaque moitié) du dos et du devant.

2° On ajoute également 1 cent. de chaque côté à l'emmanchure, ce qui donne à la pelisse

4 cent. de plus de largeur qu'à la robe, pour le dos et autant pour le devant. Cela peut paraître très large au premier abord, mais on comprendra qu'il est important que le vêtement entre facilement sans qu'on soit obligé de tourner en arrière les bras si frêles du bébé lorsqu'on veut l'habiller.

3° Comme ce vêtement est ouvert devant, on taillera l'empiècement de derrière d'une seule pièce, tandis que celui de devant sera taillé en deux morceaux.

4° Pour le corps de la pelisse on opérera comme pour celui de la robe-blouse, seulement on le taillera 10 cent. plus long au moins que la robe; on plissera le haut au lieu de le froncer, et on donnera 2 mètres de largeur totale en bas, ainsi répartis : 1 mètre pour le dos et 50 cent. pour chaque devant.

La pèlerine sera taillée à l'aide du patron de robe ou de brassière. On réunira le dos au devant par la couture de l'épaule; on placera ces deux parties du patron ainsi réunies sur une feuille de papier ou sur le tissu, et en suivant les contours du dos, du devant et de l'encolure, on obtiendra la forme de la pèlerine. On arrondira en donnant 65 cent. environ de longueur tout autour (mesurés à partir de l'encolure), selon la hauteur de la garniture qu'on aura choisie. (Voir la fig. 242.)

Le milieu du dos sera placé sur le pli de l'étoffe.

RENSEIGNEMENTS UTILES.

Apprêt des corsages.

J'ai dit au chapitre V que, lorsqu'on apprête un corsage, la doublure doit toujours être un peu soutenue sur l'étoffe, c'est-à-dire qu'elle doit être tenue un peu plus large et plus longue que le dessus.

Chez quelques couturières même on exagère cette manière de faire, ce qui devient alors un défaut, par cette raison que la doublure, au lieu de maintenir un peu l'étoffe et de l'empêcher de s'érailler aux coutures, laisse prêter au tissu toute son élasticité, et cela au détriment de la solidité. On obtient ainsi, il est vrai, des corsages qui vont parfaitement bien les premières fois qu'on les porte; mais au bout de quelques jours d'usage, l'étoffe du corsage, qui n'est pas suffisamment consolidée par la doublure et qui supporte seule toute la fatigue, se déforme, et les coutures s'écartent infailliblement. Je ne parle ici, bien entendu, que des tissus légers, mais il est des saisons où l'on n'emploie que ceux-là.

Les corsages de grenadine fournissent la preuve de ce que je disais plus haut. On emploie la grenadine unie, façonnée, brochée, chenillée, perlée ou à fleurs de velours, et de toutes teintes. On en fait, non pas seulement des confections, mais des costumes mélangés d'ottoman, de faille, de surah, et surtout des corsages, qu'on double de soie légère.

Il est bien évident que, si on emploie cette étoffe pour composer un corsage léger, on n'y mettra pas deux doublures; c'est alors la soie, qui sert de transparent, qui formera le plus souvent la doublure, surtout dans les teintes claires. On devra donc, pour bien apprêter le corsage, appliquer la grenadine sur la soie, et bâtir en tendant légèrement avec la main le dessus sur le dessous; mais on ne doit jamais faire flotter la doublure, à moins qu'on n'en mette deux. Dans ce cas, ce serait celle de l'intérieur qu'on devrait soutenir.

Jupes.

JUPES-TOURNURES.

Lorsque la mode ramène les jupes très bouffantes et très amples, beaucoup de personnes adoptent le système qui consiste à placer des ressorts d'acier à même les jupes. Cela évite l'emploi des tournures séparées et donne les mêmes résultats, mais à la condition toutefois que ce mode de juponnage soit bien compris et bien exécuté.

Voici comment on doit faire :

On pose à l'envers du jupon trois ou quatre rubans régulièrement espacés, le premier à 30 ou 35 centimètres de la taille. On passe ensuite les cerceaux dans ces rubans, absolument comme on ferait pour une coulisse, en les arrêtant vers le milieu des lés de côté, c'est-à-dire un peu en arrière des hanches.

(Quoique les aciers s'arrêtent au milieu d'un lé, on fera bien de coudre les rubans jusqu'à la couture suivante, cela évitera que la jupe se déchire au bout du cerceau, la fatigue que produit le tirage se répartissant ainsi sur une plus grande étendue.)

Pour que l'ampleur derrière reste bien à sa place, on coud de chaque côté, à l'extrémité des cercles, de larges pattes de doublure qu'on serre à volonté à l'aide de lacets ou de rubans, comme il en existe dans les tournures ordinaires, ou bien on rattache simplement les ressorts d'acier par de forts caoutchoucs.

Pour garnir le haut de la jupe, on met, soit un petit coussin de crin, soit une sorte de petite tournure faite en crin tissé, ce qui est plus léger et tout aussi facile à faire soi-même.

Il est bien entendu que, lorsque l'étoffe de la jupe n'est pas très forte, il vaut mieux coudre le ruban double, de façon à ce que le cerceau passe entre les deux rubans. C'est beaucoup plus solide ainsi.

Redingotes et jaquettes.

Prenons le vêtement lorsqu'il est essayé, c'est-à-dire tel qu'on le remet habituellement à l'ouvrière. S'il y a quelques rectifications à faire, on passe des fils sur les épingles, on met les deux côtés l'un sur l'autre pour régulariser les coutures, puis on bâtit à nouveau, comme je l'ai déjà expliqué pour les corsages.

Les couturières ont l'habitude de coudre d'abord toutes les coutures, et lorsque le vêtement est complètement assemblé, elles préparent le bord des devants et font les boutonnières et les poches. Les tailleurs, au contraire, qui savent généralement mieux organiser leur travail, ne cousent d'abord que les coutures du dos et les pinces. De cette façon on peut séparer le vêtement en plusieurs parties, et plusieurs personnes peuvent y travailler ensemble. Le principal avantage de ce système est de ne pas s'embarrasser du vêtement entier pour faire les boutonnières et piquer les revers.

Je n'ai pas besoin de dire que les coutures doivent toujours être soigneusement ouvertes et vigoureusement pressées, que le vêtement soit doublé ou non.

Pour bien presser le drap, il faut étendre les parties à presser sur une épaisse planche de bois dur, communément appelée passe-carreau ou sisfran. L'endroit du drap doit toucher le bois. On étend sur l'envers du tissu un linge mouillé (désigné par les tailleurs sous le nom de *patte-mouille*), et on repasse par-dessus ce linge, avec un fer un peu lourd et très chaud, ou mieux encore avec un carreau de tailleur.

A ce propos, qu'il me soit permis de protester contre une erreur généralement répandue, et qui consiste à croire que la supériorité du travail du tailleur sur celui de la couturière est due tout entière au coup de carreau. Le carreau sert, il est vrai, à perfectionner le travail, et je suis la première à reconnaître l'absolue nécessité de savoir le manier; mais si le travail du tailleur est plus estimé; c'est surtout parce qu'il apprête plus minutieusement et qu'il termine plus patiemment. En un mot, il soigne davantage les détails.

Et ce qui le prouve, c'est que beaucoup de femmes, giletières ou culottières, travaillent le drap d'une façon irréprochable. J'en connais qui sont certainement tout aussi habiles à border ou piquer des gilets, poser les poches, et même faire les boutonnières, que les meilleurs tailleurs. D'où vient qu'elles ne peuvent faire un habit ou une redingote, ou même un corsage d'amazone? Simplement de ce qu'elles ne savent pas apprêter le travail, faire l'intérieur.

J'en reviens donc à ce que je disais tout à l'heure. Le coup de carreau demande plus d'adresse que de force, et une certaine habitude surtout. Il ne s'agit pas tant d'écraser le drap par le poids que de savoir employer la vapeur avec intelligence.

Reprenons donc notre redingote au point où nous l'avons laissée, c'est-à-dire cousue et pressée. Nous préparons les devants, en ayant bien soin de ne pas faire le rempli du bord (du côté des boutonnières) sur le fil du devant, mais bien un centimètre en dehors, par cette raison que les œillets des boutonnières doivent être placés juste sur ce fil, de même que les boutons seront placés au devant gauche exactement sur le fil.

Le dessous des boutonnières ne devra pas être fait avec l'étoffe de la redingote elle-même, parce que, étant ainsi rempliée, elle ne cambrerait pas suffisamment à la taille. On rajoutera donc un faux ourlet, auquel on donnera exactement la forme du dessus. Entre le faux ourlet et le dessous on mettra une bande de toile qui donnera de la fermeté aux boutonnières et aux piqûres du bord. Quand le vêtement est croisé, cette toile doit tenir toute la largeur de la croisure et couvrir entièrement les revers; elle doit être dans le même sens que le dessus, et être posée assez lâche pour ne pas brider. Ceci est très important, surtout pour les revers. Si la toile est posée trop raide, c'est-à-dire trop tendue, les revers, au lieu de bien appliquer sur le vêtement, se relèveront aux pointes, défaut que le carreau lui-même ne pourra corriger.

Lorsque les devants sont ainsi préparés, on peut faire les boutonnières. Si le vêtement doit être piqué au bord, il est préférable de faire les piqûres avant les boutonnières, car l'épaisseur de ces dernières peut faire dévier le pied-presseur de la machine, d'où il résulte infailliblement des piqûres de travers.

On peut aussi maintenant piquer les revers, et voici comment : la toile étant bâtie sur le drap, on passe des points en chevrons.

Ces points doivent être faits par rangées droites et régulières, et bien près l'une de l'autre. Ils doivent à peine traverser le drap de dessous, de façon à passer inaperçus si on retourne les revers. Je n'ai pas besoin de recommander d'assortir très exactement la soie, avec laquelle on pique les revers, à la teinte du drap.

Le col, coupé en plein biais, devra être préparé et piqué absolument comme les revers. Avant de le piquer, alors que la toile est seulement bâtie dessus, on aura tendu au carreau la partie comprise entre la brisure et la couture de l'encolure ; mais cette petite partie seulement, car, si on tend le col trop loin dans sa largeur, il bâillera autour du cou. On pourra donc, pour éviter ce défaut, passer d'abord un point de soie où la brisure devra se produire ; l'étoffe, retenue par les points, ne pourra s'allonger au delà.

Quand tous ces détails sont terminés, on coud le col autour de l'encolure par une couture qui devra être bien ouverte.

La toile devra naturellement être prise dans la couture. Ensuite on recouvre de drap les revers et le col (ce dernier peut être recouvert de velours ou de toute autre étoffe), en employant toujours le drap du dessus dans le même sens que la toile ; puis on pique ou on borde le tour comme tout le reste du vêtement.

Essayez donc, mes aimables lectrices, de faire les revers comme je vous l'indique, et vous serez satisfaites du résultat. Si quelque détail de mes explications vous a échappé ou vous semble obscur, demandez conseil à un tailleur. Tous se feront un plaisir de vous être agréables ; ou bien, ce qui est plus facile encore, décousez le dessus du col d'un vêtement hors d'usage que vos maris, Mesdames, vos pères ou vos frères, Mesdemoiselles, mettront gracieusement à votre disposition.

Si j'ai décrit d'une façon aussi détaillée la manière de faire la redingote, c'est parce que ce vêtement est le type d'un genre. On pourra donc suivre les conseils que je donne ici, non seulement pour la redingote, mais aussi pour la jaquette et tous les vêtements ajustés.

Les corsages et les confections en drap (je ne m'occupe ici que du genre tailleur) sont généralement piqués ou bordés. On fera donc au bord du vêtement un rempli de 2 centimètres environ. Entre l'étoffe de dessus et le rempli on mettra une bande de percaline croisée, coupée en biais, puis on piquera le tout ensemble. On fait le plus souvent deux rangs de piqûres; l'un tout au bord, c'est-à-dire à 2 millimètres environ du bord, l'autre à un peu plus de 1/2 centimètre du premier.

Quelquefois aussi, lorsque le drap est uni, on fait plusieurs rangs de piqûres pour tenir lieu de garniture. Dans ce cas on en mettra cinq ou sept. Toutes les fois qu'on en fait plus de deux, on devra s'arrêter à un nombre impair.

Il faudra avoir soin, en piquant, de ne pas allonger le bord aux endroits qui se trouvent en biais, puis de couper l'étoffe des coutures qui feraient de trop fortes épaisseurs dans les remplis. (Cette dernière observation n'a une raison d'être que pour les draps épais.) Les piqûres faites, on pressera le bord, comme je l'ai déjà expliqué.

Si on préfère la bordure aux piqûres, on préparera le bord de la même manière; mais si le drap est épais, on ne le repliera pas : on le surfilera seulement sans serrer le point, puis on posera la bordure, soit à plat, piquée aux deux bords; soit à cheval, très finement rabattue; soit encore cousue à l'endroit en très petite couture, tout à fait au bord, puis retournée et rabattue à l'envers.

Cette dernière manière de border est peut-être la plus facile à exécuter pour les couturières, mais il faut qu'elle ne soit pas plus large qu'une petite ganse.

Dans tous les cas, et quelle que soit la façon dont on borde, on ne doit jamais tendre la tresse, elle doit, au contraire, être cousue libre.

Je recommanderai aussi de choisir la bordure selon la façon dont on veut l'employer.

Pour border à plat, on choisira de la tresse de soie à gros grain ou de la belle laine mohair

Pour border à cheval, on emploiera au contraire une tresse de soie très fine, mais cependant pas trop molle.

Passons maintenant à la doublure.

La condition essentielle pour bien doubler une confection est que la doublure soit coupée exactement pareille au dessus. Pour cela il suffit de la tailler autour du vêtement avant qu'il soit bâti. On taillera seulement les coutures de la doublure un peu plus grandes que celles du drap, pour éviter qu'elles ne s'échappent, si la soie s'effile au bord.

Les coutures de la doublure seront donc cousues et ouvertes comme celles du drap (excepté celles des épaules et des dessous de bras qui ne doivent pas être assemblées).

On placera alors les coutures de la doublure sur celles du vêtement en commençant par le milieu du dos, et on aura soin surtout de faire soutenir la doublure de façon à ce qu'elle flotte légèrement sur le drap, et cela aussi bien en longueur qu'en largeur. On opérera de même pour les devants; on passera un long point de bâti tout autour, à 5 centimètres environ du bord, pour bien placer les deux étoffes l'une sur l'autre et on pourra rabattre la doublure à un centimètre du bord.

Les épaules et les dessous de bras seront rabattus de la même façon, et également maintenus au-dessous par un point sur la couture du vêtement lui-même.

Avant de terminer, je tiens aussi à donner quelques indications sur la manière non pas de faire les manches, toutes les personnes qui s'occupent de couture savent les faire, mais sur la façon de les monter, car, presque toujours, là est l'écueil.

Tout le monde sait que la manche soit d'un corsage, soit d'une confection, doit être un peu plus large que l'emmanchure, de façon à ce qu'on puisse la soutenir sur le dessus de l'épaule.

Bien des moyens ont été préconisés pour savoir exactement comment on doit tourner la manche. Quelques-uns ont du bon, aucun n'est infaillible.

En effet, beaucoup de couturières placent la manche de manière à ce que le droit fil du haut fasse suite directe à celui de l'épaule du corsage : cela réussit presque toujours ; cependant il peut arriver que, dans les tissus unis, pour faire une économie d'étoffe, on ait changé un peu le sens de la manche en la coupant. La plupart des tailleurs même taillent les manches le haut en biais, ce qui fait qu'on ne peut toujours se fier à ce système.

Une autre manière consiste à placer la couture du coude en face de la ligne de carrure, c'est-à-dire au milieu, entre la couture de l'épaule et celle du petit côté ; mais ces coutures étant sujettes à varier de place selon la mode ou le genre du vêtement, il peut se faire que la manche ainsi placée n'aille pas parfaitement.

Nous conseillons donc de prendre exactement le milieu du dessus de manche (il se trouve indiqué sur le patron par la ligne C du tracé (figure 14, page 34), puis on place ce milieu juste au milieu de l'épaule du corsage. On soutiendra la manche sur l'emmanchure au dessus seulement ; le dessous sera monté juste, les deux côtés de la couture égaux.

Je n'ai pas à m'occuper ici du bas des manches, il n'est pas une couturière qui ne sache poser un parement ou toute autre garniture. Les manches de redingote ou de jaquette, genre tailleur, sont presque toujours ouvertes dans le bas et boutonnées par deux boutons. Si l'on fait une manche ouverte à un corsage, on peut, pour tenir lieu de garniture, mettre une rangée de petits boutons, mais alors on devra les mettre par nombres impairs.

Visites.

La visite taillée avec trois coutures au dos (c'est-à-dire dont la manche est coupée séparément) est plus facile à essayer que celle qui n'a qu'une couture et dont l'emmanchure finit derrière l'épaule par une petite pince. Cela tient à ce que le dos à trois coutures cintre mieux et que, si la visite a été taillée un peu trop large ou un peu trop étroite, on peut la corriger par les coutures du dos.

Celle qui n'a qu'une couture au milieu présente une difficulté qui consiste à bien finir la petite pince en arrière de l'épaule. Cette petite pince ne doit avoir que 4 ou 5 centimètres de longueur, et on remarquera que, pour les personnes qui ne se tiennent pas très droites, la pince a une tendance à s'allonger bien davantage.

C'est en effet pour les personnes plus ou moins voûtées qu'on rencontre cette petite difficulté. Mais si cela tient quelquefois à la forme des épaules de la personne qu'on habille, il y a souvent aussi de la faute de la confectionneuse.

Pour éviter ce défaut, il faut d'abord veiller à ce que le haut de la manche soit assez montant et assez arrondi, et il faut surtout soutenir assez l'épaule du dos sur celle du devant.

Presque toujours lorsque la pince se trouve si profonde qu'on ne peut la terminer convenablement, c'est parce que, n'ayant pas mis assez d'embu dans le dos, toute la longueur qui serait entrée dans la couture de l'épaule se rejette vers cette petite pince et vient la grossir; ce qui fait que non seulement on est obligé de la descendre beaucoup plus qu'il ne serait nécessaire, mais encore qu'elle a toujours une tendance à glisser, son aplomb étant dérangé. Je ne saurais donc trop recommander de faire emboire le dos à l'épaule, aussi bien pour les visites que pour les corsages, d'autant que plus le devant sera tendu à l'épaule, mieux il ira.

On m'a demandé aussi dans quel sens on doit couper les différentes pièces des visites. Cela dépend de leur forme pour le dos, mais elles doivent toutes avoir le droit fil devant.

Ainsi toutes les visites dont le dos et le devant sont coupés séparément seront taillées le devant tout à fait droit fil, et le dos également droit fil ou à peu près, c'est-à-dire qu'il pourra avoir le peu de biais donné par la cambrure de la taille.

Les visites dérivant de la rotonde, les mantilles, mantelets, etc., en un mot, tous les vêtements de ce genre, taillés d'une seule pièce, auront aussi le droit fil devant, ce qui donnera naturellement le biais au milieu du dos.

Lorsque les manches sont coupées séparément, elles doivent toujours avoir le droit fil au milieu du haut du bras.

Quand on voudra transformer un patron de visite à une couture au dos en un patron à trois coutures, rien ne sera plus facile; seulement il faut que la forme de la manche se prête à cette transformation. On indique sur le patron la largeur du dos à la taille (5 à 7 cent.

environ), c'est-à-dire le tiers de la largeur du haut du dos (carrure); puis, partant de ce point, on tire une ligne allant rejoindre la petite pince de l'épaule, en donnant à cette ligne une légère courbe aussi gracieuse que possible. Une fois le dos ainsi détaché de la manche, on enlève à cette dernière, à la taille, 5 cent. environ pour cambrer le vêtement, c'est-à-dire le faire ajuster. C'est absolument comme si on faisait au dos du patron une longue pince finissant d'une part à l'épaule, d'autre part au bas du vêtement.

Ceci fait, on aura soin de mesurer le vêtement de la taille derrière à la taille devant, pour s'assurer qu'on a encore suffisamment de largeur pour donner de l'aisance aux mouvements, car les 5 centimètres qu'on a supprimés pourraient nuire. Dans le cas où le vêtement serait devant trop étroit, on le rélargirait par la partie de la manche qui touche au dos.

Vêtements

DE VELOURS ET DE PELUCHE.

Beaucoup de personnes ignorent dans quel sens on doit couper les vêtements de peluche et de velours.

La peluche doit être coupée, comme le velours, dans le sens où elle paraît plus foncée lorsqu'on la regarde de haut en bas. Ce qui fait que, contrairement au drap, le duvet du velours ou de de la peluche doit aller en remontant. Beaucoup de dames qui confectionnent elles-mêmes leurs toilettes, n'ayant pas l'habitude d'employer ces tissus, sont quelquefois un peu indécises sur leur véritable sens, surtout s'ils ne sont pas de belle qualité. Aussi généralement croient-elles bien faire, pour sortir de leur incertitude, de tailler l'étoffe le duvet descendant. Puis elles sont toutes surprises, lorsque le corsage ou le vêtement est assemblé, de voir que le tissu paraît d'une qualité bien inférieure à son prix réel. Cela tient simplement à ce que, le duvet descendant, le velours ou la peluche ont un reflet faux et blanchâtre; le duvet remontant au contraire, ils ont cette teinte sombre et veloutée qui en fait la richesse.

En résumé, le velours, la peluche, la peau de loutre même, doivent être employés le duvet montant. Cependant, comme dans les velours fins, qui sont généralement rasés très court, il est extrêmement difficile de reconnaître à la main le sens du duvet, on devra s'habituer à le voir au simple coup d'œil. Pour cela il suffit de tenir la coupe d'étoffe par une de ses extrémités bien en face du jour. Si, ainsi placée, elle a un reflet blanc, on la regarde du côté opposé : c'est, comme je viens de le dire, dans le sens où on la voit le plus sombre qu'on doit l'employer.

Je ferai la même observation pour le velours ou la peluche employés en biais.

Vêtements soutachés.

La soutache est un des ornements qui s'appliquent le mieux à tous les tissus de laine unis; aussi la mode en revient-elle périodiquement. Mais si elle constitue une garniture charmante, elle a le défaut d'être d'un prix élevé lorsqu'elle est finement faite à la main, — car je ne parle pas ici de la soutache piquée à la machine qui garnit les costumes achetés tout faits ou miconfectionnés. — Beaucoup de dames, il est vrai, ont le temps et la patience de soutacher et pourraient, avec un peu de persévérance, garnir très élégamment leurs jaquettes de drap ou leurs robes d'hiver. Mais la difficulté est de fixer le dessin sur l'étoffe. Je crois rendre service à mes lectrices en leur en indiquant le moyen. On peut facilement se procurer un dessin; toutes les maisons de tapisseries et d'ouvrages de dames en ont un assortiment complet. Lorsqu'on a choisi ce dessin, il devient facile de le décalquer soi-même.

Ainsi je suppose que vous désirez orner une robe d'appartement en drap. Dessinez un joli trèfle, un nœud hongrois, ou tout autre motif que vous aurez choisi (de préférence un dessin un peu simple, si vous n'avez pas l'habitude de ce travail). Vous en ferez deux modèles, un grand pour le dos, et un réduit pour les manches, les devants et le haut des plis derrière. Lorsqu'ils seront dessinés, vous superposerez sous le dessin autant de feuilles de papier que vous voudrez avoir d'exemplaires, et vous piquerez le tout en vous servant soit d'une grosse aiguille, soit, ce qui est mieux encore, de la machine à coudre non enfilée. Si vous employez ce dernier moyen, vous aurez soin de bien assujettir vos feuilles ensemble, de façon à ce qu'elles ne puissent glisser, et vous ferez mouvoir l'aiguille assez doucement pour pouvoir suivre les contours avec une grande régularité.

Lorsque tous vos papiers seront piqués et détachés, vous les frotterez légèrement du côté où les trous sont le moins unis, avec de la pierre ponce fine pour que les trous ne puissent se boucher plus tard; puis vous appliquerez chacun de ces dessins sur le tissu à la place qu'il doit occuper; vous le fixerez à l'aide de quelques points, et, ayant posé cette partie du vêtement bien à plat, vous passerez sur le papier un tampon de drap que vous aurez fortement enduit de poudre à décalquer.

Cette poudre est composée de résine réduite en poussière, mélangée de bleu, de blanc ou de rouge également en poudre, selon la nuance de l'étoffe sur laquelle on opère. Quand la poudre aura bien pénétré à travers le papier, vous passerez dessus un fer à peine chaud : la résine, en fondant, fixera le dessin. Vous enlèverez ensuite le papier et vous pourrez commencer le travail.

Transformation des châles en visites.

Lorsque pour faire une visite on ne craint pas de sacrifier le châle, on se sert d'un patron ordinaire, en ayant soin seulement de bien raccorder les dessins et les nuances au milieu du dos, aux épaules et au haut des manches, afin que les coutures paraissent le moins possible, et en évitant que le fond uni, qui se trouve toujours au milieu du châle, ne forme une grande plaque au milieu du dos de la confection, ce qui serait très laid.

Pour transformer un châle des Indes en confection sans le couper, il faut le poser sur une personne, ou sur un mannequin auquel on aura adapté une manche rembourrée, puis le draper à l'aide de fortes épingles, de façon à obtenir une sorte de longue visite dont la forme est donnée tout entière par des plis. Ceci d'ailleurs ressort bien plutôt de la fantaisie et du goût que de la coupe proprement dite. Toute personne ayant un peu l'habitude de relever, de draper les costumes, doit savoir transformer un châle sans le couper. On maintient les plis à l'envers en les fixant sur une doublure coupée en forme de visite ; cette doublure est généralement de teinte vive s'alliant aux teintes du cachemire. — On peut agrémenter le vêtement de cordelières avec glands, de passementeries assorties aux nuances du châle. On devra toujours mettre un ruban de taille d'une certaine largeur ; sans cette précaution, le poids du vêtement l'empêcherait de bien cintrer derrière à la taille.

PATRONS-TYPES COMPOSANT LA SÉRIE RÉGULIÈRE
DES ROBES D'ENFANTS, FILLETTES ET JEUNES FILLES
TABLEAU PROPORTIONNEL DES MESURES A DONNER A CHAQUE PATRON

AGE	N° du patron	LONGUEUR du dos	DEMI-CONTOUR de poitrine	DEMI-LARGEUR du dos	HAUTEUR de dessous de bras	LONGUEUR de la nuque à la hanche (devant)	LONGUEUR de la nuque à la taille (devant)	DEMI-GROSSEUR de ceinture	DEMI-GROSSEUR des hanches	LONGUEUR DE MANCHE au coude	LONGUEUR DE MANCHE au poignet	LONGUEUR totale de la robe
1 an	22	18	22	9	7 1/4	27	28	26	32	14	26	45
2 »	24	20 1/2	24	9 3/4	8 1/2	29 1/2	30 1/2	26 3/4	34	16	29	52
4 »	26	23	26	10 1/2	9 3/4	32	33	27 1/2	36	18	32	59
6 »	28	25 1/2	28	11 1/4	11	34 1/2	35 1/2	28 1/4	39	20	35	66
8 »	30	28	30	12	12 1/4	37	38	29	42	22	38	75
10 »	32	30 1/2	32	12 3/4	13 1/2	39 1/2	40 1/2	29 3/4	45	24	41	85
12 »	34	33	34	13 1/2	14 3/4	42	43	30 1/4	48	26	44 1/2	98
14 »	36	35	36	14 1/4	16	44	45	30 3/4	51	28	48	115
16 »	38	37	38	15	17	46	47	31	54	30	52	130

PATRONS-TYPES COMPOSANT LA SÉRIE RÉGULIÈRE
DES CORSAGES DE DAMES
TABLEAU PROPORTIONNEL DES MESURES A DONNER A CHAQUE PATRON

N° du patron	LONGUEUR du dos	DEMI-CONTOUR de poitrine	DEMI-LARGEUR du dos	LONGUEUR de la nuque à la hanche	HAUTEUR de dessous de bras	DEMI-LARGEUR de devant	LONGUEUR de la nuque à la hanche (devant)	LONGUEUR de la nuque aux pinces	LONGUEUR de la nuque à la taille	DEMI-GROSSEUR de ceinture	DEMI-GROSSEUR des hanches
38	37 1/2	38	15	40 1/2	17	16	46	31	47	27	54
40	38	40	15 1/2	41 1/4	17 1/2	16 1/2	46 3/4	31 1/2	47 3/4	27 1/2	56
42	38 1/2	42	16	42	18	17	47 1/2	32	48 1/2	28	58
44	39	44	16 1/2	42 3/4	18 1/2	17 1/2	48 1/2	32 1/2	49 1/2	29	60
46	39 1/2	46	17	43 1/2	18 3/4	18	49 1/2	33	50 1/2	31	62
48	40	48	17 1/2	44	19	18 1/2	50 1/2	33 1/2	51 1/2	33	65
50	40 1/4	50	18	44 1/2	19 1/4	19	51	34	52	35	68
52	40 1/2	52	18	45	19 1/2	19 1/2	52	34 1/2	52 1/2	37	71
54	40 3/4	54	19	45 1/2	19 3/4	20	52 1/2	35	53	39	74
56	41	56	19 1/2	46	20	20 1/2	53	35 1/2	53 1/2	41	77
58	41 1/4	58	20	46 1/2	20 1/2	21	53 1/4	36	54	43	80

TABLE DES MATIÈRES.

	Pages
Préface	v
La coupe dans les écoles	xiij

PREMIÈRE PARTIE.
Étude du corsage.

Chapitre premier. — Notions préliminaires	3
Étude des mesures	6
Chapitre II. — Tracé du corsage pour une conformation régulière	15
Corsages ronds. Corsages à basques	15
Corsage rond	16
Tracé du corsage sans basques	17
Tracé du cadre	18
Tracé du dos	18
Tracé du petit côté	19
Tracé du devant	21
Chapitre III. — Corsage à deux petits côtés et à basques	25
Tracé des deux petits côtés	25
Tracé des basques	26
Chapitre IV. — Étude de la manche	30
Tracé du dessus	31
Tracé du dessous	32
Manches droites	34
Manche froncée au coude	34
Manche bouffante	36
Chapitre V. — Apprêt du corsage	38
Chapitre VI. — Étude de l'essayage	43
Chapitre VII. — Des diverses modifications à faire au tracé régulier pour l'adapter aux conformations irrégulières	56

	Pages.
CHAPITRE VIII. — Des modifications à faire au tracé régulier pour l'adapter aux tenues voûtées et renversées..	64
Tracé du corsage pour une tenue voûtée.........	66
Tracé du corsage pour une tenue renversée......	69
Tailles très fortes.............................	76
Corsages de jeunes filles......................	79
CHAPITRE IX. — Rectifications des patrons de série pour les adapter aux différentes conformations..........	81

DEUXIÈME PARTIE.

Confections.

Jaquette ajustée...................................	89
Dos de la jaquette...........................	93
Petit côté...................................	95
Devant......................................	96
Jaquettes ouvertes................................	98
Jaquettes droites devant..........................	102
Redingote à basque rapportée.....................	102
Redingote longue sans basques rapportées..........	112
Visites...	114
Dos..	120
Devant.......................................	120
Manche.......................................	123
Tracé du dessus de la manche.................	123
Dessous de manche............................	126
Visite à manche pèlerine..........................	128
Mantelets...	130
Manière de poser le patron de corsage pour dessiner les mantelets et les pèlerines........................	134
Manteau à pèlerine................................	139
Tracé de la pèlerine..........................	141
Tracé du paletot.............................	143
Rotonde...	144
Tracé du capuchon............................	150
Tracé du col.................................	152
Renseignements supplémentaires à la deuxième partie..	152

TROISIÈME PARTIE.

Matinées. — Jupes. — Robes de chambre. — Robes princesses. — Polonaises. — Corsages de bal.

	Pages.
Matinée.	161
Tracé du dos.	163
Tracé du côté.	163
Tracé du devant.	165
Corsages décolletés à pièce Louis XV.	170
Jupes.	176
Jupes rondes.	176
Jupes longues.	184
Jupes longues unies à traîne ronde.	187
Tableau comparatif des longueurs et largeurs pour les jupes unies.	191
Tableau comparatif des longueurs et largeurs des jupes garnies et drapées.	191
Jupes drapées devant à traîne carrée unie.	192
Traînes séparées se détachant du costume.	195
Robes de chambre.	196
Tracé du dos.	196
Tracé du côté.	197
Tracé du devant.	198
Robes princesses.	203
Tracé du dos.	203
Tracé du devant.	204
Polonaises.	211
Tracé du dos.	211
Tracé du devant.	214
Corsages froncés à empiècement.	216
Corsage à plis.	219
Corsages à plis rapportés.	225

QUATRIÈME PARTIE.

Vêtements pour enfants. — Robes et manteaux de fillettes. Costumes de petits garçons.

Confection pour enfants.	231
Tracé du cadre.	232

	Pages.
Tracé du dos et du petit côté	233
Tracé du devant	235
Tracé des basques	235
Robe froncée ou robe-blouse	237
Costumes composés d'une jupe et d'une veste longue	240
Jupes	241
Vestes à pattes	244
Veste Louis XV	246
Polonaises	248
Polonaises plissées et froncées	250
Costume marin	252
Manches	252
Dessous de manche	254
Pardessus de fillette	254
Tracé du pardessus uni	256
Paletot à basques rapportées	258
Manches du paletot	260
Paletot avec pèlerine	260
Vêtements sans manches genre carrik	266
Vêtements pour petits garçons	269
Tracé du cadre	270
Tracé du dos	270
Tracé du devant et du côté	272
Tracé de la basque	274
Robes pour petits garçons	274
Vestes plissées	277
Vestons	278
Costume marin	280
Pantalons pour petits garçons	285
Tracé du cadre	286
Tracé du devant	287
Derrière du pantalon	288
Gilets	290
Blouses d'écoliers	291

CINQUIÈME PARTIE.

Lingerie pour dames.

Chemises	295
Manche de la chemise	300

	Pages.
Chemises de nuit......................................	309
Manche de la chemise de nuit.................	314
Camisoles...	317
Pantalons...	320
Devant du pantalon...........................	321
Tracé de la pièce de derrière.................	324
Gilet de flanelle......................................	327
Cache-corset..	330
Matinées..	332
Jupons..	333
Jupons à traîne..............................	336
Ceintures plates ou empiècements de jupons.....	338
Jupons de dessous...........................	341
Veste du matin ou caraco.............................	342
Cols et manches......................................	343
Fichu de col.................................	343
Manches.....................................	346
Cols rabattus pour enfants...........................	346
Bonnets...	347
Toilettes de communiantes...........................	352
Chemise d'homme....................................	355
Tracé du cadre..............................	357
Tracé du devant.............................	358
Tracé de la pièce d'épaule...................	361
Tracé du dos de la chemise..................	362
Manche de la chemise.......................	364
Modifications à faire pour les conformations irrégulières.................................	365
Cols et manchettes...................................	367
Caleçon...	373
Gilet de flanelle.......................................	376
Veston d'appartement pour homme..................	379
Tracé du devant.............................	382
Manche du veston...........................	384

Lingerie pour enfants.

Chemise..	386
Pantalon..	387
Jupons..	389

	Pages
Chemise de nuit	391
Tabliers	394
Tabliers à corsage	394
Tablier à empiècement	397
Tablier à pièces droites	398
Tablier plissé	401
Layette ou vêtements d'enfants du premier âge	403
Chemise et brassière	404
Manche	407
Chemise et brassière de seconde taille	408
Robe-blouse ou cache-maillot	410
Robe à corsage	413
Robe de baptême et robe de forme princesse	416
Bavette	422
Culotte anglaise ou culotte-lange	424
Bonnet à trois pièces ou béguin	426
Pelisse	429

Renseignements utiles.

Apprêt des corsages	433
Jupes, jupes-tournures	435
Redingotes et jaquettes	436
Visites	447
Vêtements de velours et de peluche	451
Vêtements soutachés	452
Transformation des châles en visites	455
Patrons-types composant la série régulière des robes d'enfants, fillettes et jeunes filles. — Tableau proportionnel des mesures à donner à chaque patron	457
Patrons-types composant la série régulière des corsages de dames. — Tableau proportionnel des mesures à donner à chaque patron	48

A LA MÊME LIBRAIRIE

BIBLIOTHÈQUE
DE LA BONNE MÉNAGÈRE

FORMAT IN-18 JÉSUS

Prix : Broché, 3 fr. — Cartonné, tranches rouges, 4 fr.

EMMELINE RAYMOND

LA BONNE MÉNAGÈRE
LA CIVILITÉ NON PUÉRILE MAIS HONNÊTE
ÉDUCATION ET MORALE POUR TOUS LES AGES
LES GRANDS ET LES PETITS DEVOIRS (2 séries)
LEÇONS DE COUTURE
LE LIVRE DE CUISINE

LA BLANCHÈRE	PERCHERON
LA PLANTE	LE CHAT
DANS LES APPARTEMENTS	HISTOIRE NATURELLE
LAMBERT	SERIZIAT
TRAITÉ PRATIQUE	HISTOIRE DES COLÉOPTÈRES
DE BOTANIQUE	DE FRANCE
E. LEROY	Mme GUERRE-LAVIGNE
LA POULE PRATIQUE	MÉTHODE DE COUPE
CHOIX DES RACES	ET MANIÈRE DE FAIRE SES ROBES
EXPLOITATION DE LA VOLAILLE	SOI-MÊME

Dr LANTEIRÈS
LA SANTÉ DANS LA FAMILLE

Typographie Firmin-Didot et Cie. — Mesnil (Eure).

www.ingramcontent.com/pod-product-compliance
Lightning Source LLC
Chambersburg PA
CBHW060236230426
43664CB00011B/1665